לעשות את עצמך

מגיד

לעשות את עצמך

מסע בעבודת המידות

ליאור אנגלמן

מגיד

Lior Angelman
Making Yourself: A Journey in Character Development

ליאור אנגלמן
לעשות את עצמך: מסע בעבודת המידות

עורך אחראי: ראובן ציגלר
עורכת ראשית: אוריה מבורך
עורכת משנה: אפרת גרוס
עריכה לשונית: שרה המר
הגהה: ינון חן
עימוד: רינה בן גל
תמונת עטיפה: שמואל לעסרי

ספרי מגיד, הוצאת קורן
ת״ד 4044 ירושלים 9104001
טל׳: 02-6330530 פקס: 02-6330534
www.korenpub.co.il

מסת״ב ISBN 978-965-526-369-5

נדפס בישראל 2024 Printed in Israel

לאבי מורי ז״ל
על הזכות להיות בנו

לעמנו היקר
ששוב מתגלה בתפארתו

תוכן העניינים

השער לקראת עבודת המידות

מידות הנפש

אבא

ההחלטה על כתיבת הספר הזה התקבלה בשבעה על אבי, והספר הזה לעילוי נשמתו. על המצבה של אבא חרטנו את הפסוק "והוא יושב פתח האוהל כחום היום". ככה נזכור את אבא, עומד בפתח החנות ברחוב הראשי של כפר סבא וצד אורחים.

לאבא הייתה חנות לחומרי בניין, רחוקה מכל מה שאתם מכירים ממרכזי הקניות. חנות של פעם, צפופה, ישנה, לא מסודרת, כזו שרק אבא ידע היכן מונח בה כל דבר, ולפעמים בעצמו נאלץ לחפש. אבא אהב את מלאכתו, אהב לנסוע לנמל להביא סחורה, אהב את הלקוחות, אהב לעמוד על המקח עם הסוחרים, אבל יותר מכול אהב אנשים. החנות הזאת הייתה רוב ימיו מרכז הקליטה של כפר סבא. כשפגש פנים חדשות מיד שאל: "מי אתה? חדש כאן? בן כמה? יש עבודה? הכי חשוב, יש חברים?". והינה תמצית הסיפור של אבא: הוא היה שדכן, לא בהכרח של זוגות, אלא בעיקר של חברים. היה בלתי נסבל בעיניו לחשוב שיש אדם שאין לו מעגל חברתי, ואבא דאג ככל יכולתו לחבר חיבורים. כשהגיע גל העלייה מברית המועצות הפכה החנות למרכז קליטה של ממש, כולם עברו שם, והוא היה שם בשבילם, עזר למצוא עבודה, לחפש דירה, ללמוד עברית, למצוא חברים.

לימים ניצחו הקניונים האגרסיביים את החנות הקטנה, הפרנסה כבר לא הייתה העילה לפתיחת החנות בכל בוקר, אבל מרכז קליטה,

חנות ללא מטרות רווח, לא סוגרים. אבא היה ממשיך לעמוד בפתח החנות, כמו אברהם אבינו שממתין לאורחים. והם באו. והוא היה שם בשבילם.

אבא ואימא בנו בית גדול ולו ארבע דלתות כניסה. קראו לו אברהם, ואף שלא גר באוהל ארבעה פתחים, הרי אלה הם ארבעה פתחים. מספר האורחים שעברו בביתנו לא ייספר מרוב, ומספר האנשים שהתגוררו בו לתקופות שונות גם הוא בלתי נתפס, כמו בסיפורי העיירה של פעם. בעודי בשנת האבל אני מנסה לומר לעצמי שהסיפור הזה לא נגמר, רק הפרק שכתבו אבא ואימא בגלוי, ועוד נגלה בהמשך מה כתבו בסתר. מי יודע, אולי מכוחם עוד נוסיף פרקים משלנו לסיפור.

חסד היה התחביב הגלוי של אבא, אבל לחסד הזה היה שורש באהבת התורה. זו הייתה תורת חסד. אבא אהב אנשים, אבל באופן מיוחד אהב תלמידי חכמים. תמיד היה מנסה לקשור שיחה, לשאול שאלה, להידבק. כשביקשתי בכיתה ב׳ ללכת לחוג אמרו לי הוריי לבחור. בחרתי טניס. אמרו ״מצוין״ ורשמו אותי לשיעור פרטי בגמרא. היה ברור לי שברור להם – תורה לפני הכול. תורה וחסד.

אבא אהב את הים, ובימי שלישי אחר הצוהריים כשהחנות הייתה סגורה מצאנו את עצמנו בים, לפעמים גם בשישי. הוא אהב לקחת אותנו, הילדים, יד ביד אל תוך הגלים. ״תפנה את הגב״, לימד אותי, ״שלא יכאב״. שאלתי את אבא, למה אני עם הגב והוא עם הפנים אל הגלים. אמר שאני ילד, שהוא כבר יכול להסתכל לגלים בעיניים. הרבה טוב עבר על אבא מאז וגם הרבה גלים ולכולם הסתכל בעיניים. עיניים בצבע תכלת – דומות לים, דומות לרקיע, דומות לכיסא הכבוד.

מי ראוי לכתוב ספר על עבודת מידות הנפש?

מי ראוי לכתוב ספר על עבודת מידות הנפש? ר׳ אריה לוין, ר׳ לוי יצחק מברדיטשב, ר׳ שמעון בר יוחאי, רבי יהודה הנשיא, אהרן הכהן, משה רבנו, ועוד ענקי רוח רבים. אולי בכלל היה ראוי שכל אחד מהם יכתוב פרק על המידה המיוחדת שלו. שערו בנפשכם איך אברהם אבינו כותב על החסד, יצחק על הגבורה, משה על הענווה, רבי עקיבא על ההתחדשות. איזה ספר היינו מקבלים.

אבל הם לא כתבו. הם לא היו צריכים לכתוב. הם פשוט חיו כך בעולם עם מידותיהם המשובחות, ותלמידיהם למדו מחייהם מבלי לקרוא מילה כתובה אחת, כי מה היא המילה לעומת החיים עצמם? אומנם בעל ה״נתיבות שלום״ כותב שלכל אחד מהאבות הייתה ישיבה שבה למדו את מידת הנפש המיוחדת שלו,[1] אבל אני מניח שאין מדובר בצורת ישיבה כמקובל היום. זה היה לימוד מאדם חי, מהאופן שבו הוא מתנהל בחייו. גם כשרבי שמעון בר יוחאי קרא לתלמידיו: ״בניי, שנו מדותי, שמדותי תרומות מתרומות מידותיו של ר׳ עקיבא״,[2] הוא לא הגיש להם ספר בכריכה קשה מפרי עטו, הוא הנגיש להם את עצמו, את הנהגותיו. הלימוד הזה טוב מכל הספרים כולם. אולי זו הסיבה שהוא פונה אליהם כאן בתואר ״בניי״ ולא ״תלמידיי״. ככה בנים לומדים מהוריהם, מתוך החיים עצמם, לא מספרים.

את הספר הזה אינני כותב מתוך התיימרות כלשהי להיות אפילו קרסוליים לאנשי המידות בכל הדורות. אדרבה, הספר הזה נכתב מתוך מצוקה וקושי שאני חווה בעבודת המידות. מתוך הבנה שישנם תחומים רבים מדי בעבודת המידות שאני דורך בהם במקום או נסוג לאחור ולא מצליח לעשות את התנועה המתבקשת במעלה הדרך. אכן, אני מכיר חלק נכבד מהדברים שכתבו רבותינו הגדולים על עבודת המידות, אבל אני מוצא שאני צריך לתרגם את העקרונות לעולמי שלי כאן ועכשיו, ולא להסתפק בעקרונות גדולים, אלא לחפש דרך מעשית לאחר הלימוד העקרוני.

לפיכך הספר הזה נכתב באמת בשבילי, כחלק ממסע לימוד ותיקון. בשעת כתיבת שורות אלה אינני יודע אם יראו הדברים אור. אם כן יהיה זה משום שאני מניח שאינני לבד במצוקת עבודת המידות, ואולי מה שאגלה בלימוד יכול לסייע גם לאחרים. הרב קוק הדריך שעל כל אדם לכתוב ספר באמונה עבור עצמו. אני כותב כאן ספר מידות עבור עצמי, ואם אחשוב שיש בו כדי להביא ברכה לעולם, אתן לו דרור.

מדוע אני כותב את הדברים הללו כבר בטרם כתיבה על מידה מן המידות? מפני שאת הספר הזה רציתי להעלות על הכתב כבר לפני כמה שנים והרגשתי ששאלת השאלות מי אני ומה אני לכתוב על מה שאיני טוב בו, הופכת להיות מניעה גדולה מדי. מעתה אני פטור מלהיות "ראוי", אני נכנס לעמדת הלומד והמשתדל. את זה אני מאמין שאוכל לשאת. אם אתם מעוניינים להשתתף במסע שלי, אתם מוזמנים. אינני מתיימר ללמד איש מכם או להשלות כאילו כבשתי ולו יעד מיעדי הספר.

גם לכתם מן העולם של הוריי, אימי לפני כמעט ארבע שנים, ואבי, נכון לכתיבת שורות אלו לפני כחודש, זירזה אותי לכתוב. שניהם הצטיינו במידות מיוחדות, כל אחד בתחומו, והלימוד הזה בעבורי הוא קצת כמו מסכת אבות – להתבונן אל אימא ואבא ולספוג.

תחילה אנסה לברר דברים עקרוניים על עבודת המידות בכלל: לאן עליי לחתור בעבודת המידות? מהי מידה מתוקנת? מהי מידה שצריכה עיבוד? מהם הגורמים שמועילים להתקדמות בעבודת המידות ומהם

מי ראוי לכתוב ספר על עבודת מידות הנפש?

הדברים שמעכבים בעדה מלהתממש? מה מקומה המיוחד בעבודת ה׳ ובמה שונה עבודת המידות מכל מפגש עם פסיכולוג או מטפל?

לאחר מכן, אצא למסע לימודי על אודות כל מידה ומידה באופן פרטי. מהו השורש של המידה? מהי המידה ההפוכה? מהי דרך האמצע בין השתיים? מהו השורש הרוחני שמונע מן המידה הטובה להתפתח? ובסופו של דבר אנסה לדלות הדרכות מעשיות שיאפשרו להפוך את הלימוד העקרוני לפעולה מעשית בחיים. הרבה ספרים נכתבו במהלך הדורות על מידות הנפש, ברבים מהם אשתמש, אבל כמדומני שאין מספיק הדרכות מעשיות ואותן אנסה להשלים מעט בחיבור הזה.

בחרתי לקרוא לספר ״לעשות את עצמך״, לשם זה יש כפל משמעות – האחת, אנחנו יוצאים כאן למסע חשוב מאין כמוהו, לפסל את נפשנו פנימה וכך לעשות את עצמנו מחדש. השנייה, המובן השגור בפי כול, לעשות את עצמך, כלומר לשחק, להציג, מפני שבדרך לתיקון לפעמים נצטרך להציג תכונת נפש חדשה שעדיין לא זכינו לאמץ, אבל אחרי הנראות החיצונית נמשכות המידות. מי שעושה את עצמו שמח – הופך לשמח עם הזמן, כך גם בשאר המידות.

יהי רצון מלפניך ה׳ אלוקיי שתדריכני לשלום ותצעידני לשלום ותהיה עימדי בדרך הזו אשר אנוכי הולך, ואל תבואני רגל גאווה. זכני לקיים ״ולדבקה בו״, והרי הוא אש אוכלה ואי אפשר לבשר ודם להידבק בו, אלא להידבק במידותיו – מה הוא רחום אף אתה רחום. יהי רצון מלפניך שיהיה זה לימוד גדול שמביא לידי מעשה ולא יישאר כאותיות פורחות באוויר. אמן כן יהי רצון.

יהיו הדברים הנלמדים
לעילוי נשמת

אבי מורי אברהם בן משה אליהו וחנה למשפחת אנגלמן

אימי מורתי צפורה בת אשר זליג ובײלה ציրל לבית הייצלר

חמי יגאל בן גדליהו צבי ורוזה לבית פרידמן

השער לקראת
עבודת המידות

הכנה לעבודת המידות

מדוע נקראו התכונות האישיות מידות הנפש?

עבודת המידות היא באמת העבודה הקשה שבעבודות ואולי גם החשובה מכולן. אנחנו טובים ברעיונות איך לתקן עולם, איך לשנות דברים ומה נכון לעשות, אבל להצליח לשנות את עצמנו באמת – זו משימה שנראית לפעמים בלתי אפשרית. ככל שמתבגרים יש איזו תחושה של השלמה, מה שלא הצלחנו לשנות עד כה מן הסתם כבר לא ישתנה לעולם. ואם נוסף על גילנו המתקדם כבר ניסינו לשנות בעבר ונחלנו כישלונות חוזרים ונשנים, מתבססת הסכמה בלב שלפיה מידות נפש אי אפשר לשנות. הספר הזה נועד לקרוא תיגר על המחשבה המייאשת הזאת, והבנת המושג "מידות" על משמעויותיו השונות היא אולי תחילתה של תודעה אחרת.

מידות – היכולת להידמות, לחקות

השל"ה מסביר שמידות נקראות כך על שם היכולת "להידמות", כלומר לחקות התנהגות דומה:

כשהולך בדרך טוב, ואז הוא "דמות", סוד "מִדות", דבק בה',

> וכמו שאמרו רבותינו ז"ל: "ואתם הדבקים בה'", הידבק במידותיו, ואז נקרא אדם מלשון "אדמה לעליון", וכשהוא בהיפוך אז דמות משתנה, ונעשה "דם – מות", ואז נקרא אדם מלשון "אדמה", "כי עפר אתה ואל עפר תשוב".[1]

על פי השל"ה השם "אדם" ניתן לנו מפני שיש לנו יכולת להידמות לקדוש־ברוך־הוא. אדם מלשון "אדמה לעליון". אלא שיש ביכולתנו גם להידמות לחלקים הנמוכים יותר בבריאה, ובמובן זה אדם על שם האדמה שממנה נוצר. הדרך להידמות לעליון או חלילה לאדמה עוברת דרך מידות מתוקנות או פגומות. בשונה משאר עבודות ה', בעבודת המידות אנחנו מנסים להידמות לו, להתחקות אחר מידותיו, ובמובן הזה להיות כביכול דומים לו, להידבק במידותיו:

> ואמר רבי חמא ברבי חנינא, מאי דכתיב: "אחרי ה' אלהיכם תלכו", וכי אפשר לו לאדם להלך אחר שכינה? והלא כבר נאמר "כי ה' אלהיך אש אוכלה הוא"? אלא, להלך אחר מדותיו של הקדוש ברוך הוא.[2]

במילים אחרות, יש הבדל מהותי בין עבודת המידות לתחומים אחרים בעבודת ה' – בשעת לימוד תורה הקדוש־ברוך־הוא כביכול בשמיים ודרך התורה הוא מדבר אלינו וככל שאנחנו מצליחים להבין טוב יותר את כוונתו אנו יודעים את רצונו מאיתנו, ועדיין כביכול המרחק בין האדם שעל פני האדמה לקב"ה שבשמיים נשאר בעינו. בתפילה שוב נשמר המרחק, האדם שעל הארץ מבקש מהקב"ה היושב בשמיים שיטה אוזן וישמע לתפילתו. רק בעבודת המידות המטרה המוצהרת היא כביכול צמצום המרחק – דבקות על ידי חיקוי ההנהגות האלוקיות. אין פלא שגם הספירות האלוקיות בעולם נקראו "מידות".

המשמעות המעשית של הבנה זאת היא שאמת המידה למידה טובה או רעה איננה ההרגשה הנוחה של האדם עם המידה, אלא השאלה אם זו מידה טובה באמת, כזו שגם הקב"ה מתלבש בה. ישנן

מידות שאנשים מעריכים אותן, אבל הן מידות שאינן מהוות חיקוי נאות לדרכיו של הקב"ה. מידות כמו החצנה, גאווה וכעס נתפסות לפעמים בחברה כמידות טובות המעידות על כוח ועוצמה, השפעה ומעורבות, אבל המדד של התורה ימדוד אם הן מידות טובות באמת. יכול להיות אדם קמצן או כעסן שחי בשלום ובהרמוניה עם עצמו וטוב לו בחוויה הסובייקטיבית שלו, אבל מכיוון שעבודת המידות היא חיקוי של הנהגת ה', המדד הנכון איננו התחושה שלו.

מידות = מלבושים

חז"ל השתמשו במילה "מידות" כביטוי ללבושים, כלומר בגדים. המקור לכך מופיע כבר בתורה. בבגדי הכהונה נאמר: "וְלָבַשׁ הַכֹּהֵן מִדּוֹ בַד וּמִכְנְסֵי בַד יִלְבַּשׁ עַל בְּשָׂרוֹ"[3] וכפי שהסביר רש"י: "מדו בד – היא הכתונת. ומה תלמוד לומר **מדו?** – שתהא **כמדתו**".

המידות האלוקיות הן הדרך שבה ה' בוחר להתלבש ולהופיע בעולמנו. פעמים הוא מתלבש במידת גבורה, פעמים בחסד. ועדיין לא נוכל להגדיר אותו כגיבור או כחסיד. עצמותו יתברך, כלומר מהותו המדויקת, היא למעלה מתפיסתנו ומופשטת מכל הגדרה, אבל המפגש בינו לבין הבריות הוא דרך מידותיו, כלומר כביכול דרך הלבושים וההתנהגויות שהוא בוחר ללבוש בכל רגע.

גם אצלנו המידות אינן המהות שלנו, הן רק מלבושים. העצמיות שלנו, כלומר המהות שלנו מצויה בנשמה שלנו וגם היא איננה ניתנת להגדרה. עם זאת, בעולם אנחנו מופיעים דרך המידות שלנו. להבנה הזאת יש משמעות עצומה. שהרי מלבושים ניתן להחליף. גם אדם שמכיר את עצמו ככעסן מגיל צעיר, אפילו מי שהוריו מספרים לו שכבר כילד היה כעסן – אין זה מגדיר את מהותו. זהו בגד ותו לא. לפעמים אנחנו מתרגלים לבגדים מסוימים, לפעמים קשה לנו להיפרד מבגד מסוים, אבל לכל בגד יש תחליף וכל בגד אפשר לבחור להחליף.

זו כמובן בשורה נפלאה, המידות הרעות שלי אינן אני, אינן מגדירות אותי, ויש בכוחי להתפשט מהן. עם זאת, להבנה הזאת יש כמובן משמעות מחייבת בצד האחר של המטבע – גם מידות טובות

עדיין אינן אני, גם הן לבוש שיש לטפח ולשמור לבל ייקרע או יוכתם. כלומר אפשר להחליף מידות רעות בטובות, אבל גם המידות הטובות עלולות חלילה להתחלף ויש לטפל בהן באופן קבוע כדי שנוכל להמשיך להתלבש בהן.

מידות = מדידות

המשמעות הפשוטה של המילה "מידות" היא מדידות, כלומר הגדרת כמות: אורך, רוחב, גובה, נפח או משקל של דבר מה. כך גם בתורה: "אֹרֶךְ הַיְרִיעָה הָאַחַת שְׁלֹשִׁים בָּאַמָּה וְאַרְבַּע אַמּוֹת רֹחַב הַיְרִיעָה הָאֶחָת מִדָּה אַחַת לְעַשְׁתֵּי עֶשְׂרֵה יְרִיעֹת".[4]

עבודת המידות על פי זה היא מדידה. וזה כבר מבט חשוב במיוחד על עבודת המידות – למען האמת בכל אחד מאיתנו מצויות כבר כל המידות כולן. בכולנו יש פחד וגבורה, בושה ועזות, גאווה וענווה, נדיבות וקמצנות. זוהי אגב סיבת ההצלחה של מאחזי עיניים רבים בעולם הנפש. הם יודעים שבכל אחד מאיתנו קיימות המידות כולן, ומייצרים אשליה כאילו הצליחו לעמוד על טיבו של הפונה אליהם עוד לפני שסיפר על עצמו.

נמצא, אם כן, שבעבודת המידות אנחנו לא נדרשים ליצור יש מאין. הכול כבר בבחינת יש. אנחנו רק מתבקשים למדוד את המידה הנכונה והראויה בכל אחת מהמידות. וזו כבר בשורה משמעותית שהרי יצירת "יש מאין" היא על גבול הבלתי אפשרי, אבל עבודה בתוך זירת "יש מיש" היא לגמרי אפשרית. המשמעות הנוספת היא שלמען האמת לא קיימת 'מידה טובה' או 'מידה רעה', אין תכונת נפש שצבועה בצבעים של רע וטוב מראש, והאתגר הוא למדוד מכל תכונה את המידה הנכונה לאדם ולסיטואציה. לזה כיוונה הגמרא בדבריה: אמר רב חייא בר אשי אמר רב: תלמיד חכם צריך שיהא בו אחד משמונה בשמינית (ממידת הגאווה).[5] המאירי מפרש שם כי הכוונה לאמת המידה הקטנה ביותר שקיימת. אבל עוד בטרם נבין את משמעות המשפט ואיך בדיוק אפשר לחשב את השמינית שבשמינית הסודית הזאת, ניתן להבין שני דברים. האחד: גאווה איננה מידה פסולה מעיקרה, שהרי תלמיד חכם

זקוק לה. השני: הוא זקוק לה במידה הראויה, שמינית שבשמינית במקרה הזה.

ברוח זו קבעו חז"ל שגם ענווה אינה מידה טובה בלי גבול ובכל מקום, ועל כן התבטא ר' יוחנן: "ענוותנותו של רבי זכריה בן אבקולס, החריבה את ביתנו ושרפה את היכלנו והגליתנו מארצנו".[6] אם כן, ענווה איננה טובה בכל מקום ובלי גבול וגאו־ה איננה רעה מכול וכול. ואף שנמצא בספרים מידות המקוטלגות כרעות ואחרות המקוטלגות כטובות, הכוונה היא על פי רוב, כלומר על פניה ענווה טובה מגאווה, אבל זו וזו נדרשות לכל אדם, וזו וזו מסוכנות כשאינן מופיעות במידה הראויה. ומה שנכון ביחס לענווה וגאווה נכון גם לשאר מידות הנפש.

מהפירושים השונים של המילה מידות עולה כי אמת המידה שלנו ליעד בעבודת המידות איננה החוויה האנושית אלא מעין "חיקוי" לדרך שבה הקב"ה מופיע בעולם, עבודת מידות היא נטייה כלפי מעלה, הידמות לאלוקי, ואילו ויתור על העבודה דזאת הוא הידמות לחלק הארצי־חייתי של האדם. המידות הן מלבושים וכפי שניתן להחליף בגדים כך ניתן לעבוד ולשנות תכונות נפש והדבר נכון לכל שלב בחיים. ולבסוף, מצויות בתוכנו כל המידות כולן ואין ציפייה מאיתנו לברוא בתוכנו מידה יש מאין, אלא למדוד את המידה הראויה לכל תכונה שכבר ממילא קיימת בנו.

מה בין עבודת המידות ללימוד תורה ותפילה?

אנחנו מכירים כמה שבילים מרכזיים בעבודת ה'. יש שביל מיוחד ללימוד תורה, שביל של תפילה ושביל של מצ־ות מעשיות. כעת אנחנו מתחילים לצעוד בשביל של עבודת מידות דנפש. השביל הזה שונה מהשבילים האחרים בכמה היבטים: באינטנסיביות שבו, בכנות שבו, ובמהות הקשר שהוא מייצר בין האדם לאלוקיו.

לעבודת התפילה ולעבודת הלימוד יש גבולות. הגבול הראשון נמצא על ציר הזמן. אדם אינו מתפלל כל היום ולא טוב שיתפלל כל היום. אומנם רבי יוחנן התבטא: "ולואי שיתפלל אדם כל היום כולו",[7]

אבל זהו ביטוי אוטופי ולא מעשי. למעשה התפילות נקבעו והוגבלו בגבולות של זמן, וישנם זמנים רבים שמיועדים לפעולות אחרות שאינן תפילה, כך העבודה שבלב, עבודת הרגש של התפילה, אינה דוחקת את רגליה של העבודה שבדעת, לימוד התורה. גם לימוד תורה, אף שנאמר עליו "והגית בו יומם ולילה",[8] אינו נעשה בכל שעות היממה. אדם פוסק מלימודו לתפילה, למצוות מעשיות, לפרנסתו ועוד. "זמן תפילה לחוד וזמן תורה לחוד",[9] ויש זמנים שאין בהם לא תורה ולא תפילה.

עבודת ה׳ היחידה שהיא בלתי פוסקת לאורך היום כולו היא עבודת המידות. ליתר דיוק, יש לכל אדם אפשרות לעבוד על מידותיו בכל רגע ביממה שבו הוא ער. כמובן, אדם יכול לעבור יממה שלמה בלי עבודת מידות כלל, אך אם הוא נותן דעתו לכך עבודת המידות אפשרית כל הזמן. גם חז"ל קיבעו את התודעה הזאת בנוסח התפילה: הדבר הראשון שאדם מתבקש לומר עם קומו הוא "מודה אני לפניך...". כלומר בשנייה הראשונה שבה הוא פוקח עיניים, אפילו לפני שנטל את ידיו ולפני שהוא יכול לומר ברכה בשם ומלכות, כבר הוא עובד על מידת הכרת הטוב והכרת התודה. זה כמובן דורש ממנו עין טובה, אמונה ואופטימיות, והיום רק התחיל. גם ההלכה הראשונה בשולחן ערוך הנוגעת לרגע הזה של קימה בבוקר פונה אל מידות הנפש ומדרבנת את האדם לאחוז במידת הזריזות ולהתגבר על העצלנות: "יתגבר כארי לעמוד בבוקר לעבודת בוראו, שיהא הוא מעורר השחר".[10]

יומו של אדם מסתיים גם הוא בעבודת המידות. לפני קריאת שמע יש לומר את תפילתו של נחוניא בן הקנה: "הריני מוחל וסולח לכל מי שהכעיס והקניט אותי". זוהי אולי עבודת המידות הקשה מכל העבודות: להיות מעביר על מידותיו כך שיוכל לסלוח למי שפגע בו. אחרי קריאת שמע מתפנה אדם לטפל במידת נפש האופיינית כל כך ללילה ולחושך: הפחדים. על כן בנוסח קריאת שמע שעל המיטה יוחדו חלקים נרחבים להתמודדות עם הפחד. אפילו הברכה המסיימת את קריאת שמע עוסקת בפחד שלא להתעורר חלילה משנת הלילה.

בניגוד לתורה ולתפילה, שכל אחת עומדת בפני עצמה, כלומר בשעת תפילה אין ללמוד ובשעת לימוד אין להתפלל, מידות הנפש

מופיעות הן בזמן הלימוד הן בשעת התפילה. עבודת מידות היא תנאי הכרחי הקודם ללימוד ותפילה כראוי. בעזרת תשתית של מידות נפש טובות ניתן לגשת לתפילה ולתורה כראוי, "דרך ארץ קדמה לתורה",[11] אבל גם תוך כדי הלימוד והתפילה נעשית עבודת מידות.

על כן, בכניסה לבית המדרש אנחנו מבקשים להישמר ממידת הקנאה: "שלא ייכשלו חבריי בדבר הלכה ואשמח בהם". וכפי שפירש רש"י,[12] הבקשה היא שלא להיות בעמדת נפש תחרותית בשעת הלימוד, עמדה שתגרום לי להיות שמח בכישלונם של חבריי בהלכה ולחבריי לשמוח בכישלוני שלי. מתברר שתוך כדי הלימוד בחברותא בבית המדרש אני צריך להתמודד עם הקנאה, התחרות וההשוואה. גם מידות אחרות משפיעות על הלימוד, אי אפשר לקבל מרב או מחבר בשעת הלימוד אלא אם באים אל הלימוד מתוך ענוה, על כן האיש שמזוהה יותר מכול עם התורה ושהתורה אפילו נקראה על שמו, מתואר כעניו מכל האדם.[13] מתוך ארבעים ושמונה דברים שהתורה נקנית בהם[14] ניתן למצוא מידות נפש רבות – יראה, ענווה, שמחה, ארך־אפיים, לב טוב, שמחה בחלקנו, אהבה, ועוד רבות. ללמדך שמידות נפש ולימוד כרוכים זה בזה. נמצא שבשעת הלימוד אדם עובד גם על מידות נפשו.

גם בשעת התפילה מופיעות מידות הנפש וישנה אפשרות לעבוד על המידות בעת התפילה ממש. בחלק הבקשה של התפילה אנחנו זקוקים למידות כמו ענווה כדי לפנות כראוי אל ריבונו של עולם, ובחלק ההודאה של התפילה אנחנו זקוקים להכרת הטוב ושמחה בחלקנו, שאם לא כן לא נודה לו באמת. לאורך התפילה כולה אנחנו זקוקים לסבלנות (הקשורה לענווה), לריכוז (ששייך למידת הגבורה), ואי אפשר להתפלל כראוי כשהתפילה ותנועותיה מכוונות למצוא חן בעיני שאר המתפללים. לכן אנו זקוקים לעולם פנימי שאינו עסוק בהחצנת יתר, וגם זה, מיותר לומר, תלוי בעבודת המידות. חכמים אפילו שקלו שיקולים של מידות הנפש בהלכות הנוגעות לקריאת שמע ולתפילה ודנו אם יש לחוש ליוהרה ולאסור על חתן לומר קריאת שמע בליל חופתו או אין לחוש לכך.[15] כלומר מידות הנפש והלכות תפילה כרוכות אלו באלו.

עבודת המידות מצויה גם בסיטואציות שבהן אי אפשר כלל להתפלל או ללמוד. הזכרנו קודם את הרגעים שלפני נטילת ידיים בבוקר, אבל גם לאחר מכן, כל אימת שאדם מטפל בחלק הנמוך של גופו, הולך לשירותים או מתרחץ, או בלשון חכמים נמצא ב"מבואות המטונפים", אזי אינו יכול להתפלל או ללמוד.[16] עם זאת גם במקומות הללו ישנה אפשרות לעבודת המידות, ועל כן: "אין קורין צנוע – אלא למי שצנוע בבית הכיסא".[17] דווקא שם המקום הנכון לטפל בצניעותו של אדם.

נמצא שעבודת המידות היא העבודה האינטנסיבית ביותר מכל עבודות ה' של האדם, אין זמן פנוי ממנה ואין מקום פנוי ממנה. וממילא ישנה אפשרות לתיקון בכל שעות היממה וגם בכל גיל. אין גיל מאוחר מדי לשינוי ועבודת המידות, ואף שקשה לשנות מידות שנקבעו בטבעו של אדם, הדבר אפשרי בעבודה מאומצת.

מודעות עצמית שלפני עבודת המידות

לפני שיוצאים לדרך חשוב לדעת מהי נקודת היציאה למסע, כלומר לנסות לאבחן את מידות הנפש שלנו לפני היציאה לדרך. הקושי הגדול הוא שמודעות עצמית למצבנו היא אחד הדברים הקשים ביותר. רובנו טועים בהערכה עצמית. הרי "כל הנגעים אדם רואה – חוץ מנגעי עצמו".[18] זו אומנם הדרכה שמונעת מכוהן לאבחן אם הוא עצמו נטמא בצרעת, אבל זוהי גם הגדרה מדויקת לקושי שלנו לזהות כראוי את המצב הנפשי שבו אנחנו מצויים.

יש מי שאינו מודע לחולשות שלו וכמובן אינו יוצא למסע תיקון המידות מפני שהוא חש שאין כל צורך לתקן. אבל יש, ונדמה לי שזה מאפיין הרבה יותר אנשים, מי ששופט את עצמו בחומרה יתרה, ואינו מסוגל לזהות את מידותיו הטובות, רק רואה את עצמו ברע. לכאורה זה המצע הטוב ביותר לעבודת המידות כי יש כאן תחושה של חיסרון גדול, אבל למען האמת כשם שאי אפשר לתקן את המידות מתוך תחושת גאווה עיוורת, כך קשה לתקן מתוך תחושת אפסיות מופרזת. בשביל לצאת למסע התיקון צריך עין טובה כלפי עצמך, צריך לראות

את הטוב הקיים שמאפשר ליצור יש מיש. אם האדם מרגיש ריק הוא צריך ליצור יש מאין, וזה כבר בלתי אפשרי. יתרה מזאת, כל התקדמות תיתפס אצלו כדריכה במקום, ולמעשה זה אכן מה שיקרה – מבלי לראות את הטוב שנוסף בו, יתקבע ייאוש מהסיכוי להשתנות. הבעיה הזאת, של ראיית עצמנו בהגזמה שלילית, מושרשת בנו עמוק. אפילו אנשים שמסתכלים במראה לפני שיוצאים מביתם, בדרך כלל לא עושים זאת כדי לראות עד כמה הם יפים. הם מתמקדים רק בפגמים שיש להסתיר או להסיר. בהכרח יש להיגמל מעיוורון זה כדי לזהות את המידות הטובות שכבר ישנן ומשם להתקדם. אגב, העיקרון הזה רלוונטי הרבה מעבר לעבודת המידות. כך נוהג הקב"ה בעניין השפעת חוכמה על בני אדם: "אמר רבי יוחנן: אין הקדוש ברוך הוא נותן חכמה אלא למי שיש בו חכמה, שנאמר: 'יהב חכמתא לחכימין'".[19] כך גם עשה אלישע לאישה מנשי בני הנביאים, כדי להשפיע על כליה שמן ביקש שתחילה תיתן בכלי שמן משלה, רק אחר כך הושפע בו עוד ועוד. כך גם בעבודת המידות, רק על בסיס מודעות לשפע הקיים ניתן להוסיף עוד כהנה וכהנה מידות טובות. זאת הסיבה שאפילו אנשים שתכונתם היא ענווה היו חייבים לדעת שיש בהם ענווה, עד כמה שזה נשמע תמוה, המפורסם שבהם הוא רב יוסף שלשמע האמירה: "משמת רבי – בטלה ענוה ויראת חטא", אומר רב יוסף לתנא: "לא תיתני ענוה, דאיכא אנא",[20] אל תשנה "בטלה ענווה", שהרי יש אותי שאני בעל ענווה. הוא מודע לערכו, הוא חייב להיות מודע לערכו! אם כן, בשעה שאנחנו יוצאים למסע עבודת המידות מתבקש שנביט אל נפשנו פנימה במראה מדויקת, נבחן מידה־מידה בעין טובה ונזהה מה יש בנו ומה עדיין חסר, מבלי להוסיף ומבלי לגרוע.

האם עיסוק בתורה יכול לשמש תחליף לעבודת המידות?

נשאל שאלה מקדימה: מה נשגב יותר, לימוד תורה או עיסוק בעבודת המידות? בספר שערי קדושה ישנה הכרעה ברורה – תורה גבוהה

מעבודת המידות, תורה היא מזונה של הנשמה, ומן הנשמה היא משפיעה אל הרוח, הנפש והגוף. המידות נמצאות בנפש של האדם, בחלק שאנחנו מכנים האישיות. חז"ל אפילו מתבטאים שבלא תורה מקורות ההשראה שלנו למידות טובות היו בעלי החיים: "אמר רבי יוחנן: אילמלא לא ניתנה תורה היינו למידין צניעות מחתול וגזל מנמלה ועריות מיונה דרך ארץ מתרנגול...".[21] כלומר זירת ההתרחשות של עבודת המידות נמוכה מזו של לימוד תורה. ועם זאת, דרך ארץ קדמה לתורה. כלומר, כדי לטפס על ההר הזה של התורה יש לעבור דרך הגבעה ההכרחית של עבודת המידות.

בלא השלב המקדים הזה ניתן טכנית ללמוד תורה, אבל המפגש עם המטען הרוחני הזה עלול להיות מסוכן מאוד. תורה מעצימה את כוחות הנפש ומבלי הכנה של מידות טובות יתעצמו עם לימודה כוחות נפש מסוכנים, זו בין השאר משמעות האמירה שהתורה עלולה להפוך להיות סם המוות אצל לומדים מסוימים.[22] לכן נעל רבן גמליאל את שערי בית המדרש בפני כל מי שאין תוכו כברו,[23] ובין השאר בשל כך נפסק שאין מלמדים תורה לתלמיד שאינו הגון.[24] אכן, יש בכוח לימוד התורה לפעול על מידות הנפש לטובה, והרמב"ן אפילו רואה בכך מכנה משותף למצוות רבות,[25] אבל אין מדובר בקסם. על בסיס קיים של מידות נפש טובות, התורה מוסיפה להיטיב את האדם, אבל מי שבא עם מידות מקולקלות, התורה תעצים בו את הקלקול. הגר"א מסביר שבשל כך התורה נמשלה לגשם, ובכוחה להצמיח את מה שנזרע באדמה, ובעל מידות נפש מגונות משקה את אדמתו ומצמיח מידות רעות.

נמצא שלימוד התורה אינו תחליף לעבודת המידות, הוא אף מסכן את מידות נפשו של האדם כשהוא בא על בסיס של נפש מקולקלת, אף שאדם שמכוון את עצמו לעבודת המידות בוודאי ישבח את מידותיו הטובות בעזרת לימוד התורה וקיומה. אשר על כן יש ערך לעסוק בהבנת עולם המידות והדרך לפעול בו, כערך העומד בפני עצמו, ובמידה רבה זה ייעודו של הספר הזה.

מה בין פסיכולוגיה לעבודת המידות?

פסיכולוגיה היא תורת הנפש, ולכאורה היא זהה בהגדרתה לתחום של עבודת המידות בתורה. מה הוא הדבר המבחין בין שתיהן?

תפיסה שיפוטית כלפי מידות הנפש

תורת הפסיכולוגיה היא שיטה מדעית שאינה מתיימרת לעסוק בהגדרות שיפוטיות. אפילו ההפך הוא הנכון, עניינה טיפול במידות הנפש מבלי להיכנס לעמדה שיפוטית של טוב ולא טוב, מוסרי או לא מוסרי, נכון או לא נכון. איש הפסיכולוגיה לא יגדיר מידה כמידה רעה או טובה. הוא ייתן כלים למטופל להיחלץ ממידת נפש שמפריעה לו, והוא אינו רשאי לחשוב באופן שיפוטי על מידה כלשהי ממידות הנפש. האם כעסן הוא בעל תכונה רעה? אין זה עניינה של הפסיכולוגיה לענות על השאלה הזאת. אכן, אדם שהכעסים מפריעים לו או פוגעים בקשרים המשפחתיים והחברתיים שלו, יוכל בטיפול פסיכולוגי להבין מהיכן נובעים הכעסים שלו ולקבל כלים לשלוט בהם, לנתב אותם או לקבל אותם כחלק מחייו. לעומת זאת תורת הנפש היהודית היא לחלוטין שיפוטית, ויש לה עמדה ערכית מובהקת שאיננה תלויה בתחושת האדם. היא מסמנת יעדים: "לעולם יהא אדם ענוותן כהילל ואל יהא קפדן כשמאי",[26] היא קובעת אמות מידה ערכיות: "כל הכועס כאילו עובד עבודה זרה".[27] ועל כן, אינה באה לפתור תחושות לא טובות של האדם עם נפשו, אלא להדריך אותו אילו מידות עליו לתקן ולאן לשאוף. במקרה של אדם כעסן שהזכרנו קודם, אם הוא מקבל את כעסיו והם אינם יוצרים לו קשיים חברתיים או משפחתיים הפסיכולוגיה תהא שוות נפש לגביו, אבל עבודת המידות תגדיר לו שהוא נמצא בבעיה ערכית, הרי הוא אחוז במידה רעה, והעובדה שאין לו הרגשה לא נוחה כלפי המידה הרעה רק מחריפה את הבעיה. על פי התורה, הוא בוודאי חייב לטפל בעצמו ולהתקדם, והיא תכוון אותו להרגיש לא נוח ביחס למקום שבו הוא נמצא כדי לשנות.

פסיכולוגיה ופסיכו־תאולוגיה
הפסיכולוגיה, בהיותה מדע של חול, לא זו בלבד שלא תביע עמדה שיפוטית כלפי מידות הנפש השונות, היא גם תתמודד איתן במרחבי החול בלבד. את השורשים למידות היא תחפש במרחב החול המדעי. שורשי המידות יהיו קשורים לילדותו של אדם, לחברה שגדל בה, לדרך שבה הוא תופס את עצמו, וככל שניגע במרחב הפסיכיאטרי בוודאי יובא בחשבון הקשר בין הגוף לנפש, תהליכים כימיים וכדומה.

תורת הנפש על פי היהדות מכירה בהשפעת הסביבה על מידות הנפש ואף בקשרי גוף־נפש, אבל היא בוחנת את מידות הנפש במבט נוסף, עיקרי יותר, מבט רוחני־אמוני. אם תרצו תורת הנפש ביהדות היא פסיכו־תאולוגיה, חיבור הנפש והאמונה. על כן תורת הנפש היהודית תחפש את השורש של מידות הנפש במרחב האמוני. זהו השורש להגדרות שמחברות בין מידות הנפש לתפיסה אמונית: "אמרו חכמים הראשונים, כל הכועס כאילו עובד עבודת כוכבים",[28] "כל אדם המתבייש לא במהרה הוא חוטא ומי שאין לו בושת פנים בידוע שלא עמדו אבותיו על הר סיני",[29] "כל אדם שיש בו גסות הרוח כאילו עובד עבודת כוכבים... וכאילו כפר בעיקר".[30] אשר על כן, חלק משמעותי בהבנת המידות שלנו ואחר כך בעבודת המידות יהיה חיפוש ההיבט האמוני שנמצא ביסוד כל מידה ומידה.

שילוב עם טיפול מקצועי
דווקא בשל העובדה שאין מדובר בשתי דרכים זהות, אפשר, ולפעמים הכרחי, להיעזר בכלים מקצועיים בעבודת הנפש.

מבט אחר על דרך האמצע של הרמב"ם

מפורסמת שיטת הרמב"ם שלפיה מי שנוטה לקצה אחד במידות הנפש ירגיל את עצמו לנהוג בקיצוניות השנייה לפרק זמן מסוים עד שלבסוף יגיע אל המקום המאוזן שבין שני הקצוות.[31] המחשבה הרגילה אומרת כך: ישנו ציר של כל מידה, בשני הקצוות נמצאות מידות הנפש

הרחוקות מאוד זו מזו, והמידה הבינונית קרובה לשני הקצוות במידה שווה. מכיוון שהאמצע הוא המקום הרצוי אבל האדם יוצא לדרך כשהוא נמצא במצב קצה, עליו ללכת אל הקצה השני, הרחוק מנפשו, ובמידה רבה כמעט בלתי נסבל עבורו, כך שלא יוכל לדישאר שם ויימשך חזרה אל נקודת הקצה הטבעית לו, וממילא יוכל לעצור את התהליך כשיגיע אל נקודת האמצע. כך מקובל לחשוב.

אבל אולי זה אחרת. אולי, אם נעמיק, הקצוות דומים זה לזה הרבה יותר מהאמצע, "הקצוות פוגשים הם זה את זה" כלשון הרב קוק.[32] שני הקצוות הם אותה גברת בשינוי אדרת, אותו אדם עם פנים שונות, אבל האמצע הוא כמעט יצירת יש מאין, אדם חדש ומאוזן. על כן הרמב"ם אינו מדריך את איש הקצה לחתור תחילה אל האמצע, לא רק מפני שהוא יימשך בחזרה אל הקצה, אלא מפני שבלתי אפשרי בעבורו לעבור מן הקצה אל האמצע, להפוך לאדם חדש ברגע, הרבה יותר קל לו בהתחלה ללכת אל הקצה השני, כי במידה רבה אין זה דורש שינוי מהותי, הוא נשאר איש קצה, והשורש של שני הקצוות זהה. רק אחרי שילך אל הקצה השני, מעשה פשוט יותר מבחינתו, הוא ילמד לאסוף משתי נקודות הקצה חלקים שביחד יבנו את האמצע.

במחשבה ראשונה קשה לקבל שההליכה מן הקצה אל הקצה קלה יותר מהליכה מן הקצה אל האמצע, אבל אפשר לבחון זאת בחיים עצמם. אדם שמידתו היא תאווה גדולה לאכול ורוצה לעשות שינוי, איזה שינוי יהיה פשוט לו יותר: להתחיל מרגע זה לאכול ארוחות מאוזנות עם תמהיל ראוי של כל אבות המזון, או להחרים לפרק זמן את המרכיבים שאליהם הוא מכור, כמו סוכרים ופחמימות מסוימות? לרוב, קל יותר להימנע בכלל מאשר לאכול באופן מאוזן. כולנו מצליחים לצום ביום כיפור ורובנו מתקשים לאכול בריא ומאוזן בצאת הצום אף שהיכינו על חטא שחטאנו במאכל ובמשתה. זו גם הסיבה שנמצא בציר הפרעות האכילה בולימיה (התקפי זלילה בלתי נשלטים שמסתיימים בהקאה) ואנורקסיה (פחד תהומי מהשמנה המתבטא בהימנעות קיצונית מאכילה), ולפעמים בתקופות שונות של החיים יסבול משניהם אותו אדם עצמו. הכול או לא כלום הם פנים שונות

של אותו הדבר, במקרה הזה אלה תגובות הפוכות מוקצנות לחרדה מאוכל. הרמוניה של אכילה מאוזנת היא כבר יצירה חדשה, היא לא זה ולא זה, נולד בה משהו חדש.

כשננתח לעומק בהמשך נגלה ששני הקצוות כמעט בכל מידה נובעים מעניין אחד ויוצרים תגובה אחרת. למשל, הקמצנות והפזרנות נראות כשתי תכונות הפוכות ורחוקות זו מזו, הראשונה מאוימת מאובדן כסף וחרדה לקיום בלעדיו ואילו השנייה בזה לו. אבל לרוב גם בזבוז מוקצן נובע מאותו פחד עצמו, האדם דואג שאם ייקח אחריות על מצבו הכלכלי הוא ייכנס למתחים וחרדות ובוחר לא לדעת ולא לחשוב. הוא מבזבז לא מפני שלא אכפת לו, אלא מפני שהוא פוחד ממה שיקרה לו אם יהיה אכפת לו.

מכל מקום עולה מזה שהרמב"ם שלח את איש הקצה תחילה אל הקצה השני, מקום שאליו יהיה לו פשוט יותר לחתור בהתחלה, ואחר כך הוא מדריך אותו לאסוף את שני הכוחות המנוגדים ולבנות מהם את האמצע הנחשק.

האמצע הזה איננו סתם מקום פשרני ורגוע, הוא איננו עונה להגדרה המקובלת למים פושרים כ"לא קרים ולא חמים". זה אינו נכון, הרי לעולם לא נקבל מים פושרים אם לא נפתח בברז גם את החמים וגם את הקרים. הפושרים הם ההרמוניה של גם קרים וגם חמים. לוקחים את נקודות האמת משני הקצוות וקושרים את שתיהן לנקודה הרמונית אחת. הרמב"ם מגדיר את דרך האמצע כיעד מהותי, לא טכני: "ולפי שהשמות האלו שנקרא בהן היוצר, הן הדרך הבינונית שאנו חייבין ללכת בה, נקראת דרך זו, דרך ה'. והיא שלימדה אברהם אבינו לבניו...".[33]

המהר"ל מרחיב את עקרון האמצע כמהות היהדות כולה, מכיוון שהקב"ה הוא מקור הכול, בעל הכוחות כולם, מקור כל הנבראים, נקודת האמצע היא נקודת האחדות, השורש האלוקי של כל הבריאה, שבא לידי ביטוי כאשר ההרמוניה מופיעה. לדבריו זוהי הסיבה שחגי ישראל נחגגים כאשר מזג האוויר הרמוני, באביב ובתחילת הסתיו, וזו גם הסיבה שהחורבן והצומות הכרוכים בו מופיעים בשעה שהאקלים

נוטה אל הקצה.[34] זו גם הסיבה שהמספר שלוש דומיננטי כל כך בהקשר התורני. התורה משולשת, תורה נביאים וכתובים, ניתנה לעם ששורשיו הם שלושת האבות ומחולק גם לכוהנים, לוויים וישראלים, על ידי משה, הבן השלישי של עמרם ויוכבד, ביום השלישי של שלושת ימי ההגבלה, בחודש השלישי, סיוון.[35] מדובר בעניין מהותי, שני הקצוות מתאחדים על ידי השלישי המכריע ביניהם[36] לכדי הרמוניה אלוקית. כך בכל מרחבי התורה, כך גם השאיפה בעולם מידות הנפש.

אם כן, אנחנו יוצאים למסע שחורג מגבולות הפסיכולוגיה והחוויה הנפשית, ונוגע בצדדים האמוניים שיושבים ביסוד מידות הנפש, וחותרים אל מידות נפש ממוצעות הרמוניות, שהן מיוחדות לעם ישראל ולהופעה האלוקית ההרמונית בעולם.

לפני שמתחילים

רגע לפני שיוצאים לדרך יש לומר שני דברים חשובים. ראשית, מידות הנפש מורכבות הרבה יותר מהגדרה זו או אחרת ואף אדם אינו צבוע במידה אחת מובהקת. אין אדם שהוא רק גאוותן, הגאווה שלו מעורבת תמיד בענווה. אין אדם שהוא רק פחדן, לעולם יש בו גם כוחות של גבורה. עם זאת, בירור המידות יהיה כאילו כל מידה עומדת בפני עצמה, מפני שכשלומדים כל מידה בפני עצמה ניתן לרדת לשורשה. בעבודה המעשית כל אדם יוכל להתבונן מה נוגע אליו ובאיזה מינון.

שנית, ישנן הרבה יותר מידות נפש ממה שיובא כאן, ויש הרבה יותר מדרך אחת להתבונן ולפתח את מידות הנפש. זה חלקי בעולם רחב הידיים של עבודת המידות, ואיני מתיימר להקיף הכול.

מידות הנפש

פרפקציוניזם

שורשי הפרפקציוניזם והשלכותיו

התורה מתחילה את סיפור האנושות מגן עדן, ואת העולם המוכר לנו כמקום שאליו גורשה האנושות מאז שהחמצנו את ההזדמנות לחיות בגן עדן. סיפור העולם שלנו הוא תיקון חטא עץ הדעת, תיקון הקלקול הראשון. הרבה מידות נפש מקולקלות באות לידי ביטוי בחטא המכונן של האנושות, וממילא מוטל על האנושות לתקן הרבה מידות, אבל ככל שנזהה את המידה העיקרית שהביאה לאובדן גן עדן, כך ניגע בתכונה שורשית ויסודית יותר. האינסטינקט הוא לומר שהמידה העיקרית שחוללה את חטא עץ הדעת הייתה מידת התאווה, הרי היה שם פרי אסור שחוה השתוקקה לאכול ממנו, המילה "תאווה" אפילו מוזכרת במפורש: "וַתֵּרֶא הָאִשָּׁה כִּי טוֹב הָעֵץ לְמַאֲכָל וְכִי **תַאֲוָה** הוּא לָעֵינַיִם".[1] אבל זה כנראה לא השורש הנפשי העיקרי של החטא. כדי להבין את השורש יש להקשיב לשפת הפיתוי שנוקט בה הנחש הקדמוני: "כִּי יֹדֵעַ אֱלֹהִים כִּי בְּיוֹם אֲכָלְכֶם מִמֶּנּוּ וְנִפְקְחוּ עֵינֵיכֶם **וִהְיִיתֶם כֵּאלֹהִים**, יֹדְעֵי טוֹב וָרָע". אחרי המשפט הזה נכנעת חוה ואוכלת, אף שקודם לכן דחתה את דברי הנחש. הקנאה באלוקים היא הסיפור. זה נשמע כמעט מופרך, אני מניח שאיש מאיתנו אינו מרגיש הזדהות עם קנאה כזאת, הרי לא

לעשות את עצמך

קמנו הבוקר בתחושה שהיינו רוצים להיות אלוקים, אבל במילותיו של הרב קוק פתאום התכונה הזאת נשמעת מוכרת מאוד:

> יש יצר הרע נסתר מאד במעמקי הנפש, קנאה מרקבת עצמות, המביאה רפיון ומחשכים לכל רעיון של אורה... הקנאה המוזרה הזאת היא הקנאה באלוהים. האדם מקנא הוא באלוהים על אשרו האין סופי.[2]

הנחש עלה כאן על חולשה קיומית, אולי החולשה הגדולה ביותר של האנושות. הוא זיהה את הקושי שלנו לקבל את עצמנו, להכיר בהיותנו רק אנושיים, כלומר מוגבלים ולא מושלמים, בעלי פגמים. בחולשה האנושית הזאת השתמש כשמכר לחוה לרגע את האשליה שביכולתה להפוך למושלמת, להיות כאלוקים. אנחנו לא יודעים הכול, לא שולטים בכול, אנחנו לא שלמים במראה שלנו, אנחנו חולים פה ושם ולפעמים לוקים במחלות איומות שמשביתות אותנו כליל. אנחנו לא מושלמים ביופיינו, ואם יש איזו תחושת שלמות היא ארעית, הרי השנים יעשו את שלהן, הבגרות והזקנה יפחיתו מן היופי הזוהר הזה. וכמובן, לא נחיה לנצח, סופנו למות. גם המרחב המוסרי שלנו לעולם לא יהיה מושלם, הרי "אֵין צַדִּיק בָּאָרֶץ אֲשֶׁר יַעֲשֶׂה טּוֹב וְלֹא יֶחֱטָא",[3] ואנחנו מתקשים להשלים עם כל זה. הקנאה באלוקים היא הפרפקציוניזם, היא הניסיון להיות כאלוקים, מושלמים, נטולי פגמים, שולטים בכול ויודעי כול, לא חוטאים, לא נכשלים, ופסגת השאיפות – נצחיים. הניסיון הזה שהתחיל באכילה מעץ הדעת לובש צורה ופושט צורה, הוא יכול לבוא לידי ביטוי בתעשייה עצומה של תכשירי איפור שנועדו להסתיר את כל הפגמים וליצור מצג שווא של נעורים נצחיים, בניתוחים פלסטיים שיסתירו את השנים, במכשירים חכמים שיתנו תחושה של שליטה בכול, בהערצה כלפי דמויות מפורסמות מתוך תחושה שהינה הינה יש אדם שלם, אדם־אל, ובעיקר במרוץ אין־סופי בדרך למה שלא יכול להתממש לעולם, להיות מושלם, על־אדם, אלוקים.

התכונה הזאת, פרפקציוניזם, מטעה מאוד, מפני שהיא נתפסת

אצל רובנו כתכונה טובה. הרי הפרפקציוניסט, בהיותו שואף שלמות, מן הסתם יגיע להישגים גבוהים, ידרוש מעצמו יותר וישאף גבוה. לכאורה כל השאיפות הטובות מגולמות כאן. אומרים שבראיונות עבודה כששואלים על תכונה רעה כדאי לומר: "אני פרפקציוניסט". מעבידים אוהבים את זה. גם הורים ומורים, ובעצם, מה רע?

הרע מתגלה בשיחה שהתנהלה בין הנחש לחוה. במכת הפתיחה מערער הנחש על כל אושרה של האנושות: "וַיֹּאמֶר אֶל הָאִשָּׁה: אַף כִּי אָמַר אֱלֹהִים לֹא תֹאכְלוּ מִכֹּל עֵץ הַגָּן".[4] הנחש ספק שואל ספק קובע שלחוה אין כלום בגן עדן, מפני שנאסר עליה לאכול מכל עצי הגן. באופן פשוט הוא חושב שכל העצים אסורים באכילה, כך גם מבינה אותו חוה וממהרת לתקן אותו: "וַתֹּאמֶר הָאִשָּׁה אֶל הַנָּחָשׁ: מִפְּרִי עֵץ הַגָּן נֹאכֵל, וּמִפְּרִי הָעֵץ אֲשֶׁר בְּתוֹךְ הַגָּן אָמַר אֱלֹהִים לֹא תֹאכְלוּ מִמֶּנּוּ וְלֹא תִגְּעוּ בּוֹ פֶּן תְּמֻתוּן".[5] כנגד הנחש שטען שהכול אסור ולפיכך אין לה כלום, היא טוענת שהכול מותר ולכן יש לה הכול. כל עצי הגן מותרים באכילה, והעץ היחיד שנאסר איננו כי אם רעל מסוכן, שהרי באכילתו תמות, נמצא שגן העדן שלה מושלם. במשפט הבא מתבררת טענתו האמיתית של הנחש: "וַיֹּאמֶר הַנָּחָשׁ אֶל הָאִשָּׁה: לֹא מוֹת תְּמֻתוּן, כִּי יֹדֵעַ אֱלֹהִים כִּי בְּיוֹם אֲכָלְכֶם מִמֶּנּוּ וְנִפְקְחוּ עֵינֵיכֶם וִהְיִיתֶם כֵּאלֹהִים יֹדְעֵי טוֹב וָרָע".[6] הנחש ידע מלכתחילה שכל עצי הגן מותרים באכילה, אבל עדיין נשאר בטענתו שלפיה אין לאנושות בגן עדן דבר, שהרי כל העצים ישאירו אותם במעמד החסר של היותם אדם, ואילו העץ האסור יהפוך אותם לאלוקים. מתברר שכך התכוון הנחש גם במשפט הראשון: מכיוון שלא הכול מותר, ומכיוון שרק העץ האסור יהפוך את האדם לאלוקים – כביכול אין כלום, הכול אסור.

הינה לנו תמצית הבעיה הפרפקציוניסטית: הכול או לא כלום. באין היתר לאכול מכל העצים, גם העצים המותרים אינם נחשבים. חוה עצמה נופלת במלכודת עוד לפני שאכלה מהפרי האסור, שהרי גם היא כבר אימצה את השיח הפרפקציוניסטי של הכול או לא כלום. תחילה היא אומרת שיש לה הכול כי העץ האסור הוא מסוכן. גם לגביו היא מגדירה אמירה טוטאלית: הוא אסור באכילה וגם במגע, גם מגע יגרור

מוות. היא כמובן בודה מליבה את האיסור הזה, אבל הבעיה איננה השקר, הבעיה היא המוחלטות, זה שוב הכול או לא כלום. בעוד אלוקים ראה את עץ הדעת כמותר חלקית, היא אסרה אותו לגמרי, מפני שאם הוא מותר חלקית הרי אינו מותר כלל. מושלם או אפס. אין אמצע. כל מה שפחות ממושלם אינו בעל ערך כלל. אין פלא שחז"ל חיברו את המן הרשע, האיש העשיר, המקושר והמצליח שהכריז: "וְכָל זֶה אֵינֶנּוּ שֹׁוֶה לִי בְּכָל עֵת אֲשֶׁר אֲנִי רֹאֶה אֶת מָרְדֳּכַי הַיְּהוּדִי יוֹשֵׁב בְּשַׁעַר הַמֶּלֶךְ",[7] עם חטא עץ הדעת: "המן מן התורה מנין? המן העץ".[8]

הפרפקציוניזם מביא לעין רעה של אדם כלפי כל מה שיש לו. הוא אינו יכול להעריך את משפחתו אם איננה מושלמת, את אשתו וילדיו, כך גם את עצמו ואת הישגיו. הוא אינו מעריך את מעשיו הטובים בשל המעשים הרעים שלו. הוא לא מעריך את הצלחותיו בשל שגיאותיו. והשבר בלתי נמנע, שהרי באמת אדם איננו יכול להיות במקום מושלם, ומכיוון שכל מעמד שאיננו מושלם נחשב כאין וכאפס, הרי הוא בעיני עצמו כלא נחשב. חייו של הפרפקציוניסט נעים בין שני קטבים: האחד, מאמץ־על לעמוד בקריטריון בלתי ניתן להשגה של שלמות, והשני מפח נפש ובוז לכל מה שבכל זאת הצליח להשיג.

אי אפשר שלא לתהות, מאין באה תקוות השלמות הזאת שהפילה את חוה ואדם, ועל פי הרב קוק, חבויה בכל אדם? ובכן, שאיפת השלמות לא באה יש מאין, ואולי נכון יותר לומר שבדיוק משם היא באה – מן האין, מן המקום העליון שממנו נובעת נשמתו. הרי נשמתנו "חֵלֶק אֱלוֹהַּ מִמָּעַל",[9] ואפילו התיאור המדויק של המדרגה האנושית הוא: "וַתְּחַסְּרֵהוּ מְּעַט מֵאֱלֹהִים".[10] מעט. רק מעט מבחין בין אלוקים לאדם, אבל זהו בדיוק הפער בין אנושי למושלם. הנשמה שבאה מהמקום האין־סופי חותרת להרים את האדם לשם, אבל יש להכיר בענווה בכך שאיננו אלוקים, אנחנו חסרים, לפחות מעט.

את הסכנה באשליית השלמות הזאת הגדיר הקב"ה כבר קודם לחטא הראשון, והקדים תרופה למכה. ההכרזה: "לֹא טוֹב הֱיוֹת הָאָדָם לְבַדּוֹ",[11] וההחלטה המעשית: "אֶעֱשֶׂה לּוֹ עֵזֶר כְּנֶגְדּוֹ"[12] באו לעולם על פי רש"י בדיוק בשל הסכנה הזאת: "שלא יאמרו שתי רשויות הן,

הקב"ה יחיד בעליונים ואין לו זוג, וזה יחיד בתחתונים ואין לו זוג".[13] אלמלא נוצרה אישה, התעתוע היה מנצח והאדם באמת היה משוכנע שהוא אלוקים. אבל המבנה הזוגי שהכתיב ה' לאנושות כמוהו כהכרזה: אינכם מושלמים. אתם חסרים, לעולם תהיו חסרים ותזדקקו זה לזו, תזדקקו להשלמה. אתם בני אדם. לא אלוקים.

פרפקציוניזם רוחני

לכאורה כל מה שאמרנו בגנות הפרפקציוניזם אינו רלוונטי לשדה הרוחני, הרי על האדם מוטל לעמוד בכל היעדים הרוחניים, תרי"ג מצוות וכל דקדוקיהן. בתנא דבי אליהו מופיעה התביעה הזאת באופן גורף: "לפיכך הייתי אומר שכל אחד ואחד מישראל חייב לומר מתי יגיעו מעשי למעשה אבותיי, אברהם יצחק ויעקב".[14] אלא שאין הדבר כך. בעצם ההדרכה שלפיה כל אדם צריך לומר "מתי יגיעו מעשיי..." כבר מובלעת ההנחה שאף אחד לא מגיע, שמדובר בכיוון עליון שמתווה דרך ולא ביעד שיש לכבוש. זאת ועוד, כבר הזכרנו את דברי חז"ל על כך שאין צדיק בארץ שלא יחטא, וניתן להוסיף לזה את ההדרכה הברורה: "לא עליך המלאכה לגמור ולא אתה בן חורין ליבטל ממנה".[15]

העיקרון המנחה הוא ש"אין הקב"ה בא בטרוניא עם בריותיו".[16] "לא ניתנה התורה למלאכי השרת",[17] הוא נתן אותה לנו, בני אדם פגומים וחסרים, כל אחד וחולשותיו. כמובן, יש לשאוף להיות בתנועה מתמדת, להתקדם כמה שיותר, אבל אין להתיימר לשלמות גם בהיבט הרוחני. יש חולשות בעולם ויש תשובה בעולם, ויש כאן בני אדם חסרים שלעולם לא יהיו כאלוקים, תמיד חסרים ומנסים להידבק במידותיו.

ההכרה הזאת יכולה להציל אנשים רבים ממתח ועצבנות שמלווים לפעמים את עבודת ה', גם משאלות פנימיות שמנקרות בתוך ליבם של אנשים יראי שמיים שאינם מוכנים לקבל את עבודתם כשאינה מושלמת. ממש כשם שמוכרת בפסיכיאטריה תופעה של הפרעה טורדנית־כפייתית, שבאה לידי ביטוי ברחיצת ידיים אין־סופית, ובחזרה

על טקסים שונים, כך ישנה הפרעה טורדנית־כפייתית באספקט דתי: האם התכוונתי בשלוש הברכות הראשונות? האם באמת התכוונתי? האם צריך לחזור ולברך? האם התכוונתי בפעם השנייה? האם בטבילה כל גופי נכנס אל המקווה? האם באמת כל גופי? האם יש לחזור ולטבול שוב? האם בפעם השנייה לא יצאה אל החוץ איזו שערה? אין לדבר סוף, ואין גאולה אלא בהכרה בגבול היכולת האנושית ובהשלמה איתו.

האלטרנטיבה לפרפקציוניזם בעבודת ה׳ איננה בינוניות, אלא עשייה מתמדת ברצינות ובשמחה. שאיפה להתעלות, מאמץ בלתי פוסק שכרוך בחדווה שיש בדרך, מבלי לסיים אותה לעולם.

הורים שיוצרים ילדים פרפקציוניסטים

הורים נוטים לחבב ילדים פרפקציוניסטים. הורים שבעצמם פרפקציוניסטים מחבבים ילדים כאלה במיוחד. לכאורה מדובר בפסגת השאיפות, ילד מצטיין שלעולם אינו נכשל, תעודה מושלמת, ״אשרי יולדתך״ בהערת המנהל. בדרך כלל הילד הפרפקציוניסט גם ילך בעקבות תפיסותיהם הערכיות של הוריו בצורה מושלמת. מה צריך יותר? להורים פרפקציוניסטים יש סיכוי לא רע להצליח במשאלתם, ילד שגדל באווירה של הישגים, שגרף מחיאות כפיים סוערות עם כל פסגה שנכבשה, יהפוך בסבירות גבוהה לדור שני למושלמים. לכאורה הכול מושלם, ובכל זאת בעיה:

הינה בדיחה ששמעתי מאבא ז״ל: ״ילד חוזר מבית ספר במחצית א׳, כל התעודה מושלמת רק במקצוע אחד הוא מקבל שמונים. אבא אומר לו: ׳מילא כל אחד אחר, אבל אתה – מה זה בשבילך להוציא מאה? אתה הרי יכול׳. הילד מתאמץ כל המחצית, חוזר עם תעודה מושלמת לגמרי. האבא מעיף מבט בתעודה ואומר לו: ׳אני לא רואה שיפור משמעותי מהמחצית הראשונה׳...״.

הילד המושלם הזה, שנולד אל תוך סיר לחץ של הישגים וציפיות יסבול מכל מה שמאפיין פרפקציוניסט, הוא יחיה תחת ביקורת עצמית מופרזת, תחושות אשמה על כל סטייה מהציפייה, ועיוורון מוחלט

כלפי כל הישג חלקי. הוא לא יוכל לשמוח בחלקו, מפני ש"חלק" לעולם איננו שלם. הוא יביא הרבה אושר להוריו ולמחנכיו, מן הסתם בשנים הבאות גם לממונים עליו בעבודה, אבל החיים המוקפדים הללו שתובעים שלמות עלולים לגזול את אושרו שלו. קשה לשמוח כשהנשימות מואצות בדרך אל הפסגה הגבוהה ביותר והלב בז לכל גבעה שכבר נכבשה.

לפעמים החינוך הפרפקציוניסטי עלול לגבות מחיר כבד אף יותר: הניסיון הבלתי פוסק לעמוד ברף מושלם שהציבו ההורים, המורים או הסביבה, הוא תוצאה של תנאי לא כתוב שלפיו כביכול האהבה תלויה בהישגים, ובוודאי ההערכה. מה שמונח על כף המאזניים כבד מכדי להיכשל, ויוצר דפוס נפשי של מי שעושה הכול על מנת לרצות את הוריו בשלב ראשון. אחר כך זה יתפשט למוריו, לבת זוגו ולמעסיקיו. התחושה שהאהבה תלויה בהיותו מושלם בכך שיענה על הציפיות הגבוהות, עלולה לגרום להתמכרות לריצוי. הוא ייכנס לסחרור במאמץ לרצות את כולם, שמא יאבד את אהבתם. בתמורה לאהבה הזאת הוא עלול לאבד את הדבר החשוב ביותר – את עצמו, כלומר את רצונותיו. אדם שמרצה איננו רוצה. הרצון האישי עלול להביא לידי עימות עם הסביבה ומאיים על האהבה שרוחשים לו, ועל כן ברירת המחדל היא לא לרצות, לשם כך יש להימנע משאלת שאלות שעלולות לטלטל את המבנה המתוכנן שסללו עבורו. ילד כזה עלול להיות הילד שאינו יודע לשאול מן ההגדה. יש מי שאינו שואל כי לא אכפת לו, הוא אדיש ולא מתעניין, יש שאינו שואל מחוסר יכולת, אבל יש מי שאיננו שואל מפני שהשאלה עלולה ליצור עימות, ועלולה לסכן את מצג השלמות שהוא עמל להציג בפני הסובבים אותו. כך קיבלנו ילד שעושה הכול כדי להצליח ולהגיע לפסגה, אבל אין זו בהכרח הצלחה שבחר לעצמו, אין זו הפסגה המיועדת לו. מיותר לומר מה קורה לאורך זמן למי שגדל באווירה של שלמות כהכרח אלא שאין זו השלמות שבאמת בחר לעצמו.

"ולא הקפדן מלמד",[18] אמרו חז"ל. המחנך הקפדן הוא התובע שלמות מתלמידיו או בניו. ילדים שחיים תחת מצג שווא של הורים

מושלמים שלעולם אינם טועים, אינם יודעים איך להתמודד עם החולשות של עצמם, אינם יכולים לשתף בנפילות שלהם. הם יציגו שלמות מזויפת או יבעטו באשליה הזאת בכל מאודם. ולפעמים, לא זה ולא זה, ינסו בכל כוחם להגיע אל הפסגה הדמיונית כשעל גבם תרמיל עמוס רגשות אשמה, צער וקנאה – איך זה שכולם כן והם לא. איך זה שכולם כאלוקים והם בקושי בני אדם.

איך יוצאים מהפרפקציוניזם?

באופן אופטימלי זה מתחיל מהילדות. ילד שגדל באווירה שמותר לטעות בה, שגם ההורים שלו הם בני אדם ולא מלאכים, מסוגלים להודות בטעות ולשנות – לומד שמותר שלא להיות מושלם. ילד שגדל באווירה שמחמיאים לו על הישגים טובים גם אם אינם מושלמים, ושהאהבה אליו אינה תלויה בהישגים מושלמים, לומד לאהוב את עצמו ככה, בלי תנאים, בלי רף הישגים אלוקי שממילא לא יושג לעולם. ילד שמתקבל באהבה גם אחרי כישלון, שלומד לדעת שיקבל חיבוק גדול גם לנוכח תעודה לא מושלמת, לומד שהוא יכול להיות אדם. עם זאת, עלולה להיות חוויית פשרנות ובינוניות, ועל כן כל זה צריך להיות כרוך באווירה של התקדמות, סקרנות ותשוקה להתפתחות מתמדת.
אבל מה עושים כשלא צמחנו כך, איך משתחררים מהפרפקציוניזם?

אחד האירועים המכוננים אחרי חטא עץ הדעת, כלומר אחרי השבר שבעקבות הפרפקציוניזם המתעתע, היה המתנה שהקב"ה העניק לאדם וחוה: "וַיַּעַשׂ ה' אֱלֹהִים לְאָדָם וּלְאִשְׁתּוֹ כָּתְנוֹת עוֹר וַיַּלְבִּשֵׁם".[19] בניגוד לעלי התאנה שתפרו אדם וחוה לעצמם, בגדים שנועדו להסתיר את הגוף שנפגם אחרי החטא, הקב"ה תופר להם בגדי שבת מהודרים, כאלה שנועדו לבטא את יופייה של הנשמה. לכאורה צדקו אדם וחוה, מה יש כבר להראות אחרי שהתגלו בקלונם? נשארה רק בושה. אבל הקב"ה מאותת שדווקא עכשיו, אחרי שנפלו וגילו כי הינם בני אדם, לא אלוקים, מתחיל המסע לגלות את יופיים וערכם. זהו הצעד הראשון בגמילה מהקנאה באלוקים: היכולת לראות את החלקים היפים שלנו,

להתפעל מהם ולאהוב אותם, אף שאינם מושלמים, הגם שישנם גם חלקים אחרים לא פתורים. הקב"ה מלמד את האדם החוטא לא רק לברוח, להסתיר ולהתבייש, גם לזכור ולהביע שיש בו הרבה טוב.

כך לכאורה משתחררים מפרפקציוניזם: לומדים לאהוב את החלקים הטובים גם כשאינם מושלמים. מחמיאים להם, מעריכים אותם, נותנים להם מקום משמעותי. לא מוחקים את היש בגלל החלק החסר. לומדים לאהוב את עצמנו ואת ילדינו למרות החסר. מחבקים אותם ואותנו אחרי כישלון או הצלחה חלקית. זוכרים שגם אם "טוב" איננו "מצוין", הוא עדיין "טוב", וכשזוכרים זאת זה כבר טוב מאוד. וזו עבודה שדורשת תרגול רב, להחמיא גם על החלקי ולעודד עם זאת תנועה מתמדת במגמה להתקדם. לנוע בלי להיות שלם.

עצלות, זריזות ופרפקציוניזם

לפעמים, כפי שלמדנו קודם, חינוך פרפקציוניסטי מעודד עצלות. התחושה של הילד, שכל זמן שלא יספק הישגים מושלמים אין ערך למאמציו, תגרום לו לוותר על כל מאמץ. אני מניח שאילו היו שואלים אותנו מה ההפך מעצלות היינו עונים: זריזות. אבל נדמה לי שפרפקציוניזם ועצלות הם ההפכים שבקצוות ואילו הזריזות היא מידת האמצע הנחשקת. וכמו תמיד יש קשר עמוק בין הקצוות. העצלן עשוי להיות הפרפקציוניסט השבור, זה שנוכח לדעת שלא יעלה בידו להשיג שלמות, ובחר לוותר על הכול. גם הפרפקציוניסט צומח הרבה פעמים מתוך בית שהייתה בו אווירה של חוסר מעש וייאוש מהגעה לפסגות גבוהות, והוא בוחר לחיות אחרת, הפוך לגמרי מהדרך שבה גדל.

הפרפקציוניזם והעצלות הם הפכים גם בתפיסתם את האדם. האדם באמת מורכב משני חלקים, הגוף והנשמה, שני חלקים שהוזכרו כבר בעת יצירתו: "וַיִּיצֶר ה' אֱלֹהִים אֶת הָאָדָם עָפָר מִן הָאֲדָמָה, וַיִּפַּח בְּאַפָּיו נִשְׁמַת חַיִּים".[20] העפר מבטא את החלק דנמוך, הגשמי, המוגבל, ואילו נשמת החיים את החלק הגבוה, האלוקי, האין־סופי. גם העצלן וגם הפרפקציוניסט מתעלמים מן ההרכבה הזאת ומגדירים את עצמם

רק על פי חלק אחד, ועל כן הם נעים במסלול התנגשות הכרחי עם החלק האחר. הפרפקציוניסט כאמור מקנא באלוקים ומדמה שיוכל להיות מושלם כמותו. השלמות מתאימה לנשמת החיים שבו אבל מתנגשת עם חלק העפר, ולכן כל מחלה, הזדקנות, שכחה וכישלון יסבו לו צער עמוק מפני שיאיימו על חלומו להיות מושלם כאלוקים. העצלן חוטא בדיוק בחטא הנגדי, הוא נכנע כל כולו לצד העפר שבו, זה המושך ככוח המשיכה העולמי, כלפי מטה. לכן מידת העצלות מכונה בספרים רבים מידת העפריות, היא שייכת ליסוד העפר של האדם.[21] בניגוד לפרפקציוניסט שעשוי לעשות גדולות ונצורות, העצלן לא יעשה דבר מתוך מחשבה שממילא אין ערך עמוק למעשיו ואין דבר המצדיק מאמץ, הרי מי הוא ומה חייו לפעול בעולם, הוא רק עפר, עפר ואפר.

אבל האדם באמת עשוי מזה ומזה, כשבמצבו האופטימלי חלק הנשמה שבו מנהיג את חלק העפר. אדם כזה הוא האדם הזריז. הוא מצוי במאבק מתמיד לנסוק כלפי מעלה ולא להניח לעפר שבו להנמיך את קומתו, אבל הוא יודע לקבל גם את חולשותיו וחסרונותיו ולא להניח להם לרפות את ידיו. הזריזות הזאת היא זריזות שמחה כי יש בה עשייה ושחרור מכבלי העפר, ואין בה תחושת האשמה והתסכול של אשליית השלמות. הפרפקציוניסט והזריז ייראו למראית עין דומים, שניהם יהיו עסוקים בעשייה, אבל ההבדל ביניהם הוא במתח הנפשי. יש קו דק שמפריד ביניהם, אבל הוא משמעותי מאוד. זהו ההבדל בין זריזות ללחץ. לכן אומרים בשם הרב צבי יהודה שהדגיש שמדובר בזריזות מתונה. אם תרצו, זריזות מתוך בריאות נפשית, מתוך נחת של עשייה.

את הקו העדין הזה משרטט רבי טרפון כדרך חיים: "לא עליך המלאכה לגמור ולא אתה בן חורין ליבטל ממנה".[22] משמעותי מאוד שדווקא הוא, רבי טרפון, בעל ההדרכה הזאת. רבי טרפון היה תנא גדול, כך שעולמו הרוחני נוגע בשמיים, ועם זאת היה עשיר גדול. ודווקא הוא משרטט קווים להצלחה: לא עצלות, לא שלמות, זריזות קבועה שמאמינה שאפשר להגיע לגבהים מבלי להיות מושלם.

קנאה ורצון

מידת נפש בתחפושת

אנחנו עומדים להתבונן באחת ממידות הנפש הקשות ביותר לטיפול, בראש ובראשונה מפני שרוב מובהק של הלוקים בה אינם מודים בכך. קשה מאוד לומר: "אני קנאי", מפני שהאמירה הזאת עצמה היא הודאה בכך שאדם אינו מקבל את מקומו בעולם, בכך שהוא חלש, לוטש עיניים למה שאינו שלו ועוד. לכן רוב הקנאים עוטפים אפילו בינם לבין עצמם את הקנאה בתחפושת משובחת יותר, כפי שכותב הרב קוק:

> היא יוצאת לפעמים בצורות שונות, חוץ מצורתה האמיתית, כדרכן של כל התוצאות של הקנאה, שאינן מתלבשות כי אם במלבוש נוכרי, ונושאות עליהן תמיד שם זר.[1]

הקנאי נמצא בתוך מלכודת, הקנאה היא ניסיון להיות משהו אחר, מישהו אחר או לזכות במה שמיועד למישהו אחר, אבל הקושי להודות בכך צובע את הקנאי בעיני עצמו בצבעים שאינם שלו, הוא לא מודע להיותו קנאי, הוא משוכנע בכך שהוא לוחם שוויון או שאר מלבושים מזויפים של מידת הקנאה. בשביל לשנות מידה ממידות הנפש צריך

להתחיל מעמדת מוצא של מודעות וכנות, כך שיקשה מאוד על הקנאי לעשות את השינוי המתבקש. ראינו את זה לאורך כל התנ"ך הרצוף בסיפורי קנאה, ברובם המובהק לא הודו הקנאים שהם מקנאים, ועטפו את הקנאה בינם לבינם וכל שכן כלפי חוץ בסיבות ערכיות מובהקות.

ספק אם קין שקינא בהבל עד כדי שפיכות דמים ידע לומר לעצמו שמדובר בקנאה, סביר יותר שהציג זאת כרצון לקרבת ה׳ שאינו שועה למנחתו. קורח בוודאי הציג זאת כך, ולא הודה בכך שהוא מקנא במשה ואהרון, הוא הרים את דגל השוויון, אולי גם בינו לבינו היה בטוח שאיננו קנאי כי אם לוחם צדק ומבקש קרבת ה׳ למענו ולמען כל העם.

מידת נפש עתיקה

אבל האתגר בהשתחררות ממידת הקנאה אינו רק בקושי לזהות אותה, הוא נעוץ גם בכך שהמידה הזאת עתיקה ומושרשת עמוק־עמוק בנפש האדם. הפעם מדובר במידת נפש שחז"ל רואים בה שורש אפילו לחטאי היקום, אותם חטאים שקדמו לחטא האנושות:

> (שני) המאורות הגדולים – שווים נבראו ונתמעטה הלבנה על שקטרגה ואמרה: אי אפשר לשני מלכים שישתמשו בכתר אחד.[2]

כביכול בטרם היות אנושות כבר הייתה קנאה במעשה בראשית והלבנה קינאה לכבודה ולייחודיותה וביקשה בלעדיות על תפקיד המאור הגדול. השלב הבא נמצא כבר בחטא האנושות ולפיכך גם הפעם, מבט בחטא עץ הדעת יעזור לנו להבין עד כמה המידה הזאת נטועה עמוק בנפש האנושות. ואכן, נראה שהקנאה עוטפת את החטא הראשון מכל עבר:

> והנחש היה ערום[3] – ומה חישב בליבו אותו רשע (הנחש) באותה שעה? אמר: אלך ואהרוג את אדם, ואשא את חוה, ואהיה מלך על כל בהמה וחיה, ואהלך בקומה זקופה, ואוכל כל מעדני עולם.[4]

הנחש, המסית לחטא המכונן, מונע מקנאה: "נחש הקדמוני נתקנא באדם הראשון וגרם מיתה לעולם".[5] הוא רואה את הקשר בין אדם לחוה, מקנא בקשר הזה וחפץ לזכות בחוה. הוא גם מקנא במעמדו של האדם כמלך הבריאה, ואפילו בצורת הליכתו, בקומה זקופה. אבל זו רק ההתחלה. הקנאה ממשיכה לשחק תפקיד ראשי בקריסה הזאת:

וַיֹּאמֶר הַנָּחָשׁ אֶל הָאִשָּׁה לֹא מוֹת תְּמֻתוּן. כִּי יֹדֵעַ אֱלֹהִים כִּי בְּיוֹם אֲכָלְכֶם מִמֶּנּוּ וְנִפְקְחוּ עֵינֵיכֶם וִהְיִיתֶם כֵּאלֹהִים יֹדְעֵי טוֹב וָרָע.[6]

רש"י: כל אומן שונא את בני אומנתו. מן העץ אכל וברא את העולם.

לדברי הנחש, שמונע כאמור מקנאה, הקנאי האמיתי אינו אלא הקב"ה בכבודו ובעצמו. הקב"ה יודע שעץ הדעת אינו ממית, אלא שהוא עצמו אכל ממנו והפך למה שהוא, והוא חושש למעמדו. כל אומן מתקנא דווקא בבני אומנותו, במי שמאיים על ייחודו, והנחש מצייר את ריבונו של עולם כמי שמאוים מהאנושות, והוא זה המקנא למעמדו הבלעדי.

רש"י: והייתם כאלהים – יוצרי עולמות. ותרא האשה – ראתה דבריו של נחש והנאו לה והאמינתו. כי טוב העץ – להיות כאלהים. וכי תאוה הוא לעינים – כמו שאמר לה ונפקחו עיניכם. ונחמד להשכיל – כמו שאמר לה יודעי טוב ורע.

בשלב הבא, לאחר שהציג הנחש את הקב"ה כקנאי, הוא גורם לחוה לקנא באלוקים, זהו הפרפקציוניזם המפורסם, ורש"י מדייק בכל הפסוקים ומראה שהקנאה באלוקים היא אכן זו שהכריעה את חוה וגרמה לה לחטא. היא רואה את דברי הנחש, כלומר משתכנעת ממנו שאכן יש ביכולתה להיות כאלוקים ולממש את דברי הפיתוי שלו. היא מתבוננת בעץ ומזהה בו פוטנציאל להפוך אותה לאלוקים. אין מדובר בתאווה סתמית לפרי טעים, מדובר בקנאה ביכולת הבלתי־מוגבלת

שלעת עתה רק אלוקים ניחן בה, וחוה מדמה בנפשה שגם היא יכולה להיות כמוהו.

לאחר שחוה אוכלת, יש להניח שהדבר הראשון שבדקה הוא אם אכן נהייתה כאלוקים, אם יש בכוחה לברוא עולמות וליצור יש מאין. הציפייה להיות כאלוקים כמובן עולה בתוהו, ובכל זאת חוה נותנת גם לאדם לאכול מעץ הדעת. מעשה תמוה מאוד בהתחשב בעובדה שכבר הכירה בשקרו של הנחש. מהו הדחף להחטיא גם אותו? זו שוב הקנאה, כמובן:

> רש"י: ותתן גם לאישה עמה – שלא תמות היא ויחיה הוא, וישא אשה אחרת.

מקורו של פתגם הילדים 'מי שאוכל לבד – מת לבד' נמצא כאן. חוה חוששת שתמות לבדה, ובנפשה מבעבעת הקנאה. היא מקנאה באישה שתבוא במקומה, היא מקנאה באישה שכלל אינה קיימת, אישה פרי דמיונה בלבד, קנאה חוצה עולמות, שהרי כשיישא אדם את אותה אישה דמיונית תהיה חוה כבר בעולם אחר, אבל הקנאה גדולה ממנה וגורמת לה להחטיאו.

הקנאה, אם כן, עוטפת את אובדן גן עדן מתחילה ועד סוף: הנחש מקנא באדם, הוא מציג את ריבונו של עולם כמי שמקנא באדם, הוא גורם לחוה לקנא באלוקים, ולבסוף קנאתה באישה האחרת משלימה את המלאכה. אבל זה אינו מסתיים כאן, סיפורי הקנאה עוטפים את התנ"ך כולו, וסביב ציר הקנאה סובב הכול: קין מקנא בהבל, אנשי המבול טובעים בקנאה ועל כן הם גוזלים רכוש ואף נשים אלה מאלה. קנאה מתעוררת בין הגר לשרה ואחר כך בין ישמעאל ויצחק ובין עשו ויעקב. גם בין שתי נשותיו העיקריות של יעקב יש קנאה, שם זה נאמר במפורש: "וַתְּקַנֵּא רָחֵל בַּאֲחֹתָהּ".[7] גם אחי יוסף מקנאים וגם שם זה מפורש: "וַיְקַנְאוּ בוֹ אֶחָיו".[8] המידה הזאת תתסיס את המחלוקת בין קורח למשה ואהרון, להבדיל, בין שאול לדוד ועוד. היא בעיקר תהיה הסמל של הפירוד בין חלקי עם ישראל שיתאפיין בקנאה ובמתח בין

בני רחל לבני לאה. עד כמה אתגר השחרור מן הקנאה גדול? עד כדי כך שהבשורה של עולם מתוקן בנביאים מתמקדת בתיקון המידה הזאת בדיוק: "וְסָרָה קִנְאַת אֶפְרַיִם וְצֹרְרֵי יְהוּדָה יִכָּרֵתוּ, אֶפְרַיִם לֹא יְקַנֵּא אֶת יְהוּדָה וִיהוּדָה לֹא יָצֹר אֶת אֶפְרָיִם".[9] הרמח"ל בהתייחס לנבואה העתידית הזאת, מבטא עד כמה כרוכה הקנאה בטבע האנושי, ועד כמה אותם ימים מסולקים מקנאה הם נגיעה של האנושות במדרגת המלאכים:

> והוא מה שייעד לנו הנביא על הזמן דעתיד, שלמען תהיה טובת ישראל שלמה, יקדים הקב"ה להסיר מלבבנו המידה המגונה הזאת, ואז לא יהיה צער לאחד בטובת האחר, וגם לא יצטרך המצליח להסתיר עצמו ודבריו מפני הקנאה, והוא מה שכתוב "וסרה קנאת אפרים וצוררי יהודה יכרתו..." הוא השלום והשלווה אשר למלאכי השרת, אשר כולם שמחים בעבודתם איש איש על מקומו, ואין אחד מתקנא בחברו כלל, כי כולם יודעים האמת לאמיתו ועלזים על הטוב אשר בידם ושמחים בחלקם.

המשמעות של כל זה היא שאנחנו מטפלים כאן במידה שורשית ועיקשת, מתעתעת ומחופשת שיש לה השלכות אדירות על חיי הפרט ועל חיי עם ישראל כולו ושכדי להיחלץ ממנה כליל יש כמעט להפוך את טבענו מאנושי למלאכי. לא בכדי מופיע האיסור על מידת הקנאה, "לא תחמוד",[10] כאיסור החותם את עשרת הדיברות, וכבר אמרו חכמים שמי שעובר עליו עלול ליפול גם בכל הדיברות האחרות.[11]

מהי קנאה?

לכל הופעות הקנאה בתנ"ך ומחוצה לו יש מכנה משותף, הקנאי איננו מוכן לקבל את עצמו ותולה עיניים במה שנפל בגורלו של האחר. המידה הזאת באופן עמוק היא חוסר קבלת האדם את עצמו, וחוסר הקבלה הזה הופך להיות נבואה המגשימה את עצמה וגורמת לאדם באמת לאבד את ערכו. שלמה המלך הגדיר זאת כך: "וּרְקַב עֲצָמוֹת קִנְאָה".[12]

העצם בגוף האדם היא ששורדת בעינה הרבה אחרי מותו, הרבה אחרי אובדן הבשר, הדם והאיברים השונים. במובן זה העצם מבטאת כביכול את עיקרו ומהותו של האדם, מכאן המושג 'עצמיות', כמושג שנועד להגדיר את מהותו של האדם. הקנאה על פי שלמה המלך היא ריקבון של העצמות, כלומר ריקבון העצמיות של האדם. זהו ריקבון שהאדם אחראי להיווצרותו במו ידיו. הוא מתחיל ברגע שהאדם אינו מקבל את עצמו, את מקומו בעולם ואת כישרונותיו. בין אם אינו מקבל את המשפחה שאליה נולד ובה גדל ולוטש עיניו אל אחרת, בין אם אינו מקבל את המשפחה שהקים ואינו שמח באשתו או בילדיו. בין אם אינו מקבל את עצמו, את מראהו, את מצבו הבריאותי, את מצבו הכלכלי, את מצבו הנפשי או את מיעוט כישרונותיו. המבט לצדדים שמבטא תסכול עמוק ממה שנפל בחלקו, גורם לכך שבמקום לטפח את חלקת האלוקים שלו, הוא עסוק בדמיונות שווא על החלק שנפל בנחלתם של אחרים. חז"ל, בהתייחסם לעיקרון ההלכתי על אודות אישה שלא הייתה נאמנת לבעלה, שעל פי התורה נאסרת על בעלה ובועלה, לימדו עקרון יסוד בקנאה:

> תנו רבנן: סוטה נתנה עיניה במי שאינו ראוי לה, מה שביקשה לא ניתן לה, ומה שבידה נטלוהו ממנה, שכל הנותן עיניו במה שאינו שלו, מה שמבקש אין נותנין לו, ומה שבידו נוטלין הימנו.[13]

בעולמו של הקנאי אין מדובר בעונש חיצוני, זהו מנגנון פנימי המחויב ממידת הקנאה. העיסוק האובססיבי במה שכביכול נשלל ממנו והתסכול ממה שכן שייך לו, מביא את הקנאי שלא לטפל בנחלתו, שהיא באמת מנת חלקו. למעשה את שלו הוא מפסיד מפני שהוא מפקיר את שלו מתוך חוסר הערכה ושמחה בו. והחלק שאליו הוא נושא עיניים אינו מיועד לו, כך שמן הסתם לא יזכה בו, ואפילו אם יצליח להניח עליו את ידו תהיה זו הצלחה רק למראית עין, שהרי מה שאינו מיועד לאדם לעולם לא יביא לו ברכה.

לקנאה הזאת פנים שונות בנפש, והיא משתנה בכמות ובאיכות מאדם לאדם, לובשת צורה ופושטת צורה:

> יש מי שסכלותו רבה כל כך עד שאם יראה לחברו איזו טובה, יתעשש בעצמו וידאג ויצטער עד שאפילו הטובות שבידו לא יהנוהו מצער מה שהוא רואה ביד חברו.[14]

הקנאי הקיצוני סובל כל כך ממה שנפל בחלקו של חברו, והעיסוק המוגזם במה שאינו שלו ושייך לחברו כל כך חריף אצלו, עד שכל אשר נפל בחלקו נעשה בעיניו חסר ממשות וחסר ערך. זהו ריקבון הקנאה שעליו דיבר שלמה, ולפעמים הריקבון הזה מתגלה במידת השנאה והשמחה לאיד, מפני שהקנאי הזה כבר מיואש מהסיכוי להתקדם בעצמו ולהתפתח וכל מה שנותר לו הוא הרס מציאותי או דמיוני של נשוא הקנאה:

> והנה יצר לב האדם רע וחושק להיות יחיד בדורו בחכמה ומעשים בעשר וכבוד, ומתוך כך מצטער כשיש אחר כמוהו או גדול וטוב ממנו, ומקנא לו ומבקש רעתו ומספר בגנותו. וגדולה שנאה שהיא מחמת קנאה, אש אוכלה היא לאין מרפא. ומי שיש בו מדה רעה זו, כל ימיו מכאובים, ואוכל לחם העצבים ואין לו רעים אהובים, ומרבה ריבות והוא שמח לאיד ורוצה בתקלת חברו, ושיכשלו חבריו בדבר הלכה ושיקצרו בעבודת השם יתברך שמו, ושיהיה להם מעוט הערך וקצר ההשגה, וכהנה רעות רבות ועברות שנגררות מן הקנאה.[15]

אבל רוב בני אדם עונים להגדרה מעודנת יותר, ודווקא בשל כך מתעתעת יותר:

> אמנם, יש אחרים שאינם מצטערים וכואבים כל כך, אף על פי כן ירגישו בעצמם איזה צער ולפחות יתקרר רוחם בראותם אחד

> עולה איזה מעלה יתירה, אם לא יהיה מאוהביו היותר דבקים לו, כל שכן אם מאותם אשר אין לו אהבה רבה עמו הוא, כל שכן אם יהיה גר מארץ אחרת. ותראה שבפיהם אפשר שיאמרו דברים כשמחים או מודים על טובתו, אך לבם רעה בקרבם. והוא דבר יארע על הרוב ברוב בני האדם, כי אף על פי שלא יהיו בעלי קנאה ממש, אמנם, לא ניקו ממנה לגמרי. כל שכן אם בעל אומנותו מצליח בה, שכבר כל אומן סני לחבריה וכל שכן אם מצליח בה יותר ממנו.[16]

זוהי הקנאה הרווחת יותר, קנאת האנשים הנורמטיביים, אם תרצו קנאת הדקירה. חייו של הקנאי הזה אינם נהרסים בגלל החלק שלא זכה שייפול בגורלו, אבל יש איזו דקירה בלב שמציקה כל אימת שהאחר מצליח וגורף תשואות. הקנאים הללו לפעמים מחופשים למפרגנים לנוכח הצלחה לא להם, "ותראה שבפיהם אפשר שיאמרו דברים כשמחים או מודים על טובתו", אבל בליבם צובטת קנאה: "אך לבם רעה בקרבם".

ככל שמידת הקנאה כובשת אותנו יותר, התסכול ממנה יהיה בלתי נמנע ובשל כך יש סיכוי שבעל הקנאה ייאלץ סוף־סוף להתמודד עם המידה הרעה שלו. ככל שמדובר בקנאי רגיל, כזה שרק בטנו מצקצקת ודוקרת לנוכח הצלחת אחרים, הוא יוכל לחיות את חייו מבלי להידרש לשינוי, ודווקא כלפי אדם שכזה האתגר גדול יותר, להצליח לשנות גם כשמדובר במידה שאיננה הרסנית לחיים אבל מעיבה עליהם.

בעיית העומק של הקנאה

במהותה כל קנאה בנויה מהשוואה בין אדם זה לאדם אחר. השוואה מחייבת פעולת מדידה. באופן טבעי מדידה יכולה להתקיים אך ורק במרחב החיצוני של אדם ולעולם איננה מתאפשרת בהיבטים הפנימיים והמהותיים של האדם. אפשר להשוות הכנסות מעבודה, אי אפשר להשוות שמחה ממנה. אפשר להשוות גובה, משקל, אי אפשר להשוות איכות של אישיות. אפשר להשוות כמות "לייקים" וצפיות,

אי אפשר להשוות באמת השפעה ערכית על אחרים. אפשר להשוות אריכות תפילה ועוצמת תנועות גוף, אי אפשר להשוות יראת שמיים. אפשר להשוות גוף, אי אפשר להשוות נשמה, אפשר להשוות חוץ ואי אפשר להשוות פנים, והרי המרחב האמיתי שבו אנחנו מתקיימים הוא בפנים.

זירת הקנאה לפיכך מתרחשת במרחב החיצוני שאינו מגדיר באמת את האדם, אבל מכיוון שאדם נתון לקנאה ותחרות, הוא מגדיר את עצמו על פי אותם היבטים מדידים, שבהכרח יהיו חיצוניים ויחטאו להיותו. הקנאה גם תגרור אותו להתעסק באותו מרחב חיצוני ולתהות אם הוא מאושר או חלילה להפך, על פי אמת מידה חיצונית ושטחית שחוטאת בהכרח לאמת הפנימית. העיסוק בהשוואות בהכרח הופך אנשים למוחצנים ולא צנועים, שהרי את הזירה הפנימית אי אפשר להשוות.

הפלא יועץ כותב שקנאה נובעת מרצון להיות מיוחד: "והנה יצר לב האדם רע וחושק להיות יחיד בדורו בחכמה ומעשים בעשר וכבוד".[17] לרצון להיות מיוחד יש שורש אמיתי בעולם, כל אחד מאיתנו הוא יחיד ומיוחד שאין כדוגמתו: "ומלך מלכי המלכים הקדוש ברוך הוא טבע כל אדם בחותמו של אדם הראשון ואין אחד מהן דומה לחבירו. לפיכך כל אחד ואחד חייב לומר 'בשבילי נברא העולם'".[18] למען האמת כל אחד מאיתנו מיוחד אלא שהייחוד שלנו איננו ניתן למדידה ולא להגדרה, ואילו הקנאה מחייבת אותנו לנסות להגדיר. כך אנחנו הופכים את המושג "מיוחד", שמשקף נאמנה את הייחוד של כל אדם שאין מי שישווה לו, למושג "ידיד", כלומר מי שמנצח באיזו תחרות וזוכה במקום הראשון. כביכול אם אדם עוסק בציור למשל ורק הוא מסוגל לצייר ציור שיימכר בסכום גבוה כל כך, הרי הוא נעשה מיוחד מפני שניתן למדוד את הייחוד שלו. אבל האמת היא שלכל אומן כמו לכל אדם יש נשמה מיוחדת רק לו, וכל אומן מבטא את נשמתו. מעתה כל השוואה הופכת מגוחכת, מה לי להשוות אדם שמבטא נשמה אחת לאדם שמבטא אחרת? השחרור מהגדרה חיצונית הוא גם השחרור מזירת ההיאבקות של ההשוואה והתחרות.

את הדבר האמיתי, את מהות חיינו, את יראת השמיים, האהבה לבריות והאושר, אי אפשר למדוד. הם אינם בני השוואה וממילא הם מחוץ לזירת הקנאה והתחרות. וככל שאדם גואל את עצמו מן הזירה הזאת הוא יכול לחזור לזירה הנפשית הבריאה שמצויה בתוכו ואי אפשר לנופף בה החוצה. זו שהופכת אותו למיוחד באמת. בזירה הפנימית הזאת לא ניתן להשוות ואין עניין להשוות, וממילא היא משחררת את האדם מכל התחרות המתסכלת הזאת.

האם הקנאה בונה את העולם או מוציאה את האדם מן העולם?

והינה לנו שאלה קיומית, האם בכלל אפשר לחיות את העולם בלא קנאה? אפילו שלמה המלך, מי שטבע במשלי את המושג "וּרְקַב עֲצָמוֹת קִנְאָה",[19] מאבחן את הקנאה כתכונה שמפתחת את העולם: "וְרָאִיתִי אֲנִי אֶת כָּל עָמָל וְאֵת כָּל כִּשְׁרוֹן הַמַּעֲשֶׂה, כִּי הִיא קִנְאַת אִישׁ מֵרֵעֵהוּ".[20] האבן עזרא מנדב פירוט של העיקרון הזה: "רוב עמל האדם, גם כשרון מעשיהם, בעבור בני האדם שיקנאו זה בזה וירצה להתפאר על חברו ושלא יהיה הוא חסר ממנו בדירתו ומלבושיו ובניו ומאכלו וחכמתו וטוב השם".[21] מאידך גיסא אנחנו מכירים את קביעתו של ר' אלעזר הקפר שמקורה באובדן גן עדן בעקבות הקנאה: "הקנאה והתאוה והכבוד מוציאין את האדם מן העולם".[22]

אם כן, איזו קביעה נכונה, זו הגורסת שהעולם זקוק לקנאה כדי להתקדם או זו הטוענת שהקנאה מוציאה את האדם מן העולם? אולי שתיהן. לשם דוגמה נדמיין אדם שחוקר כל חייו ומנסה למצוא תרופה למחלה נדירה. לצורך העניין נדמיין שהדחף שלו הוא קנאה, הוא עושה זאת מפני שעמית שלו המציא את התרופה הקודמת, גרף כבוד, ממון רב ופרסום. גם הוא רוצה. יש להניח שהקנאה הזאת תגביר את כוח הרצון שלו, הוא יחקור בכל כוחו, יישן מעט, יהיה חדור מטרה וגדוש מוטיבציה. אין ספק שכוח הרצון שלו יגדיל את הסיכוי שגם ימצא תרופה. בואו

נדמיין שכך אכן קרה. האם ניתן לקבוע שהעולם התקדם בזכות אותה קנאה? חד־משמעית כן. גם מצבו האישי התקדם על פניו, סוף־סוף זכה לכבוד ולפרסום ואולי גם להכנסה נאה, ואפילו תקציב למחקר חדש שאולי יביא מזור לחולים נוספים. לכאורה כולם הרוויחו בזכות הקנאה. ובכל זאת, מחשבה נוספת מגלה את הצד האחר של המטבע. אילו היה המחקר נעשה מכוונות טהורות, נניח אדם אוהב אדם שכואב לו מצבם של החולים ונשבע לעשות כל אשר יוכל כדי להקל על סבלם, לאחר שעלה בידו למצוא את התרופה הגואלת וריפא חולים, כל חולה שניצל הוא עולם ומלואו עבורו. לעומתו, האדם שהמציא תרופה מחמת הקנאה – החולים אינם הנושא המרכזי מבחינתו, הוא לא עשה זאת מאהבת אדם אלא מקנאה. מה שעומד לנגד עיניו הוא הניצחון על החוקר שבו הוא מתחרה. במילים אחרות, הוא אכן פיתח את העולם אבל איננו באמת שמח בשמחת העולם שאותו פיתח. לא העולם מעניין אותו ולא בני אדם שהחלימו בזכותו, מעניין אותו לנצח בתחרות. העולם התפתח בזכותו אבל הוא יצא מהעולם מפני שאינו שותף לשמחתו. המבחן יהיה כמובן כאשר אכן הצליח למצוא תרופה אלא שבאותה תקופה ממש עמל חברו, הזוכה משנה שעברה, והמציא תרופה למחלה אחרת. מה יקרה אם שוב תחליט ועדת הפרס להכתיר את חברו כזוכה? אם החוויה הנפשית תהיה שעמלו היה לשווא, סימן שיצא מן העולם, שהרי העולם הרוויח מהמצאתו, חולים החלימו בזכות שנות המחקר שלו, אבל הוא לא רואה בזה ערך. העולם הרוויח אבל הקנאה הוציאה אותו ממנו.

כמובן, כולנו מורכבים הרבה יותר, גם חוקר קנאי ודאי דואג למטופליו החולים, וגם רופא אוהב אדם ודאי מונע כך או אחרת גם ממניעים אישיים, שאלת השאלות היא המינון ומהו הדחף המרכזי.

אבל לסתירה הזאת לכאורה בין העובדה שקנאה בונה את העולם לבין הקביעה כי היא הורסת את האדם המקנא ומוציאה אותו מן העולם, תיתכן גם תשובה אחרת. אולי יש בכלל קנאה אחרת, קנאה חיובית שבונה את העולם ואת האדם גם יחד, ומשאירה את האדם שותף לעולם שאותו פיתח.

הקנאה הטובה

חכמים לימדו אותנו שיש קנאה טובה, היא הכרחית לעולם ובלעדיה לא יתקיים:

> אמר הקדוש ברוך הוא: קנא! שאלמלא הקנאה אין העולם עומד. אין אדם נוטע כרם, אין אדם נושא אישה ואין אדם בונה בית.[23]

המדרש שפותח בכך שדוד המלך מדריך את שלמה בנו לקנא בצדיקים, ממשיך בקריאה אלוקית שקורא הקב"ה לאדם: "קנא!". הקב"ה חפץ בקנאה ולא לחינם הטביע אותה באנושות, מפני שבהיעדרה העולם לא יתפתח. אפילו אברהם הגיע למה שהגיע רק בזכות הקנאה:

> אלמלא שקנא אברהם לא היה קונה שמים וארץ. אימתי קינא? כשאמר למלכי צדק: כיצד יצאתם מן התיבה? אמר לו: בצדקה שעשינו שם. אמר לו: ומה צדקה עשיתם בתיבה, וכי עניים היו שם?! והלא לא היו שם אלא נח ובניו. ועם מי הייתם עושין צדקה? אמר לו: עם הבהמה וחיה ועוף. לא היינו ישנים אלא נותנין היינו לפני זה ולפני זה.
>
> אותה שעה אמר אברהם: ומה אלו אילולי שעשו צדקה עם בהמה וחיה ועוף לא היו יוצאין, וכיון שעשו צדקה יצאו. אני אם אעשה בבני אדם שהם בצלמו של הקדוש ברוך הוא, על אחת כמה וכמה. אותה שעה "ויטע אשל בבאר שבע": "אכילה" "שתיה" "לויה".[24]

אברהם מתואר כמי שקינא בנח ובבניו על הזכויות שאפשרו להם לצאת מן התיבה. קנאתו גורמת לו לפצוח במפעל של חסד שעשה את אברהם למה שהינו, כמי שגילה וטיפח את מידת החסד בעולם, אפילו ספירת החסד היא כנגד אברהם.

גם קנאתה של רחל מתוארת בחז"ל כקנאה חיובית: "ותקנא

רחל באחותה'[25] – קינאה במעשיה הטובים. אמרה, אילולי שצדקה ממני לא זכתה לבנים".[26]

השאלה היא מה מבחין בין קנאה שלילית לקנאה הרצויה המתוארת כאן. לכאורה היה אפשר לומר שהכול תלוי במבחן התוצאה. קנאה במעשים טובים היא טובה, ולכן קנאת אברהם במעשי החסד של נח ובניו טובה מפני שהרחיבה את החסד בעולם, ועל זה נאמר: "קנאת סופרים תרבה חכמה".[27] כך גם קנאת רחל במעשיה הטובים של לאה.

אבל נדמה לי שיש כאן דבר מדויק יותר: למדנו שקנאה היא מחיקת אישיותו של המקנא, רקב עצמות. במובן הזה גם קנאה באדם על מעשיו הטובים עלולה להיות מחיקת אישיות של המקנא. אלא שיש להבחין בטיב הקנאה. קנאה שלילית היא בבחינת 'העתק־הדבק', העתקה מנשוא הקנאה אל המקנא, ואילו קנאה חיובית היא קניית העיקרון שמציג נשוא הקנאה והעתקתו בהתאם לאישיותו של המקנא, המקבל ממנו השראה ולא מחקה אותו. אילו היה אברהם קנאי שלילי היה מן הסתם מקדיש את חייו לטיפול בבעלי חיים, הרי זה מה שעשו נח ובניו. אבל אברהם לומד את העיקרון הגדול, חשיבות החסד, ומתאים אותו לאישיות שלו, כזו שיכולה לעשות שפע חסדים עם בני אדם. רחל מקנאה בלאה אבל היא לא תהפוך ללאה ולא תעשה מעשי לאה מפני שאינם מתאימים לנפשה, היא תלמד ממנה את העיקרון ותגשים אותו בדרך ההולמת את נפשה שלה. קנאה חיובית איננה מחיקת אישיות אפילו לצורך מעשים טובים, כי אם קנאה בהיבט של קניין, קניית דבר טוב והגשמתו באופן מתאים.

המדרש פתח ואמר שאלמלא הקנאה, אין אדם נושא אישה ואין אדם בונה בית. לכאורה מדובר בדיוק באותן דוגמאות שהביאה התורה באיסור "לא תחמוד" – אשת רעך ובית רעך. אלא שהקנאה השלילית היא העתקה עלובה, מכיוון שחברי מאושר בביתו אני חפץ בביתו ומכיוון שהוא מאושר עם אשתו אני חפץ באשתו. ואילו הקנאה החיובית מתפעלת מהאושר שטמון בבניין הבית ובזוגיות, אבל אין העתקה וחיקוי ובוודאי לא גזלת אושרו של נשוא הקנאה. חברי מאושר בזוגיות שלו? אלמד ממנו זוגיות מהי ואממש עם האישה שלי. בקנאה

חיובית קם בית ומתפתחת זוגיות נוסף על אלו של נשוא הקנאה, ולא על חשבונו. כך נוסף טוב על טוב, לא טוב שכרוך ברע. זה אולי הסימן – אם התגשמות הקנאה היא מעבר של אושר מהאחד לאחר, או תוספת טוב ואושר בעולם.

איך נגמלים מהקנאה? ההיבט התודעתי־אמוני

הקב״ה מזווג זיווגים

כדי להשתחרר מעמדת נפש קנאית אנחנו זקוקים לשילוב של תודעה ומעשה. התודעה בנויה משני שלבים. את הראשון שבהם מנסח הרמח״ל:

> ואמנם, לו ידעו ולו יבינו כי אין אדם נוגע במוכן לחבירו אפילו כמלא נימא, והכל כאשר לכל מה׳ הוא כפי עצתו הנפלאה וחוכמתו הבלתי נודעת, הנה לא היה להם טעם להצטער בטובת רעיהם כלל.[28]

הקנאה מתחילה מתפיסה שלפיה יש מאגר משאבים מוגבל בעולם וכל משאב שניתן לאחר הוא משאב שהפסיד הקנאי, שהרי מה שזכה חברו בא על חשבונו. הדבר דומה לקנאה המצויה בין אחים שמקנאים בתשומת הלב של ההורים מתוך תחושה שאהבה כלפי אח אחד באה על חשבון אח אחר. הרמח״ל מציע אלטרנטיבה שלפיה ״אין אדם נוגע במוכן לחברו״. כדי להבין את התפיסה הזאת ניזכר במדרש שרוב העולם מכיר אותו רק בחלקו. כולם יודעים לצטט שהקב״ה מזווג זיווגים, כלומר מעורב בקשירת הקשרים הזוגיים בעולם, ״בת פלוני לפלוני״. אבל המדרש השלם עשיר הרבה יותר ומתאר מערכת השגחה מקיפה:

> מטרונה שאלה את ר׳ יוסי בר חלפתא, אמרה לו: לכמה ימים ברא הקדוש ברוך הוא את עולמו? אמר לה: לששת ימים... אמרה לו: מה הוא עושה מאותה שעה ועד עכשיו? אמר לה: הקב״ה יושב

> ומזווג זיווגים, בתו של פלוני לפלוני אשתו של פלוני לפלוני ממונו של פלוני לפלוני.[29]

התוכנית האלוקית הגדולה איננה עוסקת רק בחיבורי זוגיות פשוטים יחסית, "בת פלוני לפלוני", היא גם עוסקת במצבים מורכבים כמו "אשת פלוני לפלוני", כלומר נישואים שניים. אבל העיסוק האלוקי בזיווג זיווגים חוצה את המרחב הזוגי ומזווג גם זיווגים עסקיים: "ממון פלוני לפלוני". מדרש נוסף עושה חיבור דומה ומפרט את הזיווגים הממוניים הללו:

> אמר רב יהודה אמר רב: ארבעים יום קודם יצירת הולד בת קול יוצאת ואומרת: בת פלוני לפלוני, בית פלוני לפלוני, שדה פלוני לפלוני![30]

במילים אחרות: לכל נשמה יש מסלול מדויק מאוד שהוא ורק הוא מיועד לה כדי שתוכל לממש את שליחותה בעולם. כדי שהייעוד הזה יתממש הקב"ה מזווג זיווגים, הוא בוחר באיזו משפחה לשתול את הנשמה הספציפית הזאת, עם מי ראוי לה שתתחתן, ומה יהיה גורלה הכלכלי.

כלומר, העולם בנוי כך שהקב"ה מייעד באופן מדוקדק לכל אדם את התפאורה המדויקת למסלול חייו, לאיזו משפחה ראוי שייוולד, מה יהיה מצבו הכלכלי, במה יזכה ובמה לא. בוודאי צריכה להיות השתדלות לכל דבר, אבל יש דברים שאינם נתונים לשינוי ולגביהם הבסיס הוא אמון שכך ודווקא כך ראוי להיות על פי התוכנית האלוקית. לפעמים המסלול האלוקי הזה כל כך הכרחי עד שהוא גדול אפילו משיקול מוסרי של שכר ועונש. זו כוונת דברי רבא: "חיי בני ומזוני לא בזכותא תליא מילתא אלא במזלא תליא מילתא".[31] השאלות הגדולות של החיים, אריכות החיים, הילדים והפרנסה, הן שאלות גדולות כל כך שאינן תלויות אפילו במעשים טובים, הן פרי המזל, וכפי שמובא בספרים[32] "המזל" הוא שם קוד לספירת הכתר, ההופעה האלוקית

הראשונית ביותר בעולם, שקרויה "מזל" מפני שהיא מזילה שפע על כל שאר הספירות.

מכל מקום, אנשים נוהגים לקנא גם בדברים שמצויים לחלוטין מחוץ להישג ידם המעשי. אנשים מקנאים במי שנולד למשפחה מוצלחת יותר, מקנאים במי שעשיר מהם אפילו אם עושרו הגיע מזכייה בפיס או בעמל כפיים. אנשים מקנאים בכישרונות של אחרים ובמראה של אחרים.

התודעה שלפיה הכול מדויק היא תיקון גדול: נולדתי בגוף הזה, למשפחה הזאת, עם הכישרונות הללו והחולשות המדויקות, בתקופה הזאת ובסיטואציה הזאת, מפני שכך ורק כך יתאפשר לי לממש את ייעודי בעולם. יש אולי חיים נוחים יותר או קלים יותר, אבל לנשמתי הספציפית אין מצע טוב יותר, זה ואין בלתו. אין הכוונה למחשבה שמייתרת השתדלות מפני שגם כוחות ההשתדלות הם חלק מאותה תוכנית אלוקית ואותן מתנות שקיבלתי על מנת לממש את ייעודי. אבל כל מה שאינו בר שינוי או שנפל כבר בחלקו של אחר, יש לבנות השלמה מוחלטת ביחס אליו, מפני שדווקא כך צריך להיות. כבר נוכחנו בקשר ההדוק בתפיסה היהודית בין מידות נפש לעולם אמוני, וכאן הקשר הדוק במיוחד, רק תודעה אמונית עמוקה שאכן הקב"ה מזווג זיווגים ותופר לכל נשמה מסלול חיים ראוי וספציפי, מאפשרת לקבל באהבה את מנת חלקנו.

תודעת אחדות

קנאה נובעת מתפיסת עולם מפורדת, שלפיה כל אדם לעצמו, וכאמור מה שנפל בחלקו של האחד נשלל מהאחר ובמידה רבה בא על חשבונו. ישנה זירה בחיים שהיא נקייה מקנאה, שאם נעמוד על טיבה נוכל להרחיב אותה לזירות אחרות – הזירה ההורית:

> דאמר רב יוסי בר חוני: בכל אדם מתקנא חוץ מבנו ותלמידו.[33]

מדוע אנחנו לא מקנאים בילדים ובתלמידים שלנו? מפני שאנחנו

חיים בתודעה הרמונית כלפיהם. ההישגים שלהם הם ההישגים שלנו, יש אחדות מלאה עימם וממילא אין מקום לתחרות, הרי אדם לא מתחרה עם עצמו. במבט אמוני כל העולם עתה להגדרה הזאת, הכול בריאה אחדותית מעשה ידיו של אל אחד, אבל החוויה הגלויה שלנו היא אחרת. ככל שנצליח לחוות את העולם כבריאה שלמה ומחוברת נצליח לשמוח בחלקו של האחר ולא לנסות לכבוש אותו או להאפיל עליו. זה כמובן תהליך הדרגתי שמתחיל מהמעגל הקרוב. באופן טבעי אין אדם מתקנא בבנו, המעגל נפתח למקום הזוגי, הרי אשתו כגופו, ממשיך למעגל האחווה בין אחים, ברוח האמירה שביטאה את תום הקנאה של אחי יוסף: "כֻּלָּנוּ בְּנֵי אִישׁ אֶחָד נָחְנוּ".[34] מכיוון שלכולם שורש אחד, כל אחד בדרכו מבטא את אותו שורש ואין מקום לקנאה. אלה תהליכים ארוכים שבסופם עם ישראל כולו יראה עצמו כישות אחת שאין בה מקום לקנאה ובסופו של דבר זה יקרה בכל העולם, שלום עולמים. זה כמובן חזון אוטופי, אבל הבסיס הערכי שלו רלוונטי כבר בשלבים ראשונים, ככל שנתבונן על העולם כגילויים שונים של אלוקים, "שהכול ברא לכבודו",[35] כך יהיה לקנאה פחות מקום לחול, וכל אחד יוכל לשמוח בחלקו שלו ובחלקו של חברו.

ברוח זו מספרת הגמרא על אשת רבי אבהו שפגשה את אשתו של המתורגמן של רבי אבהו. אמרה אשת המתורגמן: בעלי אינו באמת זקוק לתורה של בעלך, והוא מתכופף ונראה כמתורגמן שלו רק כהנהגת כבוד כלפיו. לשמע הדברים הלכה וסיפרה זאת לבעלה. אמר לה רבי אבהו: "ומאי נפקא ליך? מינה מיני ומיניה יתקלס עילאה?".[36] כלומר, מה ייצא לנו מן התחרות הזאת, הרי ממני וממנו מתברך הקב"ה. ככל שנראה עצמנו שותפים לאותה תכלית גדולה, תאבד הקנאה את אחיזתה בנפשנו, אבל זאת כמובן עבודה תודעתית כלל לא פשוטה.

חיבור עמוק אל עצמנו

לכאורה קנאה היא עיסוק מופלג באינטרס האגואיסטי. אדם מקנא בסביבתו וחפץ לזכות בכול לעצמו. אבל, כפי שלמדנו, קנאה היא אובדן העצמיות של האדם. אדם ששמח במשפחתו לא לוטש עיניים

למשפחה אחרת, אדם שמכיר בערכו אינו מקנא באחר, אדם שמחובר לשליחותו בחיים אינו רוצה להחליף עם איש. נמצא שככל שיבנה אדם שלמות עם עצמו, שמחה בערכו ובחלקו בחיים, עשייה ברוכה והזדהות עם מנת חלקו – הקנאה תלך ותפחת עד שכבר לא תהיה רלוונטית.

הרב קוק מכנה את חטאי הקנאה בעולם ״שכחת האני העצמי״,[37] וממילא ככל שישוב אדם אל עצמו באמת, לא אל אותם ערכים חיצוניים מדידים, אלא אל עולמו הפנימי, כן יקל עליו להיפטר מהקנאה.

איך נגמלים מהקנאה? צעדים מעשיים

נראה כי התורה הקדישה פרשייה שלמה לטיפול מעשי במידת הקנאה, הכוונה לפרשיית המצורע. האדם הזה שלקה בשל הוצאת שם רע מן הסתם מוּנע מקנאה ומתחרות. יש לו איזה צורך עמוק להקטין את נשואי דיבתו, יש לו איזו תחרות איתם שלהבנתו יוכל לנצח בה אם יתכבד בקלונם. התורה מייצרת מנגנון שנועד להרחיק לכאורה את הגורם המתסיס מהחברה, אבל נועד לא פחות לשחרר את בעל הלשון הרע מהמנגנון הנפשי שדרדר אותו אל התהומות הללו.

המצורע יוצא אל מחוץ למחנה, ובשונה משאר הטמאים הוא יושב לבדו: ״׳בדד ישב׳ – שלא יהיו טמאין יושבין עמו. ואמרו רבותינו: מה נשתנה משאר טמאים לישב בדד? הואיל והוא הבדיל בלשון הרע בין איש לאשתו ובין איש לרעהו...״.[38] אני מניח שבשלב ראשון של הבדידות וההרחקה הוא עשוי לשקוע בתחושת קורבן, איך ככה עשו לו, עכשיו לא רק החברה בעייתית, גם הדת שלה וכוהניה. אבל בשלב שני עשויים לקרות כמה דברים.

הגעגוע יעשה את שלו. ממקום בדידותו פתאום האנשים הללו, שכל כך אהב לראות בעין רעה, יחסרו לו. ולא רק הגעגוע, גם זווית המבט תשתנה. ככה אנחנו, מקרוב אנשים נראים לנו מכוערים יותר, מרחוק הם יפים. יש אנשים שמתגלים ביופיים רק אחרי מותם. פתאום האנשים שמקרוב איימו עליו ועל מעמדו, נראים מן המרחק בפרופורציה מדויקת יותר. אבל נדמה לי שיותר מהגעגוע והפרופורציה

שמייצר הריחוק מן החברה, השהות בבדידות מחייבת את הקנאי להצליח. אין מי שידאג לו שם מחוץ למחנה, אין מי שיהיה אשם במחסורו, הוא חבר בחברת עצמו וכדי לשרוד הוא חייב להצליח בעצמו. ההצלחה הזאת עצמה היא השחרור המעשי מכבלי הקנאה. הקנאה נובעת מריק, מתחושה עמוקה של כישלון או ריקנות, שכדי לכסות עליה מתעסק הקנאי בהקטנת כל מה שסביבו. ההכרח שלו להיבנות בעצמו ולהצליח, ימלא את החסר הזה ויאפשר לו לראשונה שלא להתעסק בכל הגורמים החברתיים שסביבו. כביכול אין הדבר תלוי אלא בו. והינה הוא מגלה את עצמו.

ומהמצורע אלינו. כמעט בלתי אפשרי לומר לקנאי "אל תקנא", לכל היותר הוא יצליח עכשיו לקנא גם במי שמצליח שלא לקנא... אבל זיהוי נקודת חוזקה שיש בו והחלטה להתמקד בה, לתבוע מעצמו ולהתחיל להצליח, עשויה למלא את החלל.

כמובן, כמו בכל המידות, גם לחינוך יש כאן מקום נרחב. הורות שמחזקת תחרות בין הילדים מעוררת בהם קנאה. ילדים ששומעים השכם והערב השוואות בין אחים נולדים לתוך זה, וכשהאווירה מעודדת אחווה וערבות ונמנעת מהשוואות, קל להתפתח כראוי.

אתגר הקנאה המיוחד בתקופה שלנו

כמו בתחומים רבים, התקופה שבה אנחנו חיים מציבה גם למידת הקנאה אתגר קיצוני מאוד, אבל גם הזדמנות נדירה לתיקון. האתגר נעוץ באווירת השיתוף ברשתות החברתיות. פעם אדם היה יכול רק לדמיין מה נמצא אצל האדם האחר. היום נדמה לו שהוא יודע, מכיוון שאנשים התרגלו לשתף מעולמם האישי בתמונות ובמילים נוצרה תחושה של ידיעה מה יש אצל האחרים. התחושה הזאת היא כמובן אשליה, מפני שאנשים נוטים לצלם ולשתף בחיוכים ובאושר וכך אדם מתבוסס בתחרות בין עולמו האמיתי לאושרו הדמיוני של הזולת. בעולם שבו כביכול אנחנו יכולים לדעת כל מה שקיים אצל האחר והוא נוצץ מאוד, אתגר הקנאה לפיכך עולה על גדותיו.

מאידך גיסא נוצרה גם הזדמנות. עסקנו בתובנה שמפגש אמיתי של אדם עם עצמו עשוי לסלק את הקנאה. אחד הדברים שהעולם מפתח היום הוא כנות, אותנטיות וחיבור של אדם עם כוחותיו. זה מופיע הרבה פעמים כחלק מתנועה של עזות פנים וחוצפה, אבל זה גם חלק מתנועה שמחפשת את האני הפשוט והאמיתי. ככל שנמצא אותו, נשתחרר מכבלי הקנאה.

מידת הרצון

מהי המידה החיובית שמנוגדת לקנאה השלילית? לכאורה השמחה בחלקנו. אבל בספר "אורחות צדיקים" מופיעה הגדרה אחרת: "הרצון". הספר כולו בנוי ממידות והיפוכן, והשער ההפוך לשער הקנאה מכונה שם "שער הרצון". הרצון פירושו ההתרצות, או במילים אחרות הנכונות להיות מרוצה ולקבל את רצון ה׳. בעוד הקנאי אינו מקבל את הדרך שייעד לו ריבונו של עולם, בעל מידת הרצון מתרצה ומקבל. זוהי מידה מאתגרת במיוחד: "הרצון. זו היא מידה טובה מאוד, ואינה נמצאת אלא בנפש נדיבה ויקרה".[39]

המידה הזאת כל כך גבוהה עד שהיא שייכת באופן מיוחד ליום אחד בשנה: ראש השנה. לכאורה עבודת ה׳ של ראש השנה היא קלה שבקלות, אין בה אתגרים מעשיים, אפילו אין בה וידוי והכאה על חטא, רק המלכת הקדוש ברוך הוא. ובאמת על פניו מה אכפת לו לאדם להמליך את הקב"ה? הוא הרי אינו מתחרה איתו על תפקיד, מעמד או משרה. יש מי שרואה בהמלכתו הצהרת נכונות לעשות מעתה את כל אשר יצווה ה׳, אבל נדמה לי שהמלכתו היא תביעה עמוקה מזה. אדם יכול להכניע את עצמו ולעשות כמי שכפאו שד את רצון ה׳. זה עושה אותו צייתן כנוע אבל לא מרוצה, הוא עלול להיות צייתן מתוסכל עד מאוד, מלא תמיהות וביקורות על ה׳. המלכת ה׳ בשיאה היא מידת הרצון, היכולת לקבל ברצון את רצונו, להמליך אותו באמת, גם במקומות שאנחנו מתקשים להבין עד תום את סוד כוונתו, המלכה של התרצות. בעומק זו הסיבה שאותם חלקים שהם מושאי הקנאה

העמוקים ביותר, חיים בנים ומזונות, הם אלה שנידונים בראש השנה. אולי בשל כך גם פרשיית הפקידה שקשורה בקנאה, קנאת שרה בהגר, רחל בלאה וחנה בפנינה, נפתרת דווקא בראש השנה. גם פרשיית יוסף שבליבה קנאה, מסתיימת בראש השנה, אז יוצא יוסף מבית הסוהר.[40]

היכולת הזאת להתרצות לרצונו של ה׳, סוללת פתח לפני התרצות לעולם, קבלת אתגרים, התרצות לבריות. אין מדובר חלילה באדם חסר רצון וחוט שדרה, אדרבה – אדם שכזה מצוי בסיכון הגבוה ביותר לחלות בקנאה. מדובר בבחירה עמוקה לתת אמון ולרצות ברצון ה׳, לשמוח בחלקנו לא באין ברירה אלא מלכתחילה, מתוך אמון שכך, ורק כך, נכון לשליחותנו בעולם.

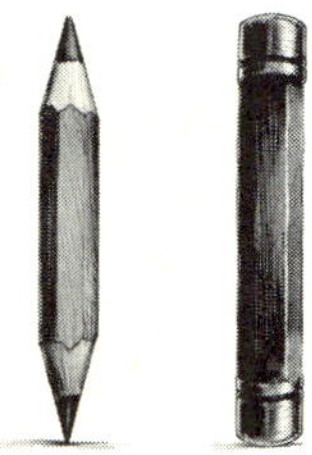

בושה ועזות

בושה ועזות — איזו מהן היא המידה הטובה?

מבט ראשון בדברי חז"ל על שתי המידות ההופכיות, עזות ובושה, עלול לבלבל. לא ברור מי כאן הטובה ומי כאן הרעה. על פניו, הדרכתו של יהודה בן תימא במסכת אבות נחרצת: "עז פנים לגיהנום ובושת פנים לגן עדן".[1] כלומר הבושה היא מידה טובה, שהמתלבש בה זוכה בגן עדן, ואילו העזות מביאה אל הגיהינום. אלא שבאותה משנה ממש מדריך יהודה בן תימא לקנות את מידת העזות: "הווי עז כנמר", כלומר העזות היא בעצם מידה טובה. משנה אחרת באבות קובעת: "ולא הביישן למד",[2] כלומר הבושה איננה מידה טובה. למען האמת, כלל לא ברור איך הביישן שאינו לומד יכול לזכות לגן עדן, בפרט לאור הקביעה באותה משנה ש"אין בור ירא חטא, ולא עם הארץ חסיד".

סתירה דומה נאמרה ביחס לעם ישראל. מצד אחד נקבע: "שלושה סימנים יש באומה זו: הרחמנים והביישנים וגומלי חסדים".[3] הקביעה הזאת יסודית כל כך ביחס לעם ישראל, עד שדוד גזר על הגבעונים שלא יוכלו להיות חלק מהעם בשל העובדה שאינם עונים על הקריטריונים הללו: "כל שיש בו שלשה סימנים הללו ראוי להדבק באומה זו".[4] הבושה כתכונה אופיינית לישראל מוזכרת שוב בהקשר

של מעמד הר סיני: "כל אדם המתבייש לא במהרה הוא חוטא, ומי שאין לו בושת פנים – בידוע שלא עמדו אבותיו על הר סיני".[5]

אלא שמצד שני נאמר על עם ישראל ההפך הגמור, שאנחנו עזים: "תנא משמיה דרבי מאיר: מפני מה נתנה תורה לישראל? – מפני שהן עזין... והיינו דאמר רבי שמעון בן לקיש: שלשה עזין הן: ישראל באומות, כלב בחיות, תרנגול בעופות".[6] הייחוס לנו של שתי תכונות הפוכות בתכלית, בושה ועזות, מפתיע ומחדד את השאלה שלנו: מה המקום הערכי של שתי המידות?

כבר למדנו שמידות נקראו כך מפני שקשה להגדיר מידה כטובה או רעה, והכול תלוי במינון ובהקשר. נדמה שבמידות הללו הדבר נכון באופן מיוחד. נכון יהיה לומר שבאופן בסיסי בושה היא עמדת מוצא טובה ואילו עזות היא עמדת מוצא לא טובה, אבל מכאן העניין כבר נעשה מורכב יותר, וננסה ליישב את הדברים על הלב.

הגדרה חדשה לבושה

שוב אנחנו חוזרים אל פרשיית גן עדן ומגלים שהבושה באה לעולם בעקבות חטא עץ הדעת. כלומר במצב האנושות האידיאלי לא הייתה בושה. אלא שהמילה בושה לא באמת מופיעה שם, תחת זאת מופיע הביטוי "יתבוששו": "וַיִּהְיוּ שְׁנֵיהֶם עֲרוּמִּים, הָאָדָם וְאִשְׁתּוֹ וְלֹא יִתְבֹּשָׁשׁוּ".[7]

המילה 'לבושש' בתנ"ך מבטאת איחור. עם ישראל פונה לעשות את העגל בשל העובדה ש"**בֹשֵׁשׁ** מֹשֶׁה לָרֶדֶת מִן הָהָר",[8] כלומר איחר על פי חשבונם לרדת. וכך מצאנו אצל אם סיסרא על איחורו לשוב מן הקרב: "בְּעַד הַחַלּוֹן נִשְׁקְפָה וַתְּיַבֵּב אֵם סִיסְרָא בְּעַד הָאֶשְׁנָב מַדּוּעַ **בֹּשֵׁשׁ** רִכְבּוֹ לָבוֹא מַדּוּעַ **אֶחֱרוּ** פַּעֲמֵי מַרְכְּבוֹתָיו".[9]

הרש"ר הירש[10] מבאר שהשימוש במילה המבטאת איחור כביטוי לבושה הוא מכוון, ובכוחו לבאר את מהותה של מידת הבושה. איחור הוא פער בין ציפייה למימוש. כאשר אדם קבע פגישה בשעה מסוימת והגיע באיחור נוצר פער בין הציפייה, השעה שסוכמה, לבין ההגעה

בפועל. גם בושה היא תוצאה של פער בין הציפייה מהאדם שנגזרת מיכולותיו, כישרונותיו והתביעה המוסרית ממנו לבין מעשיו בפועל. והינה לנו הגדרה למידת הבושה: **הבושה היא מודעותו העצמית של אדם לפער בין מה שמצופה ממנו לבין מה שהוא מממש בפועל.** כגודל הפער עומק הבושה. ממש כמו באיחור. איחור של דקות ספורות לפגישה עם אדם כערכך, לפעמים אינו מצריך אפילו התנצלות, בוודאי לא בושה. ככל שהאיחור גדול הבושה גדולה. ככל שהאיחור גדול לפגישה משמעותית יותר או לאדם גדול ממך ובעל חשיבות מרובה כך תגדל הבושה. אנחנו מבינים לפיכך מדוע ילדים קטנים אינם מתביישים, אין כל ציפייה מהם, אבל ככל שאדם גדל הוא לומד להתבייש. הבושה אם כן מבטאת מודעות אדם לשני דברים, גם לעובדה שהוא בעל ערך ומשמעות ולכן יש ציפייה ממנו, וגם לעובדה שלא הצליח לעמוד בציפייה. המודעות הזאת ביסודה היא מידה טובה מאוד, שהרי בזכות המודעות לפער ותחושת הבושה שנוצרה, ירצה אדם לתקן במידת האפשר, לשנות ולצמצם את הפער.

על פי זה מובן מדוע אדם וחוה שלפני החטא לא התביישו, לא היה שום פער בינם לבין הציפייה מהם, הם היו במציאות אידיאלית ולא הייתה להם שום סיבה להתבייש. הבושה הופיעה מייד לאחר החטא: "וַיֵּדְעוּ כִּי עֵירֻמִּם הֵם וַיִּתְפְּרוּ עֲלֵה תְאֵנָה וַיַּעֲשׂוּ לָהֶם חֲגֹרֹת".[11] רש"י מסביר שהבושה איננה בגלל הגוף, הרי הגוף היה שם קודם, חשוף ובלא צורך בבושה. הבושה נולדה מן המודעות לפער בין מקומם לאחר החטא לבין הציפייה מהם: "וידעו כי ערומים הם – אף הסומא יודע כשהוא ערום. אלא מהו 'וידעו כי עירומים הם'? – מצווה אחת היתה בידם ונתערטלו הימנה".[12]

במובן הזה בושה היא מידה טובה מאוד, שהרי בזכותה יש סיכוי לתשובה, לתיקון הפער שנולד בעקבות החטאים. לא לחינם תיארה המשנה באבות שבושת פנים מביאה לגן עדן. זהו בדיוק המקום שבו לא היה צורך בבושה. כלומר הבושה תביא אותנו לתיקון החטא ולאחריו לא יהיה עוד צורך להתבייש, אבל בינתיים בעולמנו בושה היא הסיכוי לשינוי.

להתבייש בעצמך מעצמך

מבלי ששמנו לב הגדרת הרש"ר הירש למידת הבושה היא מהפכה בחשיבה. אני מניח שכל אדם שיבקש להיזכר ברגע בחייו שבו הוא חש בושה, במקרה מביך שאירע לו, יעלה בדעתו סיטואציה שבה מלבד נוכחותו היה לפחות אדם נוסף, לפעמים כמה אנשים, אף פעם לא לבד. זאת מפני שבדרך כלל רק כאשר נחשף קלוננו, האמיתי או המדומה, לעיניים זרות, אנחנו חשים בושה. אבל הרש"ר הירש מגדיר את הבושה אחרת – מודעות האדם לפער בין הציפייה ממנו לבין המקום שבו הוא נמצא או המעשה שעשה, איננה תלויה באדם נוסף. זהו תהליך פנימי שמתרחש בין אדם לבין עצמו, או אם תרצו – בינו לבין אלוקיו. יתרה מזאת, לפעמים חולשה שנחשפה בפני אחרים לא תביא את האדם למידת הבושה היעילה אף שיחוש בושה. כלומר, הוא יהיה כולו עסוק בהתגוננות, הכחשה או התקרבנות, עד שהרגע המכונן הזה של בושה כאפשרות לתיקון יחמוק ממנו. ולפעמים הבושה הציבורית תתחיל תהליך שיתורגם רק בחלוף זמן לבושה פנימית, שהיא ורק היא מידת הבושה.

עד כמה הבושה הזאת שחש אדם בינו לבינו עשויה להיות תכונה מכוננת בחייו, יעידו דברי חז"ל:

> ואמר רבה בר חיננא סבא משמיה דרב: כל העושה דבר עבירה ומתבייש בו, מוחלין לו על כל עונותיו.[13]

הרב קוק מסביר שעצם הרגשת הבושה היא סימן שהעבירות לא הפכו להיות חלק מהאדם, או בלשונו: "הרעות כשהן מתעצמות בטבע הנפש להיות עצם מעצמיו, לא יוכל העושה הרע להרגיש כל רגש של בושה".[14] עצם היכולת להרגיש בושה היא סימן לכך שהאדם שייך למקום אחר, גבוה יותר, ולפיכך סובל בושה מן המקום של החטא. הוא איננו שייך לשם באמת.

רבי צדוק הכהן מסביר את מחילת העוונות בכך שהחוויה הנפשית שעוברת על האדם המתבייש דומה לייסורי גיהינום שממרקים את

החטא: "עוגמת הנפש שיש לאדם על עבירות שעשה הם ממש ייסורי גיהינום על אותה עבירה, ולכן אמרו... דהמתבייש בה מוחלין לו, כי כבר סבל עונש גיהינום".[15] הרי לנו סיבה נוספת מדוע בעל בושת הפנים זוכה בגן עדן – את קשיי הגיהינום כבר חווה בעצם תחושת הבושה.

מעתה המקורות שדיברו בשבח הבושה מובנים. ברור מדוע בושת פנים לגן עדן, שהרי הבושה הזאת היא תחושה עמוקה של קושי ביחס למצב העכשווי ויש ביכולתה להוביל לתיקון ושינוי לטובה. ברור גם החיבור שעושה המדרש בין בושה למעמד הר סיני, מפני שאין כמו המעמד הזה כדי להדגיש את הציפייה העמוקה של הקב"ה מכל אדם בישראל יחד עם האמון הגדול שבכוחנו לעמוד במשימה הגדולה של קיום התורה. המעמד הזה גם חידד את הפער בין האנושי לאלוקי, ולא לחינם מתואר כך: "וְכָל הָעָם רֹאִים אֶת הַקּוֹלֹת וְאֶת הַלַּפִּידִם וְאֵת קוֹל הַשֹּׁפָר וְאֶת הָהָר עָשֵׁן וַיַּרְא הָעָם וַיָּנֻעוּ וַיַּעַמְדוּ מֵרָחֹק".[16] וכפי שכותב רש"י: "היו נרתעין לאחוריהם שנים עשר מיל".[17]

על כן חז"ל מייחסים את מידת הבושה לאדם ירא שמיים, שהרי יראת שמיים היא מודעות לפער בין האדם לבוראו ומודעות לפער בין האדם לבין כל מה שבוראו מצפה ממנו, ובעמדת נפש כזאת בהכרח מתבקשת בושה. גם הגדרת הבושה כאחת משלוש תכונות מאפיינות של ישראל מובנת, הרי מעמד הר סיני הוא מעמד מכונן שהטביע חותם של בושה יסודית בעמנו. אנחנו גם יכולים להבין מדוע בווידוי ובסליחות תופעת הבושה מוזכרת שוב ושוב: "**שאין אנחנו עזי פנים** וקשי עורף לומר לפניך ה' אלוהינו ואלוהי אבותינו צדיקים אנחנו ולא חטאנו".[18] אילו היינו עזי פנים, לא היינו מודעים לחולשותינו וחסרונותינו, אבל אנחנו ביישנים: "אשמנו מכל עם **בושנו** מכל דור".[19]

הבושה גם מאפשרת לכבד בני אדם שמצויים כביכול מעלינו, מפני שאיננו עזי פנים שאינם מודעים לפער בינינו לבינם. מכאן היכולת לכבד הורים, אנחנו מודעים לערכם ומקבלים את העובדה שלא זכינו למעלתם ונושאים אליהם עיניים מכבדות. מכאן היכולת לכבד תלמידי חכמים ולכבד אנשי ציבור, כבוד המלך הוא אב טיפוס לכולם. הכבוד הזה כמובן מיטשטש ככל שמידת העזות מתפשטת

בעולם ומוחקת את הפערים המצויים בין אנשים במדרגות שונות. הרמב"ן באיגרת המפורסמת שלו לבנו מגדיר את הצורך להרגיש פער כזה, וממילא בושה בסיסית כלפי כל אדם, ולא רק כלפי מעמד גבוה במובהק: "ותתבייש מכל אדם. ואם יקראך איש – אל תענהו בקול רם, רק בנחת כעומד לפני רבו".

הביישן חסר הביטחון

לאחר שנוכחנו לדעת עד כמה הבושה היא מידה מכוננת לטובה בנפש האדם, מתבקש עוד יותר להתמודד עם קביעת חז"ל החריפה שלפיה לא הביישן למד. הרי ראינו שדווקא הבושה היא הדחף ללימוד, תנועה ותיקון. שלושה הסברים בדברי המשנה ידייקו את גבולותיה של מידת הבושה החיובית.

התפיסה הרווחת מחברת בין בושה לביטחון עצמי נמוך, אדם ביישן נבוך מעצמו, לא מאמין בעצמו ולפעמים לא מקבל את עצמו. כמובן, ביטחון עצמי נמוך לא יביא איתו את כל התוצאות החיוביות של מידת הבושה כפי שנחשפנו לה, מפני שמי שאינו מאמין בעצמו גם לא יתקדם ולא ישלים פערים. נהפוך הוא, הביישן החיובי שנחשפנו אליו מכיר בערך עצמו, הוא מודע לציפיות הגבוהות ממנו, משמע הוא יודע את יכולותיו. הוא גם מתבייש בחטאיו או חולשותיו, כלומר גם הוא מאמין שבכוחו להתקדם, ובזכות האמונה הזאת הוא יכול לצאת לדרך של שינוי.

הביישן שעליו נאמר "ולא הביישן למד" עשוי להיות הביישן חסר הביטחון, זה שמודע לציפיות ממנו אבל אינו מאמין שביכולתו לעמוד בהן. להבנתו אלה ציפיות כזב של מי שאינו מכיר אותו כראוי, הרי הוא מכיר את עצמו ויודע שאין לו שום סיכוי להתקדם. הבושה הזאת היא בושה מייאשת, שהרי במקום לטעת כוחות תיקון היא נוטעת כוחות ייאוש. לא מדובר בלימוד בלבד, מדובר בכל שדה החיים, בתורה ובעבודה, בכישלונות אנושיים ובחטאים בשדה הרוחני – ביישן חסר ביטחון יראה בכישלונותיו הוכחה לכך שאינו יכול ואינו מסוגל

ויתבוסס יותר ויותר בבוץ חולשותיו. באופן עמוק, ככל שהדבר יישמע אבסורדי, יש גרעיני עזות בבושה הזאת, שהרי עז הפנים מתכחש לפער בינו לבין המצופה ממנו. גם הביישן חסר הביטחון עושה שלא במתכוון את אותו הדבר, שהרי לדידו כל הציפיות מופרכות. בהכירו את עצמו הוא חושב שאין שום סיכוי להשלים את הפער, וממילא להבנתו לא קיימת ציפייה אמיתית ממנו והפער הוא תוצאה של טעות. מכיוון שהוא תופס את עצמו כחלש שאינו יכול להתקדם, אין כל ציפייה להתקדם, ממש כמו עז הפנים שחושב בעומק באופן דומה שכביכול אין פער ואין כל סיבה לנוע ולתקן. הביישן חסר הביטחון איננו חצוף ולא יטען שאין סיבה לתקן, הוא יאמר שאין ביכולתו לתקן, אבל התוצאה היא אותה תוצאה, וכבר אמרנו שפעמים רבות בעולם הנפש הקצוות קרובים זה לזה, במקרה שלנו הביישן חסר הביטחון שבקצה האחד ועז הפנים שבקצה השני דומים מאוד.

הביישן הפרפקציוניסט

הביישנות הטובה, כאמור, היא מודעות לפער שנמצא בין הציפייה למציאות העכשווית. אבל לפעמים הביישן שלא למד הוא הביישן ששורשו בפרפקציוניזם. מכיוון שפרפקציוניזם מכיר בערך כל דבר רק בהיותו מושלם ללא פגמים, תביעה פרפקציוניסטית עשויה ליצור ביישנות משותקת, כזו שאינה יכולה להתקדם. הגדלת הציפיות לממדים דרקוניים של שלמות יחד עם מודעות למצב הקיים, עלולה להיות הרסנית. המרחק מהשלמות משתק, וההבנה שכל התקדמות שלא תשיג את היעד המושלם היא חסרת ערך וכמוה ככישלון, גורמת לביישנות מבוהלת שאין בכוחה לעשות דבר. לא לחינם חיברה המשנה בין המורה הפרפקציוניסט לביישן המשותק לימודית: "ולא הביישן למד, ולא הקפדן מלמד".[20] הביישן הזה אינו לומד כי המורה שלו, ואולי הוא עצמו, יצרו ציפייה בלתי אפשרית של שלמות שהיא ואין בלתה, והיא רק מחדדת את עליבותו של האדם ואפסיות סיכוייו, כך שמה שנותר לו הוא רק להתמכר לתחושת בושה חסרת סיכוי של ממש לשנות.

לעשות את עצמך

הביישן הגאוותן

והינה תופעת הביישנות המסוכנת וכנראה הרווחת ביותר: ביישנות בשירות הגאווה. זה נשמע תחילה כמו דבר והיפוכו, הרי הבושה היא אחות תאומה למידת הענווה, ואכן בלא ענווה לא יתוודע אדם לפער בין מצבו לייעודו. נכון גם לקבוע שפעמים רבות יהפוך הגאוותן לעז פנים, ומה לו ולביישנות. ובכל זאת יש בושה כזאת, ביישנות של גאווה:

המשנה באבות[21] מונה ארבעים ושמונה דברים שהתורה נקנית בהם. חלק ניכר מהדברים הללו עוסק במידות נפש שמאפשרות קניין תורה, אחת המידות המוזכרות היא ענווה. עד כאן לא מפתיע, הרי האיש משה שכל התורה נקראת על שמו היה גם העניו מכל אדם.[22] כולנו גם מכירים את החיבור שעשו חז"ל בין צורתו הענוותנית של הר סיני לעובדה שדווקא עליו ולא על הרים נישאים ממנו ניתנה תורה.[23] מה שמפתיע הוא פירושו של רש"י לקביעה הזאת שתורה נקנית בענווה: "בענווה – שנאמר: ולא הביישן למד".[24] רש"י מוכיח שלימוד זקוק לענווה מהעובדה שלא הביישן למד, כלומר הביישן הזה הוא ההפך מענוותן, הוא לוקה בגאווה. זה מפתיע במבט ראשון, אבל מובן במחשבה שנייה.

הביישן הזה, כמו כל ביישן, מודע לפער בינו לבין הציפייה ממנו. אלא שבשעה שביישן חיובי יכאב את מצבו ויתאמץ להשלים את הפער ולהתקדם, הביישן הזה יעשה הכול כדי שאיש מלבדו לא יהיה מודע לחולשותיו, שהוא ורק הוא יהיה מודע לפער, וכך אין ביכולתו לתקן. הדוגמה המתבקשת היא תלמיד שיושב בשיעור, המורה מסיים להסביר ושואל: האם יש מישהו שלא הבין? אף תלמיד לא מצביע. התלמיד הביישן יודע שהוא לא יודע, הוא גם יודע שאם לא ישאל יישאר במצבו, הפער בינו לבין תלמידי הכיתה אף עשוי לגדול. אבל הוא מעדיף לשמור את מצבו העגום בינו לבינו, מעמיד פני יודע ולא שואל. העיקר שלא ייתפס כחלש, שלא ילעגו לו, שיחשבו שהוא כמו כולם, אחד שיודע. לכאורה מדובר בבושה, אבל זו בושה בשירות הגאווה מפני שהאופן שבו תתפוש אותו החברה והכבוד או חלילה

הבוז שירחשו לו, הוא שמנהל אותו, והכבוד של אחרים כלפיו חשוב לו יותר מהאפשרות לשנות. זהו הביישן שאינו למד.

אבל יש לומר את האמת, התחום הלימודי הוא הבעיה הקטנה. ישנם תלמידים רבים שהתביישו לשאול ואכן לא התקדמו כראוי ובכל זאת שגשגו בחיים מפני שלימודים אינם התנאי היחיד או ההכרחי לאושר ולהצלחה. הבעיה נעשית קשה הרבה יותר כאשר בשל החשש מפגיעה בכבודו או ירידה בשמו הטוב, מסתיר אדם חולשות קיומיות שמשבשות את חייו. הימנעות מטיפול רפואי בשל הבושה הכרוכה בו לעיתים היא עדיין הדוגמה הקלה, אבל הקושי נמצא בזירה הנפשית והמשפחתית: מסתובבים בעולם המון אנשים שנושאים בקרבם סודות וקשיים, בעיות בזוגיות וקשיים בהורות, חטאים והתמכרויות לא פתורות. כמו כל ביישן הם מודעים לפער, לפעמים יותר מכל ביישן אחר הם משתוקקים להיחלץ מן המקום השבור הזה, אבל הם אינם מצליחים להיחלץ בעצמם שהרי אין חבוש מתיר עצמו מבית האסורים.[25] כדי להיחלץ יש לשתף חבר טוב, לפעמים איש טיפול, לפעמים בני משפחה. והאימה הכרוכה בשאלה מה יחשבו עליהם כל כך גדולה עד כדי נכונות להמשיך לחיות כרוכים בסוד נורא. זהו הביישן שאינו למד המשלם את המחיר הכבד ביותר. כדי להיחלץ הוא זקוק לענווה, להבנה שהוא אינו אמור להיות מושלם ולא צריך להיתפס כמושלם, ההבנה שכדאי להקריב את הגאווה המדומה למען תנועת התקדמות של אמת.

איך קונים בושה טובה?

הבושה כאמור מחזיקה שני קטבים, האחד – הכרת האדם בציפייה המשמעותית ממנו, השני – זיהוי של מצבו דנוכחי והפער בינו לבין יכולותיו. על כן יש צורך להחזיק את שני החלקים הללו בנפש. יש לתרגל את המחשבה שיש בנו הרבה יותר ממה שאנחנו מכירים. לפעמים הדרך לגלות זאת היא להתבונן באתגרים שצלחנו עד כה. אבל יותר מזה, יש לראות את גודל הציפייה של הקב"ה מאיתנו,

לראות בחיינו שליחות שנשלחנו לעשות בעולם, לראות בתורה אות לגודל הציפייה מאיתנו. יש לנו נשמה גדולה ושליחות גדולה. עדות לכך היא המשנה המספרת על "עין רואה ואוזן שומעת וכל מעשיך בספר נכתבין".[26] אבל לא במובן החרדתי המאיים, כביכול כל תכליתו של הקב"ה לבלוש אחר חטאינו וחולשותינו, נהפוך הוא – במובן של גודל המשמעות של חיינו: הידיעה שכל מעשה שלנו הוא רב־משמעות עד כדי ראייה, האזנה אלוקית ואפילו הנצחתו בספר, היא אות לגודל משמעות חיינו ולציפייה ברוכה מחיינו.

הצעד הבא הוא להתרגל לדעת את מקומנו, לדעת שיש מי שגדול מאיתנו. מתאמנים לזה בגינוני כבוד, עד כמה שיישמע משונה שגינוני כבוד חיצוניים פועלים על הנפש. כשמתרגלים לקרוא למורים בתוארם ולא בשמם הפרטי נקבע בנפש מקום של כבוד למי שמעל. כשמתרגלים לקום לפני הורים, תלמידי חכמים או אנשים שנושאים משרה ציבורית, נקבעת בושה בנפש. אחר כך, כפי שמדריך הרמב"ן, יש להרחיב את מנהגי הכבוד כלפי כל אדם, מתוך הבנה שיש צד בכל אדם שבו הוא גדול מאיתנו ואפשר לקבל ממנו.

בעיקר יש צורך לתרגל מודעות, להקדיש מפעם לפעם זמן אמיתי להתבוננות – מה יש בכוחי לעשות, מה ניתן לצפות ממני והיכן אני מצוי. לא לחשוש לראות את יכולותיי באופן מגדיל, אין מדובר בגאווה, הרי כל הכישרונות הם מתנה אלוקית. ולא לפחד להישיר מבט גם אל החולשות והחסרונות. מבט על שניהם גם יחד יבנה בושה בריאה. כל זאת בתנאי שלא נעמיד מול העיניים ציפיות מושלמות דמיוניות, ובתנאי שלא נשפוט בחומרה את מעשינו כך שנהיה עיוורים לטוב שכבר יש בידינו. עלינו גם להיות מוכנים להיעזר באחרים גם במחיר שבירת כבוד מדומה שהם עשויים לחוש כלפינו.

מהי עזות?

על פניה העזות היא הפך הבושה. כלומר אדם עז פנים אינו מודע לפער שיש בינו לבין המצופה ממנו. זה יכול להתרחש בשל שתי סיבות

שונות שברובד העמוק יש ביניהן דמיון: האפשרות הראשונה היא מפני שהוא אינו מכיר בציפיות, כלומר להבנתו אין לאיש זכות לצפות ממנו דבר, אין לאיש זכות לתבוע ממנו תביעות מוכריות או ערכיות כאלו ואחרות, ובקצה הוא אינו נכון לקבל גם את הציפיות האלוקיות ממנו. ובאין ציפיות אין פערים. האפשרות השנייה היא שמדובר במי שמכיר בציפיות הללו, חלקן או כולן, אלא שהוא חש עצמו כמי שעומד בכל הציפיות. שתי המחשבות הללו מביאות לאותה תוצאה, מדובר במי שבעיני עצמו יכול לשקוט על השמרים, הוא בסדר גמור בעיני עצמו ואינו חש כל בושה לנוכח מצבו. ממילא גם לא יעלה בידו לתקן ולהתקדם. לזה ייקרא עזות פנים, והיא העזות שעליה אמרה המשנה שהיא מובילה אל הגיהינום. המהר"ל מגדיר את הגיהינום כ"העדר הגמור",[27] וזו הגדרה מאירת עיניים בהקשר שלנו. בעל העזות שאינו מכיר בחסרונותיו, במילים אחרות – אינו מודע להעדר שבו, סופו לנחול את ההעדר הגמור, ריק מוחלט שמאפיין את מי שלא נע לטובה בחייו.

גם הקשר עם אנשים אחרים מתאפיין ביחס הפוך לזה של הביישן. בעוד הביישן רוחש כבוד לכל אדם ובפרט למי שכביכול מצוי במעמד רם משלו, העז אינו מקבל את הפער הזה ומבחינתו כל קשר עם אדם אחר, גדול ככל שיהיה, נתפס בעיניו כקשר בין שווים לכל היותר. מכאן הזיהוי המובהק של עזות עם חוצפה. העז הוא החצוף מפני שחוצפה מבטלת את הכבוד שרוחשים לאדם בעל מעמד גבוה יותר, והעזות אינה רוחשת כבוד ומתחצפת. בשל כך אין לאיש העזות מורי דרך ודמויות להשראה, אין לו הורים לשאת אליהם עיניים או מורים וחכמים לקבל מהם השראה. הוא ההשראה של עצמו ולפעמים הוא רואה בעזי פנים מפורסמים דמויות לחיקוי שניתן ללמוד מהן כיצד אפשר לשרוף את כל הפרות הקדושות ולרסק כבודם של אחרים. 'המלך הוא עירום' הוא פילוסופיית החיים של עז הפנים, והוא עצמו כמובן יהיה הילד האמיץ שיצעק זאת בקולי קולות.

בהיבט של עולם התורה והקדושה, עזות פנים היא התכונה המתנגדת ביותר לקדושה, כפי שמבאר הרב קוק על תפילת רבי שאותה אנחנו אומרים לאחר ברכות השחר בכל בוקר:

> שתצילנו היום ובכל יום, מעזי פנים ומעזות פנים – עזי הפנים הם העומדים בכל דור נגד יסוד התפשטותה של הקדושה העליונה ודעת ד׳ בעולם... אלה שהם בכל מהותם נגד התורה והשפעת קדושתה בעולם...[28]

הבושה נקבעה בנו עם קבלת התורה והיא סימן למי שעמדו רגלי אבותיו על הר סיני, ואילו העזות היא לפיכך ההתנגדות העצומה לתורה וקדושה. התורה והעזות מנוגדות עד כדי כך שהרב קוק כותב שמשה רבנו עצמו, המזוהה כל כך עם התורה עד שנקראה על שמו, אינו יכול להאיר בתוך החוצפה.[29] אם כן, יש תלות עמוקה בין תיקון מידת העזות ליכולת לקבל תורה וקדושה.

דניאל חזה את ארבע המלכויות בצורת חיות ואת מלכות יוון זיהה עם הנמר.[30] המהר״ל[31] מסביר שהחיבור בין יוון לנמר קשור בעזות של הנמר. העזות אפיינה את יוון, החוכמה האנושית המתיימרת לדעת הכול ואינה מוכנה לקבל חוכמה אלוקית גבוהה ממנה: ״שמלכות הזאת היתה בה החכמה והתבונה... כי כל עניין המלכות הזאת, שהיו מבקשים החכמה. ולכך היו נותנים דעתם על התורה ולבטל אותה מישראל״.

אלא שדווקא בשל כך שבה ומתעוררת השאלה מדוע הדריכה המשנה בפרקי אבות את האדם להיות ״עז כנמר״ במקום להדריך אותו לביישנות, ומדוע נתינת התורה לישראל נעשתה בזכות היותם עזים שבאומות, הרי עזות וקדושה מתנגדות זו לזו.

עזות דקדושה

עזות וקדושה הן לכאורה הפכים, אבל כבר ראינו בעולם הנפש שיש משיכה עמוקה בין ההפכים, והפעם מדובר במיזוג הפכים לטובה. הביישן מודע למקומו ומודע לפער בין מקומו לבין ייעודו, אלא שלעיתים מרוב ביישנות הוא אינו יכול לצלוח את הפער הזה וקופא במקומו. עז הפנים לעומתו בטוח בעצמו עד כדי כך שהוא חושב שאין דבר מעליו, אין תקרת זכוכית שלא יוכל לשבור. עזות דקדושה היא מידת העזות

בשירות הקדושה, כביכול אדם אומר לעצמו שלא קיים אמון אלוקי בו שלא יהיה ביכולתו להגשים, שאין תקרת זכוכית קדושה ומוסרית שלא יוכל להבקיע. כדי לעמוד ברצון ה׳ יהיה מוכן לראות את עצמו גדול פי כמה וכמה מערכו למראית עין ולחצות גבולות של ביישנות.

כבר נחשפנו לסייגים של ביישנות, מ־רוב בושה אדם עלול להיכנס לעמדת נפש המאפיינת את הביישן שאינו לומד. המחשבה שלפיה מי הוא ומה חייו שיוכל לעמוד בציפיות גדולות כאלה עלולה לייצר חידלון מעשי. כאן נכנסת העזות לתמונה, כלומר ההחלטה שלמען הקדושה יהיה מוכן לצאת מגדרו ולעשות דברים גדולים מכפי שניתן לצפות ממנו.

גם בעולם לימוד התורה הדבר כך. בעוד עזות שלילית מוחקת את התורה מפני הדעת האנושית, ביישנות עלולה ליצור קושי הפוך, מחשבה שלפיה מי הוא האדם ומה הם חייו שיוכל ללמוד את דבר ה׳, לא כל שכן להבין, לסבור סברות ולחדש חידושים, שלא לדבר על יצירת התורה שבעל פה. כל זה דורש עזות של קדושה עד כדי הכרה שהאדם הוא גדול עד כדי שותפות בתורה, ולימים אפילו תורה שבעל פה תהפוך לתורה שנכתבת.[32]

אנחנו זקוקים לעזות כדי לעמוד על דעתנו, זקוקים לעזות כדי לחיות את הממד הצנוע של חיי הנישואין, זקוקים לעזות כדי לצמוח ולגדול, אפילו ההדרכה שכבר הזכרנו שלפיה חייב אדם לומר אימתי יגיעו מעשיי למעשי אבותיי,[33] או הדרכה אחרת בסגנון דומה: ״לפיכך כל אחד ואחד חייב לומר, בשבילי נברא העולם״,[34] דורשות מידה רבה של עזות.

מעתה נבין מדוע דווקא עם ישראל, שמוגדר כעם העז שבאומות, זכה שתינתן לו תורה. מפני שתביעה גדולה כל כך, לשאת את השליחות המוסרית של תיקון עולם, מחייבת עזות, הליכה בגדול. על בסיס העזות שמאפשרת לנו לפעול בגדול, התלבשה בנו בעת קבלת התורה בושה בריאה, והשילוב בין שתיהן מביא להרמוניה של עזות דקדושה. ״הווי עז כנמר״ היא הדרכה לקחת את כוח העזות שמאפיין את החוכמה היוונית ואיתו לגעת בשמיים, לעשות רצון אבי־ שבשמיים.

עזות של עקבתא דמשיחא[35]

אחד המאפיינים הבולטים ביותר של התקופה שלנו הוא החוצפה, כמאפיינת של עזות. העזות הזאת מביאה איתה שפה של זלזול בכל קודש, פריקת עול תורה ומצוות ובכלל שבירת מסגרות כמו המסגרות הלאומיות, המשפחתיות והחינוכיות. יחסים בין־דוריים שהיו מאופיינים עד לפני כמה שנים בכבוד שרחש הדור הצעיר כלפי הדור המבוגר ממנו, עברו שינוי, וברוח התפיסה שהעולם שייך לצעירים, אנחנו מוצאים דיבורים בוטים ומחוצפים כלפי אנשים מבוגרים, כלפי אנשי רוח, שליחי ציבור ואנשי סמכות.

פריחתה של העזות ושבירת המסגרות ומושגי הכבוד בתקופה של שיבת עם ישראל לארצו בפעם הזאת נחזתה מראש, עוד מימי המשנה: "בעקבות משיחא **חוצפה יסגא**... נערים פני זקנים ילבינו. זקנים יעמדו מפני קטנים. בן מנבל אב, בת קמה באמה, כלה בחמותה... **הבן איננו מתבייש מאביו**...".[36]

החוצפה העזה שמאפיינת את ימי עקבתא דמשיחא נראית כקללה של הדור הזה, אבל הרב קוק מתבונן עליה במבט אחר. כדי להבין את המבט של הרב קוק ניזכר במבנה הזוגי על פי התורה. תחילה נבראו האיש והאישה גב אל גב, דבוקים זה בזו. הקשר ביניהם היה הכרח. אחר כך הפיל הקב"ה תרדמה על האדם וניתק ממנו את האישה, הצלע. בשלב זה כל אחד עומד כרשות בפני עצמו. לבסוף עמדה האישה בבחירה חופשית מול האדם שהכריז גם הוא ברצון גמור: "זֹאת הַפַּעַם עֶצֶם מֵעֲצָמַי וּבָשָׂר מִבְּשָׂרִי לְזֹאת יִקָּרֵא אִשָּׁה כִּי מֵאִישׁ לֻקֳחָה זֹּאת".[37] חזרנו אל זוגיות ואחדות אבל הפעם מתוך בחירה. עד שלא ניתנה האפשרות לכפור בזוגיות ולהתנתק ממנה, לא הייתה הזוגיות שייכת באמת לאדם וחוה, היא נכפתה עליהם. האפשרות לכפור בזוגיות היא שהפכה את הזוגיות לזוגיות שלהם. התהליך הזה מתרחש בכל הגזרות, ביחס לתורה, ביחס לציונות, למדינה, להיות העם היהודי ועוד. הרבה דברים שהיו למוסכמה נשברים על ידי העזות שכופרת בכל אלה. תהליך הכפירה הוא תהליך הנסירה, ולאחריו יתרחש תהליך של בחירה מרצון. מבלי אפשרות הכפירה אין גם הזדהות עמוקה עם האמונה.

ומכיוון שתהליך המשיחיות בעולם הוא תהליך של יציאה לחירות, תהליך שבו כל אדם נאמן לעצמיותו באמת, בהכרח בדרך לשם, בעקבתא דמשיחא, יתבססו תהליכי כפירה, שיאפשרו לאדם לבחור באמונה בצורה חופשית מבלי הכרח של כבוד או בושה כלפי הדור הקודם. התהליך הזה לדברי הרב קוק גם מחייב את התורה לגלות את סודותיה הכמוסים. כל עוד התקבלה התורה כמות שהיא מתוך כבוד, די היה בתורה הגלויה כמות שהיא, אבל תהליך הכפירה יחייב פיצוח עמוק יותר של התורה, כלומר מפגש עם סתרי תורה.

משמעות הדבר היא שיש כאן תהליך הכרחי שיכול להתרחש רק בעזרת המידה הזאת, העזות. אף שהפעם אין מדובר בעזות דקדושה אלא בעזות של כפירה, ובכל זאת התפרצות העזות נועדה לחולל תהליך משמעותי בעולם. העולם עובר תהליך הכרחי מטבעיות אינסטינקטיבית של אמונה, משפחה ולאומיות לתהליך הכרתי. כלומר, כל הערכים שנעשו עד לפני כמה שנים באופן לא מודע – אדם היה קשור לאמונתו, לדתיותו, לתא המשפחתי המסורתי וללאום שלו – כל הדברים הללו, שלא היו מנומקים כי אם התחוללו באופן טבעי ללא מחשבה, הצליחו להחזיק בעולם לאורך שנים מכוח הכבוד שרחש כל דור לזה שקדם לו, ובמילים אחרות – מכוח הבושה. הדורות הקודמים נהגו כבוד כלפי מסורת הדור הקודם, התחברו בפשטות לערכים שהיו נהוגים מזה שנים, וכך הכול נשמר ללא מרידה ושינוי. תהליכי העזות בעולם הכרחיים כדי לעבור שלב, בעזרת החוצפה קורא הדור החדש תיגר על כל המוסכמות של הדור הקודם, על אמונתו וערכיו. למראית עין הוא זורע כמובן רק הרס חורבן, אבל הוא גם מכריח שינוי עמוק במקומם של כל הערכים בעולם, לא עוד כפייה או חיבור פשטני־אינסטינקטיבי, כי אם הכרח לברר ולבחור. העזות תכריח בחירה מחדש בכל הערכים שהיא מנפצת, והבחירה הזאת כבר תהיה ממקום של הזדהות וקשר, לא כפייה או הרגל. בדרך אל היעד הזה נכונו טלטלות רבות וכאבי לב על ניפוץ ערכים מקודשים, אבל בעיניים של אמונה הניפוץ הזה יחייב מפגש עם אותם ערכים ממקום גבוה הרבה.[38]

בשל כך התהליך ההרסני הזה בתחילתו הכרחי בעולם, עד שעולם הסוד, שיסודותיו מונחים בפרק השני של מסכת חגיגה, מגדיר שהנשמות של עזי הרוח הן כביכול חלק מתוכנית ראשונית ומהותית מאוד בבריאת העולם:

> "אשר קומטו ולא עת נהר יוצק יסודם". תניא, אמר רבי שמעון החסיד: אלו תשע מאות ושבעים וארבע(ה) דורות שקומטו להיבראות קודם שנברא העולם ולא נבראו. עמד הקב"ה ושתלן בכל דור ודור והן הן עזי פנים שבדור.[39]

ואת התמונה משלים הרב קוק:

> בעתותי גאולה מתגברת חוצפה וסער מתחולל הולך וזועף, פרצים אחר פרצים יפרצו, חוצפה מחוצפה תגדל, מאין קורת רוח בכל האוצר הטוב של האור המוגבל והמצומצם מפני שאיננו ממלא את כל המשאלות כולם, מפני שאיננו מסלק את כל המסכות מעל כל פני הלוט, שאיננו מגלה את כל הרזים ואיננו משביע את כל המאויים. בועטות הן בכל, בחלק הטוב, בגרעיני האושר המוביל אל המנוחה ושלוות העולמים, המוביל אל עדני עד, אל רוממות נצחי נצחים. בועטות וזועפות, משברות ומכלות, יורדות לרעות בשדי זרים, משפיקות בילדי נכר, מחללות גאון כל צבי ואין נחת. מראות הן הנשמות הלוהטות האלה את כוחן, ששום סיג והגבלה לא יוכל לעצור בעדן.[40]

הרב קוק מתאר כאן עוצמה אדירה, כמעט בולמוס של מידת העזות שמשברת ומרסקת הכול מפני שאין לה סיפוק מן העולם, ובעומק שאינו ידוע אפילו לה, מפני שהיא חותרת לגלות את סוד העולם. הבולמוס הזה מבהיל מאוד והתגובה המיידית כלפיו היא בהלה:

והחלשים שבעולם הבנוי, בעלי השיעור והנימוס, מתבהלים משאתם.

אבל הרב קוק יוצא בקריאה שלא להיבהל, לדעת שהחוצפה המתפרצת הזאת היא חיפוש עמוק יותר והזדמנות שנקרתה בדרכו של העולם:

> ...רק חטאים בעלי נפשות חלושות וחנפים הם פוחדים ורעדה אחזתם. אבל גיבורי כוח יודעים, שגלוי כוח זה הוא אחד מהחזיונות הבאים לצורך שכלולו של עולם, לצורך אימוץ כוחותיה של האומה, האדם והעולם. אלא שבתחילה מתגלה הכוח בצורת התוהו, ולבסוף יילקח מידי רשעים ויינתן בידי צדיקים, גיבורים כאריות, שיגלו את אמיתת התיקון והבניין, בעז רוח של שכל צלול ואמיץ ובאומץ נפש של הרגשה והתגלות מעשית קבועה וברורה. הסופות הללו יחוללו גשמי נדבה. ערפלי חושך אלו יהיו מכשירי אורים גדולים.

יש כאן יחס מורכב מאוד לעוצמות החוצפה של עקבתא דמשיחא. מצד אחד הרב קוק רואה בה כוח שנמצא ביד הרשעים, אך מצד שני מלמד אותנו שהחוצפה הזאת היא הכרח ותחולל שינויים לטובה בעולם ואחר כך תימסר בידי הצדיקים. על פי מה שלמדנו זהו הרגע שבו העזות תהפוך לעזות דקדושה.

כאמור, הדברים רחבים הרבה יותר ואיני יכול להאריך כאן עוד. אבל בהיבט המעשי המשמעות היא שבתקופה הזאת אי אפשר לשבור את העזות. יש לה תפקיד וצריך לזהות מהו הדבר העמוק שהיא מבקשת. ילד חצוף מחפש אמת גדולה, אדם עז תובע מענה עמוק. וההתמודדות לא יכולה להיות בבהלה, כי אם באמון בכוח הזה שהתפרץ בתקופה שלנו.

איך קונים עזות דקדושה?

עזות דקדושה היא מידת נפש עדינה. היא האומץ לשאול, לברר ולחשוב מבלי לנפץ מסגרות. ככל שנותנים מקום אמיתי לשאלות ולא דוחים אותן או נבהלים מפניהן, יש מקום לעזות בריאה לצמוח. ככל ששמחים בכל שאלה נוקבת, שמבררים אותה בענווה, כך נולד מקום לשאלות, לתהיות מבלי להזדקק לניפוצים ומרידות. אבל זה לא מספיק. בשביל עזות דקדושה צריך להתרגל לחשוב בגדול, לחלום בגדול, להיות מוכן לקחת סיכונים וגם להסתכן בכישלונות. לצאת מזירת הנוחות המחשבתית ומזירת הנוחות המעשית, ולאתגר את עצמך בכל פעם מחדש. הכול כרוך באמונה שאם הקב"ה האמין בנו הרבה יותר ממה שניתן להבין, כמוסים בנו כוחות וצריך להעז לגלות אותם. הילדים שלנו גדולים הרבה מכפי שאנחנו חושבים. גם ההורים שלהם...

אהבה ושנאה

סוד

ר׳ צדוק הכהן מלובלין מגדיר מהו סוד. כאשר מישהו משתף אותך בדבר מה שהחביא מן העולם אין זה סוד. כאשר מישהו סיפר לך משהו ועדיין לא הבנת אותו עד הסוף, ולעולם לא תוכל להבין – זהו סוד. כלומר סוד הוא עניין שגם אחרי שאתה שומע עליו נשאר סודי בפניך. במילים אחרות, סוד הוא דבר שלא ניתן להיאמר, לא נתון להגדרות מילוליות מפני שאי אפשר להכניס אותו לתחומן של המילים:

> וזה שבלב נקרא סוד שזה אי אפשר לגלות לחברו, כמו ששמעתי שסוד אין נקרא מה שאפשר לגלותו בדיבור, שאם כן גם האחר יודע כמוהו ואינו סוד כלל. רק סוד הוא מה שאי אפשר לגלותו כלל בשום אופן...[1]

זה אולי עניינם של חכמי הסוד, שעוסקים בצד הסודי של התורה, שם ככל שיודעים יותר מכירים בכך שעדיין לא יודעים, שנוגעים במה שאי אפשר לגעת, והטפח הגלוי הוא עדות להרבה יותר מטפחיים מכוסים.

במובן הזה, מכל מידות הנפש אהבה היא הסוד הגדול ביותר. כולנו מרגישים שהיא המידה שמניעה יותר מכול את העולם. שאלת השאלות של כל אדם היא האם הוא אהוב על הוריו, האם יש לו חברים, כלומר האם העולם האנושי אוהב אותו. אולי השאלה העמוקה ביותר היא אם הוא אוהב את עצמו, וממילא את העולם ואת החיים. לא פחות מהצורך להיות אהוב, ההשתוקקות הקיומית להעניק אהבה מפעילה אותנו. הדחף לאהוב עצום וחיפוש האהבה תופס מקום קיומי בחיי האדם, חיפוש זוגיות ובניית המשפחה וכל מה שכרוך בהם. אפילו המאמץ להגדיר מה נמצא בלב ליבה של התורה הביא את רבי עקיבא להגדיר ש"ואהבת לרעך כמוך' – זה כלל גדול בתורה".[2] זהו אותו רבי עקיבא ששאל את עצמו לאורך כל חייו מהם גבולות האהבה בינו לבין בוראו, ואם יהיה מוכן למסור את נפשו בשם האהבה הזאת.[3] גם הלל, כשהתבקש לתמצת לאדם שבא להתגייר את כל התורה על רגל אחת, נגע בציר הזה של אהבה ושנאה, וקבע: "דעלך סני – לחברך לא תעביד. זו היא כל התורה כולה, ואידך פירושה הוא זיל גמור".[4] מה שעליך שנוא – לא תעשה לחברך, זו היא כל התורה. כל השאר פירוש לעיקרון הזה. לא פחות.

על מרכזיות האהבה יש הסכמה חוצת גבולות. פרויד יאמר שהמיניות מניעה את העולם והאהבה היא התירוץ הנפשי למימוש המיניות, אבל התורה תאמר את ההפך הגמור: האהבה מניעה את העולם והמיניות היא הביטוי הפיזי לעומק הקשר הנפשי. לפיכך כל נתק בין זה הנפשי לזה הגופני פוגם הן בגוף הן בנפש. אבל אף שהמחלוקת קוטבית, כולם יסכימו שהפלא הזה עומד במרכז ההוויה. כבר בגן עדן הונח עץ החיים במרכז הגן,[5] ואם אהבה מביאה חיים לעולם ואהבה מניעה את החיים והיא תכלית החיים, הרי שהיא נטועה במרכז חיי מידות הנפש. לב החיים. לא פלא שבעולם הסמלים החברתי כשמבקשים לבטא אהבה, מציירים לב. וכשרוצים לומר שמשהו מצוי במרכז אומרים שהוא בלב. "לב העיר", "לב הדברים" וכיוצא בזה.

העוצמות הללו שכולנו מרגישים על בשרנו מספרות סיפור על כוח אדיר שנטע ה' באדם. שאלת האהבה שמניעה את כל היקום היא

כל כך לא פתורה, כל כך עמוקה, עד שאין סוד כמותה בכל נפש האדם. את שיגעון האהבה היטיב שלמה המלך לתאר: "כִּי עַזָּה כַמָּוֶת אַהֲבָה... מַיִם רַבִּים לֹא יוּכְלוּ לְכַבּוֹת אֶת הָאַהֲבָה וּנְהָרוֹת לֹא יִשְׁטְפוּהָ. אִם יִתֵּן אִישׁ אֶת כָּל הוֹן בֵּיתוֹ בָּאַהֲבָה בּוֹז יָבוּזוּ לוֹ".[6] זה לא מובן, זה לא רציונלי, המתבוננים מבחוץ עלולים לבוז מפני שזה אינו מתיישב על השכל, ומה פתאום לאהוב עד מוות? אבל מים רבים לא יוכלו לכבות – הסוד הזה חזק מהכול, גדול מכולנו. בעומק, הכול סובב סביב האהבה, ואפילו השנאה הגדולה ביותר היא אהבה נכזבת. גם מלחמות בין עמים סובבות סביב ציר האהבה והשנאה, ולא מן הנמנע לומר שגם האנטישמיות היא קרב סמוי על אהבת ה'.

לא נתיימר כאן לגלות את הסוד, סוד לנצח יישאר סוד, ובנוהג שבעולם הדברים החשובים ביותר הם גם הסודיים ביותר, ובכל זאת ננסה לגעת במעגלי הסוד שניתנים לפיענוח.

הדחף להתאחד

בכל הווייתו של אדם הראשון בגן עדן אין ולו תיאור נפשי אחד. לא כתוב אם היה שמח בגן עדן או עצוב, לא כתוב אם היה נלהב או אדיש. רק דבר אחד מתואר – הוא היה בודד. ומייד מוצמדת אל הבדידות ההגדרה השלילית: "לֹא טוֹב הֱיוֹת הָאָדָם לְבַדּוֹ",[7] ומייד מופיע גם הפתרון: "אֶעֱשֶׂה לּוֹ עֵזֶר כְּנֶגְדּוֹ".[8] הזוגיות, וממילא האהבה הנגזרת ממנה, היא המענה לבעיית הנפש הקיומית היחידה שהייתה קיימת באותו עולם אוטופי הנקרא גן עדן: הבדידות. ומה שמפליא הוא שהביטוי שיוצא מפיו של אדם כשפגש לראשונה את זוגתו איננו כולל את המילה אהבה, אלא את תחושת ההתאחדות: "וַיֹּאמֶר הָאָדָם זֹאת הַפַּעַם עֶצֶם מֵעֲצָמַי וּבָשָׂר מִבְּשָׂרִי לְזֹאת יִקָּרֵא אִשָּׁה כִּי מֵאִישׁ לֻקֳחָה זֹּאת".[9] גם התורה מתארת כך את הזוגיות שתהיה מכאן והלאה: "וְדָבַק בְּאִשְׁתּוֹ וְהָיוּ לְבָשָׂר אֶחָד".[10]

זהו אם כן סיפורה של האהבה, הכמיהה להתאחדות מחודשת. 'אהבה' בגימטרייה 'אחד', ואין מדובר בסתם משחקי ספרות ואותיות.

הגימטרייה הזאת היא הדיוק של מידת הנפש הזאת. ואולי גם זה מופיע בהיחבא, בגימטרייה, כיאה לסוד. באופן עמוק האהבה נובעת מאחדות העולם, כיוון שלעולם מקור אחד, וכולנו ביטויים של אותו מקור אחדותי, הבדידות בלתי נסבלת עבורנו, ואנחנו משתוקקים להיות נאהבים ולאהוב, כלומר להתאחד. לכן ההגדרה היהודית לזוגיות מוצלחת היא 'שלום בית' – דווקא שלום, הרמוניה, כשמו של הקב"ה. באנו ממנו ועל כן אין לנו מנוחה עד שנחווה את ההרמוניה השלמה הזאת, את האהבה.

זוהי הסיבה לכך שהתורה הגדירה את אדם וחוה כישות אחת: "וַיִּבְרָא אֱלֹהִים אֶת הָאָדָם בְּצַלְמוֹ בְּצֶלֶם אֱלֹהִים בָּרָא אֹתוֹ, זָכָר וּנְקֵבָה בָּרָא אֹתָם".[11] ולהבנת חז"ל מדובר בגוף אחד, שבשעת לקיחת הצלע כביכול נפרד לשניים, ואחר כך במפגש הזוגי שב להיות אחד. גם הזוהר הקדוש מתאר תיאור דומה באשר ליצירת כל נשמה אנושית, לא רק זו של אדם הראשון:

וְתָא חֲזֵי, בְּכָל אִנּוּן דְּיוּקְנִין דְּנִשְׁמָתִין דְּעָלְמָא כֻּלְּהוּ זוּוּגִין זוּוּגִין קַמֵּיהּ. לְבָתַר כַּד אַתְיָין לְהַאי עָלְמָא קוּדְשָׁא בְּרִיךְ הוּא מְזַוֵּוג זוּוּגִין. דְּהָכִי תָּנִינָן בְּהַהִיא שַׁעֲתָא דְּאַפִּיק קוּדְשָׁא בְּרִיךְ הוּא נִשְׁמָתִין לְעָלְמָא, כָּל אִנּוּן רוּחִין וְנִשְׁמָתִין כֻּלְּהוּ כְּלִילָן דְּכַר וְנוּקְבָא דְּמִתְחַבְּרָן כַּחֲדָא.[12]

תרגום: ובא וראה, בכל אותן הדמויות של הנשמות של העולם, כולן לפניו זוגות זוגות. לאחר מכן, כשבאים לעולם הזה, הקדוש ברוך הוא מזווג זווגים. שכך שנינו, בשעה ההיא שהקדוש ברוך הוא מוציא נשמות לעולם, כל אותן הרוחות והנשמות, כולן כלולות זכר ונקבה שמחוברות יחד.

אם כן, הסיפור של האהבה הוא במידה רבה סיפור העולם כולו, ולכן ההשתוקקות לאהבה חובקת עולם ומשותפת לכולם: העולם בא ממקור אחדותי ושואף לשוב אל הרמוניה של אחדות. כל אימת שאדם אינו מצוי במציאות של אהבה, הוא קרוע ממקומו הטבעי והקריעה הזאת

מייסרת את נפשו וגופו, על כן הבדידות היא צער נורא, והצורך באהבה הוא קיומי. כל סממני האהבה העוצמתיים, בין איש ואישה, בין הורים וילדים ובין חברי אמת, הם ביטויים לכך שהעולם הוא אחד ושואף אל ההרמוניה הזאת. הם כולם גילויים של אותה כמיהה אל נקודת המוצא שממנה הכול נפרד או במילים אחרות – ביסויים לאהבת ה'.

בהקדמה לשיר השירים הרב קוק מתאר כך אהבת איש ואישה:

> אמנם כנטף מים מני ים, כזיק אחד מלהב אש אוכלה, כאות אחת מספר גדול, ידע איש אשר כה רמה נפשו להעריך גם האהבה הפרטית הטבעית בערכה הטהור, ותהיינה לו האהבה הטהורה הטבעית והאהבה הלאומית הנאורה והאהבה האלוקית הקדושה ומלאת הוד ערוכים במערכה, כמגדל דוד בנוי לתלפיות.[13]

כל האהבות כולן עשויות מאותו די־אן־איי: ההשתוקקות לחיבור. אהבת איש ואישה היא טיפה מתוך ים האהבה ההרמוני והעצום. ברצף האהבות נוכל למצוא את כל מרחבי האהבה ולכולם מכנה משותף עמוק, ההתאחדות. זו הסיבה שאהבת בני זוג מכונה "זיווג", ובמילה אחרת – חיבור. גם חבר נקרא כך מאותה סיבה ממש. חלקים שקרועים זה מזה מתחברים מחדש לאחד. עד שבתיאור האוטופי של העולם, "ויעשו כולם אגודה אחת לעשות רצונך בלבב שלם",[14] יתחברו כל האהבות, האנושית והאלוקית.

הרב קוק פותח את ערך "אהבה" בספרו "מידות הראי"ה" בקריאה גדולה: "האהבה צריכה להיות מלאה בלב לכל". זה נשמע יומרני ואולי אפילו מקומם. איך אפשר לאהוב הכול? הרי יש אנשים רעים בעולם ומעשים בלתי נסבלים. הכול מתברר שם בהמשך הספר, אבל מעל הכול ניצבת הקריאה הזאת לאהוב הכול. אהבת הכול מבטאת את אותה אחדות שנמצאת ביסודה של האהבה. אהבה מבטאת התאמה, קשר. בשל היותי חלק מעולם שלם אני יכול לאהוב הכול, לרצות בטובת הכול. האהבה הזו מבטאת מכנה משותף, הרי הכול ברא לכבודו, לא רק אותי, ואיך לא אוהב את כל הופעותיו של דקב"ה בעולם?

אהבה ותאווה

מעתה נצליח להבחין היטב בין שני כוחות נפש דומים מאוד ומעורבבים למדי, אהבה ותאווה. זה מבלבל מאוד מפני שבאהבה מכל הסוגים יש ממד של נתינה וממד של קבלה. לפעמים עלולה להיות קבלה בלבד, שלא לומר לקיחה. אפילו אהבה שכל כולה נתינה, מעורבת בחוויה הנעימה של עצם הנתינה, כך שקשה להפריד בין לתת ולקבל. באהבה הזוגית, ולא רק בהיבט האינטימי, לכאורה בא לידי ביטוי גם עולם של תאווה. ובכלל דרכנו לערבב את המושגים, שהרי אנחנו מכנים "אהבה" קשת מגוונת של קשרים, יש מהם תאווה מובהקת, כמו מי שיאמר שהוא אוהב לאכול ממתקים, אוהב לנוח ועוד.

הבנת מידת הנפש "אהבה" כהשתוקקות לחיבור ולהתאחדות הרמונית מסייעת בהבחנה בין תאווה לאהבה: אדם שאוהב ממתקים איננו מתחבר איתם, הוא בולע אותם ומעלים אותם.[15] לא רק במובן המעשי, גם במובן המהותי, הוא אינו חפץ בטובתם וכמובן אין לו דבר עם שלומם, הוא חווה אותם כחפץ שנועד לשמש את החוויה שלו בלבד, על כן מדובר בתאווה ולא באהבה. אומנם, גם בחיבה לאוכל יש פן אמיתי של אהבה, שהרי האדם מוצא את עצמו מתאים למציאות, האוכל נעים לו וטעים לו, במקרים מסוימים גם בריא וטוב לגופו, יש כאן התאמה שאכן אפשר להגדיר אותה כאהבה, אבל אין מדובר באהבה לאוכל כי אם באהבת החיים, אהבת העולם, וממילא אהבת בורא עולם. לכן אדם מברך לפני האכילה ולאחריה, לבטא את הכרת הטוב והאהבה שנוצרה כאן.

בהיבט הזוגי אהבה שהיא התאחדות והתאמה אכן מורכבת מנתינה וקבלה, וטוב שכך, מפני שאהבה איננה "מסירות נפש", היא התאחדות בין שני כוחות בעלי משמעות וערך. האחדות הזאת מתחילה מן הנשמה שמורכבת מחלק זכר וחלק נקבה כפי שלמדנו, עוברת להתאחדות נפשית, ומתבטאת אצל זוג בהתאחדות גופנית בקדושה. הן בהיבט הנפשי והן בהיבט הגופני יש ממדים של קבלה ונתינה. הגמרא אפילו מגדירה זאת כסימן לזוגיות ראויה: "ודבק – ולא בזכר".[16] לכאורה הגדרת דבקות כקשר שמתקיים רק בין זכר ונקבה תמוהה. הרי תיתכן

לכאורה דבקות בין שניים מאותו המין. אבל רש״י מסביר: ״דליכא (שאין) דיבוק, ד(ש)מתוך שאין הנשכב נהנה, אינ־ נדבק עמו״.[17] ההגדרה של רש״י מפתיעה מאוד, דבקות של אהבה תלויה בהנאה הדדית, בקבלה ונתינה, ומכיוון שפיזית גוף האדם בנוי כך שקשר פיזי צנוע בין איש ואישה מהווה הנאה הדדית, הרי הוא מוגדר דבקות.

ננסה לדייק, קשר של אהבה שיש בו תאווה הוא קשר טוב, אבל שאלת השאלות היא מה מוביל את הקשר. כאשר אהבת הזולת והחפץ בטובתו היא הבסיס שמוביל אל ההתאחדות עימו וממילא גם את הקבלה מן הקשר – זוהי אהבה שלמה. כאשר הדחף אל הקשר הוא התאווה, הרצון לקחת ולהשיג מן הזולת מבלי לבנות אהבה, כלומר מבלי לחוש אכפתיות עמוקה כלפיו וכלפי שלומו, זוהי תאווה.

הרבה פעמים המבחן של האהבה מתקיים כאשר הפן של הקבלה נפגם. הורים שמצליחים לאהוב את ילדם גם כאשר אינו הולך בדרכם ואינו עונה כביכול על ציפיותיהם, מגלים בזה את עומק משמעות האהבה כלפיו וגם כלפי הילדים האחרים שעונים על כל הציפיות. הורים שברגע הזה מתרסקת להם האהבה, מגלים מהו הדחף לאהבה שלהם. זהו ההבדל הדק בין אהבה התלויה בדבר לאהבה שאיננה תלויה בדבר. אצל בני זוג, וכל שכן בין חברים, זה מורכב הרבה יותר מקשר הורי מפני שבצדק יש שם ציפייה גם לקבלה, ועם זאת קשר שעומד במבחני נתינה עמוקים מגלה על טיבו.

אולי לזה התכוון דוד כשאמר על יהונתן: ״נִפְלְאַתָה אַהֲבָתְךָ לִי מֵאַהֲבַת נָשִׁים״.[18] כלומר, בכל אהבה בין גבר לאישה יש מורכבות של אהבה לזולת ואהבה לעצמך, אבל באופן ההתנהלות בין דוד ליהונתן התגלתה אהבה גבוהה יותר, כזו שהצד האינט־סנטי שבה לא תפס מקום ובוודאי לא היווה תנאי לקיום האהבה. מעין זה כתב המלבי״ם: ״שלא היתה דומה לאהבת נשים שהיא אהבת הערב או המועיל, רק אהבה עצמית״.[19] אבל דווקא הגדרת הקשר ביניהם כחורג מדרך הטבע מאשר שהאהבה הטבעית והראויה מורכבת יותר.

ככל שקשר של אהבה יכלול התאחדות של חלקים רבים יותר, כך נוכל לומר שמדובר באהבה גבוהה וממומשת יותר. לכן קשר

האהבה הזוגי הוא הגבוה מכל הקשרים האנושיים, מפני שהוא מאפשר התאחדות של נשמות, נפשות וגופים ובהמשך גם יצירת חיים חדשים ואהבתם. קשר זוגי של חטא הוא כזה שאין הנשמות מחוברות בו, רק הגופים והנפשות. וייתכן קשר שכולו תאווה גופנית שאין להגדיר אותו כאהבה. בצורתו הקיצונית זהו המעשה של שכם בן חמור בדינה, מעשה שמכונה "מעשה נבלה": "כִּי נְבָלָה עָשָׂה בְיִשְׂרָאֵל".[20] ואין זה משנה ששכם מצידו חווה זאת כחיבור נפשי, "וַתִּדְבַּק נַפְשׁוֹ בְּדִינָה בַּת יַעֲקֹב",[21] ואין זה משנה שהוא חווה זאת אף כאהבה, "וַיֶּאֱהַב אֶת הַנַּעֲרָ(ה)".[22] חיבור במעמד צד אחד הוא תאווה מוחלטת ומעשה נבלה. כפי שחיה מתה קרויה "נבלה", מכיוון שהנפש שלה ניתקה מן הגוף, כך לקיחת גוף באונס היא מעשה נבלה, הפרדת הגוף מן הנשמה והנפש שלו. זוהי תאווה שהיא ההפך הגמור מאהבה. לכן התורה משווה זאת לרצח במקרים מסוימים: "כִּי כַּאֲשֶׁר יָקוּם אִישׁ עַל רֵעֵהוּ וּרְצָחוֹ נֶפֶשׁ כֵּן הַדָּבָר הַזֶּה".[23] ברצח מנתקים נשמה מגוף, גם באונס.

יצרים ואהבה

שאלה רטורית לכאורה: למי יש יותר יצר הרע, לילד בן חמש או לנער בן חמש־עשרה? אל תטרחו לענות. הבעיה עם התשובה המובנת מאליה היא שחז"ל ענו עליה תשובה מפתיעה מאוד:

> "טוֹב יֶלֶד מִסְכֵּן וְחָכָם מִמֶּלֶךְ זָקֵן וּכְסִיל".[24] טוב ילד מסכן וחכם – זה יצר טוב. ולמה נקרא שמו ילד? כי אין מזדוג לאדם אלא מבן שלש עשרה שנה ולמעלה. ולמה נקרא שמו מסכן? שאין הכל שומעין לו. ולמה נקרא שמו חכם? שהוא מלמד את הבריות לדרך ישרה.
>
> ממלך זקן וכסיל – זה יצר הרע. ולמה קורא אותו מלך? שהכל שומעין לו. ולמה קורא אותו זקן? שהוא מזדוג לו מילדותו ועד זקנתו. ולמה קורא אותו כסיל? שהוא מלמד לאדם לדרך רעה.[25]

חז"ל מייצרים כאן לא פחות ממהפכה בחשיבה. מובן מאליו שאנחנו מגדירים ילד בגיל ההתבגרות כבעל יצרים רעים יותר מילד בגיל הרך. הרי גופו גדל ומתבגר, גדוש הורמונים, הבחירה החופשית שלו והעוצמה הסוערת שבו הופכות להיות כר פוטנציאלי למחשבות אסורות ולחטאים. אבל חז"ל מגדירים אחרת לגמרי: לילד עד גיל שלוש־עשרה יש רק יצר הרע, מכאן והלאה מתווסף אליו יצר הטוב. משמע שעולם המושגים שלנו על אודות היצרים משובש.

יצר הרע הוא הנפרדות של האדם לעצמו. האגואיזם והריכוז אך ורק בעצמו. במובן הזה ילד בגיל הרך עונה על הרבה מן ההגדרות הללו, וככל שהוא צעיר יותר כך זה בולט יותר. לתינוק אין עניין בשלומם של הוריו, גם לא בשעות השינה שלהם. הוא תובע את צרכיו ועסוק אך ורק בשלו בהתעלמות מוחלטת מהם. הדבר כמובן הולך ומתעדן עם השנים.

מה שמתבטא אצל נערים בגיל ההתבגרות כהורמונים, יצרים והתעניינות בבני המין השני, אלה בעצם סממנים ליצר טוב, לכוחות של אהבה. פתאום הם אינם עסוקים רק בעצמם, הם נמשכים אל האחר. הם מבקשים לצאת מעולמם הצר החוצה ולתת אהבה. זוהי משמעותו העיקרית של יצר טוב, לפיכך מגיל מצוות מתגלים כוחות של אהבה וטוב. כמובן, כמו בכל מטען אנרגטי עצום יש אתגרים בדרך וגבולות, שאם לא נניח לפתחן של העוצמות, נהיה עלולים לשלם מחיר. אבל היחס הבסיסי אל כל זה הוא כאל גילוי של טוב.

אהבה היא מידת נפש טובה ביסודה. משיכה היא תחושה נפשית שהולכת בהתאמה עם המידה הטובה. העניין בבני המין השני גם הוא חלק מאותה בריאות נשמתית, נפשית ופיזית, הרי לא טוב היות האדם לבדו. אמת, לאחר האכילה מעץ הדעת גם במושגי האהבה נספגו ערבובים של טוב ורע, אבל היסוד הוא טוב ואותו יש לטפח.

אהבה ואמונה

כמו בכל מידות הנפש, הצד האמוני כאן מהותי מאוד. באהבה אגואיסטית

אנחנו אוהבים מה שמשרת אותנו, וזו כאמור תאווה ולא אהבה. באהבת אמת אנחנו יוצאים לקראת האחר ומתאחדים איתו. זאת מפני שאנחנו רואים בו ערך ומשמעות. ככל שדבר יקר ערך יותר הוא אהוב יותר, ככל שאדם יותר בעל משמעות כך אי אפשר שלא לאהוב אותו. וכאן מתגלה צמד המילים אהבה ואמונה. בעולם נטול אמונה, בעולם אקראי שהופיע באקראי בלי יד מכוונת, בעולם שכשם שבא כך אולי גם יסתלק, אין משמעות אמיתית לקיום, אין ערך. האנשים מקריים וסתמיים, העולם מקרי וסתמי, וממילא דבר אינו ראוי לאהבת אמת. כל שנשאר הוא לנסות ליהנות מהקיום הזה ככל האפשר. לקחת. או לכל היותר לתת כדי לקבל. בעולם חסר משמעות קשה לאהוב אהבת אמת.

בעולם של אמונה כל נברא הוא בעל משמעות וערך, בוודאי בני אדם. אולי בשל כך הברכה הפותחת את שבע הברכות של הנישואים היא "שהכול ברא לכבודו", כלומר הכול מכובד, הכול בעל משקל. לכן יש סיבה עמוקה לאהוב. רבי עקיבא, מי שהגדיר את האהבה ככלל הגדול שבתורה, מי שהגדיר את "שיר השירים" כקודש קודשים, מעניק לאהבה את המשמעות הרוחנית: "הוא היה אומר: חביב אדם שנברא בצלם...".[26] החיבה, כלומר האהבה, נובעת מהמשמעות. כגודל המשמעות גודל האהבה. מכיוון שהקב"ה ברא הכול, לכול יש משמעות. והאהבה גוברת ככל שהמשמעות עולה.

איך מטפחים את מידת האהבה?

המשנה באבות[27] מונה ארבעים ושמונה דברים שהתורה נקנית בהם. יש שם מידות נפש שעל אדם לייסד בתוכו, יש שם קשרים הכרחיים בין רב לתלמיד ובין תלמיד לחבריו, יש שם דרכי לימוד וריכוז, ויש שם מגמות שבגללן אדם לומד. בתוך כל אלה בולט בחריגותו דבר אחד מתוך הארבעים ושמונה: "אהוב". לכאורה זו תכונה פאסיבית שתלויה באחרים, ובכל זאת היא מוגדרת כתנאי בקניין תורה.

אולי כל זאת מפני שהתורה היא מפגש פנימי עם העולם, מפגש שבונה אהבה כלפי העולם, וכאשר אדם אינו אהוב, קשה לו לאהוב.

הוה אומר, מי שרוצה לעזור לילדים שלו להיות ילדי אהבה שיודעים לאהוב, צריך לעטוף אותם באהבה. אהבה איננה בהכרח פינוק או ויתור, אהבה היא קשר טוב ואמון ובעיקר תחושה שהם רצויים, אהובים ומשמחים בעצם היותם ובלי תנאים.

ומה עושה מי שלא זכה לגדול כך? יאהב את עצמו, יכיר בערכו, יתאמן בפיתוח עיניים טובות על העולם. אבל אהבה איננה רק יחס פאסיבי, היא כרוכה בעשייה. כאן מצוי הבדל גדול בין 'תחושת אהבה' ל'אהבה' עצמה. האהבה שהרבה אנשים מצפים לה היא תחושת אהבה סוערת ומטלטלת, זו חוויה עזה שעדיין משאירה את האדם במרכז, הוא נהנה בעיקר מהריגוש שבה. אבל אהבת אמת מטופחת בנתינה, בעשייה למען נשוא האהבה, וככל שגוברת הנתינה גוברת האהבה.

יעקב אהב את רחל יותר מלאה. זו עובדה שמצוינת בתורה. ההסבר הפשוט שבוודאי גם נכון הוא שיעקב פגש אותה קודם, רצה בה, בחר בה, ולאה נכנסה בעל כורחו אל חייו בדלת האחורית. אבל נדמה לי שיש כאן עוד היבט – את רחל הוא אהב מפני שעבד בשבילה ארבע־עשרה שנה. את לאה אהב פחות מפני שלא עבד בשבילה כלל. על פי ההסבר הראשון הוא עבד בשביל רחל מפני שאהב אותה, על פי ההסבר השני הוא אהב אותה מפני שעבד בשבילה. ולמען האמת, כנראה שני ההסברים נכונים: הוא עבד בשבילה מפני שאהב אותה, ואהב אותה הרבה יותר לאחר שעבד בשבילה.

אנחנו מכירים את זה מחיי ההורות שלנו. אנחנו אוהבים את הילדים שלנו החל מהרגע הראשון במידה מסוימת, אבל ככל שאנחנו עושים למענם אהבתנו הולכת וגדלה. כך זה בהורות, בזוגיות, בכיבוד הורים, בקשרי חברות, ואפילו באהבת העם והארץ. נתינה בונה אהבה. גם זה כמובן קשור לתובנה שאיתה צעדנו לאורך הדרך – האהבה היא התאחדות, כאשר אתה נותן לאחר וערב לו, אתם מתאחדים. כמובן, כאשר הנתינה היא תמיד חד־סטרית אין זו התאחדות שלמה ויש פגם מהותי באהבה, לכן האוהב השלם איננו נמחק בפני נשוא אהבתו, הוא ער גם לעצמו. 'אהוב' ו'אוהב', שתי תכונות נפש הכרחיות.

עיקר האתגר של האוהבים לא נמצא בדרך כלל בחשש להימחק, שהרי הצד האישי באדם חזק מאוד והוא לא יוותר עליו בקלות. לרוב האתגר הוא בצורך לצאת מעצמך ולאהוב את הזולת באמת. הרב קוק מעצים את האתגר הזה:

> הרבה צריך האדם לעמול עד שיצויר לו כראוי שיש במציאות עולם זולת מציאותו הפרטית של עצמו. וכשידע זה כראוי, רק אז יוכל להשיג את בוראו. אם כן מה ש"ואהבת לרעך כמוך" היא כוללת כל התורה כולה היינו גם כן יסוד האמת ודעת ה' יתברך.[28]

במילים אחרות, המסע של כל אדם מעצמו החוצה, אל המרחב הכללי, הוא אתגר האהבה הגדול. והאתגר הזה נוגע גם לפן האמוני: יש תלות עמוקה מאוד בין אמונה לאהבה. בלי אמונה אין משמעות לכל היש ואין את מי לאהוב באמת, בלי אהבה אדם נשאר בתוך עולמו הצר ובכלל לא נחשף לעולם שמחוצה לו, גם לא לבוראו.

מה גרוע משנאה?

לאחר שהגדרנו אהבה כהתאחדות, הרי ששנאה היא היפרדות. כל אחד לעצמו. דווקא בשל כך יש לומר שהשנאה העמוקה ביותר היא דווקא האדישות כלפי הזולת, יותר מהשנאה היוקדת. השלב שבו אדם אינו מעורר כל יחס הוא עומק השנאה, מפני שזה ביטוי לכך שאין לי איתו דבר. יש נתק. אולי בשל כך יש דעה במשנה שלפיה האומר "שלי – שלי ושלך – שלך", גרוע מהאומר "שלי – שלי ושלך – שלי": "ארבע מידות באדם. האומר שלי שלי ושלך שלך, זו מידה בינונית. ויש אומרים, זו מידת סדום. שלי שלך ושלך שלי, עם הארץ. שלי שלך ושלך שלך, חסיד. שלי שלי ושלך שלי, רשע".[29]

האומר "שלך – שלי" יוצר קשר, יש לו עניין עם הזולת. זה כמובן קשר עקום ובעייתי, הוא מכונה במשנה "רשע", אבל גרוע ממנו זה שבעיניו הזולת אינו קיים, הוא איננו מקור לאהבה ולא לשנאה,

הוא פשוט איננו, זהו הפירוד הגדול ביותר, הוא המכונה "מידת סדום". בסדום אין זולת ואין חיבור.

שנאה היא הרבה פעמים אהבה נכזבת. יש ציפייה, יש אכזבה, יש כאב. בשורה התחתונה יש קשר. זהו קשר מעוות, אבל קשר. באדישות הנתק קיים, אין קשר. בעולם הזוגיות ניתן לראות שזוגות שיש ביניהם מתח ומריבה בעלי סיכוי להפיכת הקשר למשמעותי יותר מזוגות שכבר חיים זה בצד זה בשקט מוחלט, בלי דיבור בלי מריבה ובלי ציפייה. במובן זה "חיה ותן לחיות" של העולם המודרני קשה לפעמים מכל שנאה שבעולם מפני שהוא מהווה למעשה מחיקה של הזולת מחיי. זו אינה פגיעה גלויה בזולת, אין בה אלימות, יש בה התעלמות ואדישות.

מהי שנאה?

אהבה היא תחושה שהקיום של הזולת משלים את הקיום שלי. שנאה היא התחושה שהקיום של הזולת מסכן את הקיום שלי. מתוך התחושה הזאת אני בוחר לפגוע בו או לרצות באובדנו. אהבה היא הכרה במשמעות שלו, ולפיכך שנאה היא התנגדות למשמעות שלו. כמו בכל מידות הנפש מדובר בשורש זהה לאותה המידה, ולכן כפי שכוח האהבה הוא הכוח האדיר ביותר בעולם, כך השנאה היא מחוללת האסונות הגדולה בעולם. כדי להשתחרר ממנה יש לקלף את הקליפות החיצוניות מהזולת שמאיימות עלי ולהכיר בנקודה הפנימית שמביאה ברכה לעולם, לפעמים זו הנקודה העיוורת שחסרה אצלי. קשה מאוד לסלק שנאה, הדרך היחידה היא להרבות אהבה. לתת אמון בכך שאם מדובר ביציר כפיו של הקב"ה, מסתתר בו משהו.

ומה באשר לאדם שמעשיו איומים ונוראים? זה כבר מורכב, רוב האנשים לא יצליחו להפריד, אם יאהבו את האדם יאהבו גם את מעשיו, ואין להם ברירה אלא לשנוא כדי לא להכשיר מעשים איומים. אבל המעלה הגדולה היא להפריד, לאהוב את האדם ולשנוא את מעשיו, זה דורש עבודת נפש עדינה ומדויקת, שאינה מטשטשת את הביקורת אבל מצליחה לדעת שהאלוקות מתגלה בכל אדם.

צניעות והחצנה

האתגר

צניעות היא מידה מאתגרת. יש נטייה לבלבל בין צניעות לענווה מפני שיש קשר עמוק בין שתי התכונות הללו, כמו גם קשר הדוק בינן לבין מידת הבושה,[1] ובכל זאת אין מדובר במידת נפש זהה ויש להבין את מידת הצניעות בפני עצמה.

העיסוק במידת הצניעות מאתגר במיוחד, זוהי מידה טובה שעלולה להפוך למידה הרסנית כשלא מבינים אותה נכון ומאמצים אותה בצורה מוקצנת. פעמים רבות אנחנו זונחים את הטיפול בצניעות כמידת נפש והופכים אתה לעיסוק מדיד, בעיקר בתחומי הלבוש ובמיוחד בהיבט של קוד לבוש נשי הלכתי. העיסוק הזה גובה מחיר כבד בדמות התנגדות עמוקה כלפי עולם הצניעות, או לחלופין – אימוץ יחס נפשי עוין כלפי הגוף ומקומו בחיים, שהרי אם החינוך לצניעות תובע להצניע, להחביא ולהסתיר חלקי גוף, התחושה היא כי הגוף מהווה בעיה ועל כן אנחנו מתביישים בו ומחביאים אותו. יש מי שתרגיש שהצניעות מוחקת את מקומה כאדם. יש מי שיתמרד כנגד זה, ויש מי שיאמץ את המחיקה הזאת, וכל אלה פרי של תפיסה מעוותת של מידת הצניעות.

פעמים רבות ישנו פרדוקס עצום בחינוך לצניעות בעולם הדתי, עולם שדוגל בצניעות מצד אחד ובחיי משפחה מלאים ושמחים מצד שני. ילד או ילדה ששומעים במשך שנים הערות על בגדים לא צנועים, על אופן ישיבה לא ראוי ואורך שרוולים, עלולים לאמץ לעצמם יחס שלילי כלפי הגוף, בהלה מחומר הנפץ הזה שמאיים על עולמם הרוחני, ומחשבה כי התורה קוראת לדכא את הגוף על הנאותיו. כשיגדלו הילדים הללו, בוודאי ישמעו לקראת נישואיהם על אודות חשיבות הגוף ועל המקום של ההנאה הכרוכה בו, אבל לא תמיד ניתן למחוק בקלות יחס מצטבר של בהלה והדחקה כלפי הגוף ולהפוך אותו למקור להנאה בריאה. כך שקדושת הקשר האינטימי, ובעיקר השמחה בקשר הזה בין בני הזוג, משלמים לא פעם את מחיר השנים הארוכות של חינוך לצניעות שאין בו אלא החבאת הגוף ותו לא. ואכן, יש לפרנס את המתח הזה בהדרכת התורה, איך בונים אהבה וכבוד לגוף יחד עם צניעות הלכתית? על כן ההתבוננות שלנו כאן לא תתחיל מהגוף, היא תתחיל מהנפש, מהבנת מידת הנפש "צניעות" – מה שורשיה, מה מאפשר לה להתקיים ומה מאיים עליה?

אני מבקש להתחיל מהנחת יסוד שבמבט ראשון עלולה להישמע תלושה מהמציאות, ובכל זאת אני מציע לחשוב עליה, היא נראית לי חשובה במיוחד. אני חושב שמידת הצניעות, אולי יותר מכל המידות האחרות, נמצאת בקונצנזוס אנושי רחב מאוד חוצה גבולות ויבשות. אני יודע שזה נשמע מוזר, שהרי התרגלנו להגדיר צניעות לבוש במדדים הלכתיים וממילא התרגלנו לראות את הלבוש האנושי כפרוץ. אבל עצם ההסכמה שיש להתלבש, שתמיד בפרהסיה יש להצניע משהו, היא רחבה מאוד, כמעט ללא יוצאים מן הכלל. וכשיש התנהגות כל כך מקיפה ומוסכמת סימן שגם בנפש האדם יש איזו צניעות טבעית שמהווה בסיס לכל זה, אנסה כאן לזהות את שורשיה.

מה לא נכון לומר על הצניעות?

התורה בוחרת לספר את הסיפור האנושי בגן עדן תוך ציון העובדה

הבאה: "וַיִּהְיוּ שְׁנֵיהֶם עֲרוּמִּים הָאָדָם וְאִשְׁתּוֹ וְלֹא יִתְבֹּשָׁשׁוּ".[2] המצב האנושי שלפני החטא, כלומר המצב האידיאלי, המושלם לכאורה, מתאר אנושות חשופה. זוהי התחלה חשובה מאוד להבנת היחס לגוף האנושי. בבסיסו הגוף קדוש וטהור, הוא ראוי וטוב. כל עולם הצניעות נולד בעקבות החטא, לאחר האכילה מעץ הדעת, אחרי שאכלנו מעץ שהוגדר כ"עץ הדעת טוב ורע",[3] והמורכבות הזאת של טוב ורע השליכה גם על היכולת לפעול בזירת הגוף. אפשר לקחת את הגוף למחוזות של קדושה ולמחוזות הפוכים, אבל הראשית דיא טובה לגמרי. היחס הבסיסי לגוף הוא בעין טובה ובאהבה. ובכל מקום שיש אופציה לחזור אל המקום השלם הזה, כמו בחיי הנישואים, חוזר הגוף לנקודת המוצא הבריאה הזאת. אולי גם בשל כך אנחנו מברכים תחת החופה "שמח תשמח רעים האהובים כשמחך יצירך בגן עדן מקדם". הרש"ר הירש מדגיש שבשל כך התורה לכאורה שיבשה את הפסוק מלשון עבר ללשון עתיד, במקום לציין שאדם ואשתו היו עירומים ולא "התבוששו", בעבר, התורה כותבת: "ולא יתבוששו", להבהיר שכך ראוי להיות, זהו המקום המדויק יותר:

מצבו ההתחלתי של הזוג הראשון בעולם מתואר כאן בפסוק קצר: "ויהיו שניהם ערומים האדם ואשתו ולא יתבוששו". הפסוק אינו אומר "ולא התבוששו", אלא "ולא יתבוששו". יתכן שהכוונה היא שלא היה עליהם להתבייש. כל עוד האיש והאישה היו "אדם", וביחד "היו לבשר אחד", כל עוד עבדו כגוף אחד עם אותה הרוח, וכל עוד שהיו ראויים בגוף וברוח לצלם אלוקים – היו עדיין טהורים בין בגופם ובין ברוחם. גם כוחם הרוחני וגם כוחם הגשמי ניתנו להם על ידי הקב"ה, כדי שבשניהם יקיימו את ייעודם כאדם. מותר לאדם למלא את כל שאיפתו בין הרוחנית ובין הגשמית, וכל עוד שאינו עובר את הגבול שה׳ קבע להן, אין לו ממה להתבייש, לא בזו ולא בזו. הגוף האנושי הטהור שקיבל עליו את עול המוסריות, קדוש הוא לא פחות מהחלק הרוחני שבו.[4]

אכן, בעקבות החטא תפרו אדם וחוה עלי תאנה והקב"ה עשה להם כתנות עור, אבל כל ההתמודדות הזאת במרחבי ההצנעה והגילוי היא שלב שני, "בדיעבדי", התחלנו מהרמוניה עם הגוף, או אם לדייק – הרמוניה בין גוף, נפש, נשמה ובוראה. חייבים לזכור את זה. לא נכון לומר על הצניעות שהיא בהלה מהגוף, מחיקת הגוף או כל התעמרות אחרת בכלי הזה שהונחה בו הנשמה בעולם. אי אפשר שחינוך לצניעות ייצור חרדות מהגוף, בוז ליפי הגוף, להנאותיו או לכל מה שניתן להפיק ממנו בקדושה. אסור שצניעות תמחק כליל את המקום הראוי של הגוף, אבל תפקידה לאזן אותו, לשמור שלא ייצא משיווי משקל. אבל, כאמור, הכול מתחיל מהנפש, וגם אנחנו נתחיל משם.

מילה נרדפת לצניעות

הגמרא מלמדת שכאשר הקב"ה מזהה תכונה טובה אצל צדיק הוא כביכול דואג להמשיך אותה אצל זרעו. את תכונת הצניעות שנמצאה ברחל שתל הקדוש ברוך הוא גם בזרעה בדורות הבאים:

> בשכר צניעות שהיתה בה ברחל זכתה ויצא ממנה שאול, ובשכר צניעות שהיה בו בשאול זכה ויצאת ממנו אסתר.[5]

מה שמפתיע הוא הדוגמאות שבחרה הגמרא לתת לצניעותן של הדמויות הללו. צניעותה של רחל מצוינת במעשה מסירת הסימנים ללאה אחותה. אין חולק על כך שמדובר במעשה נדיר, אבל לכאורה המושג "צניעות" לא מתאים לסיטואציה. ניתן להגדיר זאת כמסירות נפש, כוויתור, חסד, אולי אפילו גבורה, אבל צניעות לכאורה לא הייתה כאן. בוודאי לא צניעות על פי המושגים המקובלים היום. אם כבר מתעקשים למצוא צניעות, אולי היו אלה דווקא יעקב ולאה שבמשך כל ליל הכלולות נהגו בצניעות שלא אפשרה ליעקב לגלות שמדובר בלאה עד אור הבוקר. אילו היינו צריכים למצוא התנהגות שהולמת את המילה צניעות בקורותיה של רחל אולי היינו מדברים על מעשה התרפים, על אמירתה

לאביה שאינה יכולה לקום מפניו בשל ענייני צניעות. הגמרא בחרה אחרת ואולי היא מסמנת לנו שהיא מתבוננת על מידת הצניעות אחרת.

גם באשר לשאול הגמרא מפתיעה. אני מניח שכמעט כל מי שירצה לתת דוגמה לצניעותו של שאול יזכיר את רגע ההכתרה המכונן: "הִנֵּה הוּא נֶחְבָּא אֶל הַכֵּלִים".[6] ישנה גם דוגמה נוספת לצניעותו של שאול בעולם המושגים המוכר לנו של צניעות הגוף. שאול מתואר כצנוע מופלג בהנהגותיו בבית הכיסא: "'ויבא אל גדרות הצאן על הדרך ושם מערה, ויבא שאול להסך את רגליו'. תנא: גדר לפנים מן גדר ומערה לפנים ממערה. 'להסך' – אמר ר' אלעזר: מלמד שסכך עצמו כסוכה". אבל הגמרא שמחפשת את הצניעות בשושלת זרעה של רחל מציינת עניין אחר:

> ומה צניעות היתה בשאול? דכתיב: "ואת דבר המלוכה לא הגיד לו אשר אמר שמואל".[7]

היא מזכירה את הדרך חזור שעושה שאול עם הנער שיחד איתו חיפש את האתונות. בחזרתו כבר יודע שאול שהוא עתיד להיות מלך ישראל, אבל אינו אומר דבר לנער. זו אכן צניעות, אין ספק, ואולי בכלל ענווה. אבל תמוה שהגמרא מתמקדת ברגע שבו מצטנע שאול מול נער אחד ומתעלמת מהרגע שבו הוא נחבא אל הכלים מול כל ישראל. שוב ישנה תחושה שלגמרא יש הגדרה אחרת על מידת הצניעות.

גם ביחס לאסתר נראה שהגמרא מתבוננת אחרת. במושגי הצניעות המוכרים לנו מתבקש לראות את צניעותה של אסתר בעובדה שבתוך אווירת התענוגות בארמון אחשוורוש, כשכל המועמדות לכתר מתענגות בלי גבול: "כִּי כֵּן יִמְלְאוּ יְמֵי מְרוּקֵיהֶן שִׁשָּׁה חֳדָשִׁים בְּשֶׁמֶן הַמֹּר וְשִׁשָּׁה חֳדָשִׁים בַּבְּשָׂמִים וּבְתַמְרוּקֵי הַנָּשִׁים... אֵת כָּל אֲשֶׁר תֹּאמַר יִנָּתֵן לָהּ...",[8] היא מתבלטת בצניעותה: "וּבְהַגִּיעַ תֹּר אֶסְתֵּר בַּת אֲבִיחַיִל דֹּד מָרְדֳּכַי אֲשֶׁר לָקַח לוֹ לְבַת לָבוֹא אֶל הַמֶּלֶךְ לֹא בִקְשָׁה דָּבָר כִּי אִם אֶת אֲשֶׁר יֹאמַר הֵגַי סְרִיס הַמֶּלֶךְ שֹׁמֵר הַנָּשִׁים".[9] אבל הגמרא בוחרת לציין את צניעותה בעניין אחר לגמרי:

> ״ויעש המלך משתה גדול״. עבד משתיא ולא גליא ליה (עשה משתה ולא גילתה לו). דלי כרגא ולא גליא ליה (הוריד מיסים ולא גילתה לו). שדר פרדישני ולא גליא ליה (שלח מתנות לשרים בשמה ולא גילתה לו)... דכתיב ״אין אסתר מגדת מולדתה״.[10]

המדרש בוחר לראות מופת לצניעותה של אסתר דווקא בעובדה שאינה מגלה את עובדת היותה יהודייה. זה תמוה לכאורה, הרי באותה תקופה אין זו גאווה גדולה להשתייך לעם ישראל, הימים ימי גלות בית ראשון ומה עתיד אחשוורוש לגזור על היהודים אנחנו יודעים. כלומר בצניעות בהיבט הענוותני ודאי לא מדובר כאן. צניעות הגוף אף היא איננה העניין. אם כן, איך מבינים חכמים את מידת הצניעות שלה?

הסוד מתגלה במדרש מקביל שאומר כמעט את אותם דברים. המדרש הזה מזכיר בדיוק את אותן דוגמאות באשר לרחל, שאול ואסתר, ותורם חוליה נוספת בשרשרת צאצאיה של אסתר, גם בנימין מוזכר שם כממשיך דרכיה של אימו. אבל המילה צניעות מתחלפת לה בהגדרה אחרת:

> רחל תפסה פלך שתיקה ועמדו כל בניה בעלי מסטירין (בעלי יכולת הסתרה). בנימין – ישפה ״יש פה״ יודע במכירתו של יוסף ואינו מגיד. שאול – ״ואת דבר המלוכה לא הגיד לו״. אסתר – ״אין אסתר מגדת מולדתה ואת עמה״.[11]

הינה לנו הסוד: חז״ל רואים באומנות השתיקה מילה נרדפת לצניעות, ולא סתם שתיקה. מדובר בכל המקרים הללו ביכולת לשמור סוד בעל משמעות עצומה.

רחל לכאורה גילתה סוד, כלומר סיפרה את הסוד הכמוס בינה לבין יעקב לאחותה. אבל היא שמרה בינה לבינה את הסוד הגדול ביותר, את מעשה גבורתה. דמיינו את הסיטואציה: היא מסתובבת ערב שלם בחתונתה של אחותה שהייתה אמורה להיות חתונתה שלה, הכול אומרים לה ׳בקרוב אצלך׳ ומן הסתם חושבים על עשו הרשע

כחתן המיועד, והיא יודעת שעשתה מעשה גבורה שאין שני לו כדי להציל את אחותה מבושה, ושותקת. היא לא מגלה ליעקב, היא לא מגלה לאיש בעולם, הסוד הזה כמוס רק אצלה, ואלמלא בחרה התורה לגלות, איש בעולם לא היה יודע. אין אפילו רמז שסיפרה ליעקב לאחר שנישאו. סוד כמוס. על פי פירוש הכלי יקר אפילו לאה לא ידעה שרחל מסרה לה את הסימנים, לדבריו הסימנים היו שמירת נידה, חלה והדלקת הנר, ובאקראי היא אומרת ללאה משהו ברוח זו 'את יודעת שאצלם מקפידים על כך'. לאה עצמה לא נחשפת למסירותה של אחותה. זו הסיבה שהיא יכולה במעשה הדודאים להטיח בה: "הַמְעַט קַחְתֵּךְ אֶת אִישִׁי וְלָקַחַת גַּם אֶת דּוּדָאֵי בְּנִי?!"[12] אילו הייתה מודעת למעשיה של רחל למענה ודאי לא הייתה אומרת כך, אבל רחל שתקה.

גם אצל בנימין מדובר בשתיקה מופלאה. הוא יודע שבמשפט אחד הוא יכול להפוך ליקיר אביו היחיד, לדשוף את מעשיהם של אחיו ולכבוש את הכול, אבל הוא בוחר ללכת 22 שנים עם סוד בתוכו ולשתוק.

לשאול בוודאי יש גילויי צניעות רבים, אבל חז"ל מתמקדים בעובדה שהחזיק את סודו הטרי על אודות המהפכה הצפויה בחייו מהדיוט למלך. יש לו שותף סוד פוטנציאלי, הנער שהלך איתו לחפש אתונות, ובוודאי עתיד גילוי הסוד לשנות את כל יחסו של הנער אליו, אבל הוא יצא כאדם רגיל וחזר כאדם רגיל. הסיד מוצנע בתוכו ואיש אינו יודע.

אצל אסתר כללי המשחק ידועים מראש, מדובר במלך שדרכו לכבוש את לב נתיניו במשתאות ובתענוגות. מובן מאליו שאם תיעתר לרצונו ותגלה לו את סודה ייפתחו לפניה כל שערי העושר והאהבה, אבל אם תחביא את סודה היא עלולה לאבד את הכול, כפי שאכן קרה, בחלוף שנים ספורות כבר לא נקראה אל המלך זה שלושים יום ואפילו חששה לחייה. מחיר שמירת הסוד עצום, גילויו מפתה מאוד, אבל היא נאמנת לציוויו של מרדכי ואינה מגלה חרף לחצים עצומים מצידו של אחשוורוש, כפי שמפרט המדרש, תחילה בטוב ולבסוף ברע.

להצניע סוד

החיבור הזה שיצרו חכמים בין שתיקת סוד לצניעות שופך אור חדש על עולם הצניעות. מה מקשה על אנשים בשמירת סוד? ובמיוחד – מה מקשה על אנשים לכמוס עימם מעשים שעשויים להביא להם כבוד והערכה? על פי רוב אנחנו מרגישים שאת הערך והקיום של מעשים שעשינו מעניקה ההערכה החברתית. ככל שאנשים משתאים יותר ממעשינו, מתפעלים ומוחאים כפיים כך אנחנו מרגישים שיש משמעות למעשה, כך גם אנחנו עצמנו מתפעלים מעצמנו יותר. קשה לנו להצניע בתוך עצמנו מעשים שכאלה מפני שאין די כוח בתוכנו לתת להם קיום וערך, ובמידה רבה הקיום שלהם תלוי במידת ההחצנה שלהם. ככל שהקיום שלנו תלוי באותה הערכה חיצונית, כך נתקשה בשמירת הסוד בתוכנו. והינה לנו גם ההגדרה החיובית – ככל שנצליח לפתח עולם פנימי משמעותי, עולם כזה שמסוגל להעריך את משמעות המעשים שלנו, גם אם לא התפרסמו ואיש לא שמע עליהם, כך נהיה אנשים צנועים יותר. ההפך מצניעות הוא החצנה, וממילא צניעות היא הפנמה. המוחצן תלוי במה שמתרחש בחוץ ואילו המופנם תלוי בהתרחשות הפנימית, בתוככי נפשו. ככל שיש יותר עושר בעולמו הפנימי כך הוא זקוק פחות למחיאות הכפיים החיצוניות. אחת הדוגמאות של הגמרא לאדם שעובד את ה' 'שלא לשמה', היא החושב: "אקרא שיקראוני חכם, אשנה שיקראוני רבי".[13] האדם הזה עשוי להיות מי שמשקיע את כל כוחותיו ומרצו בלימוד, אבל עולמו הפנימי אינו עשיר דיו בשביל לתת לכך משמעות, רק אם יקראו לו 'חכם' או 'רבי' הוא יוכל להרגיש שאכן עשה דבר ראוי. הצנוע לפיכך הוא זה המצליח לעשות 'לשמה'. די לו בידיעה שעשה דבר ראוי ואמיתי, די לו בידיעה שהוא ובוראו מכירים בכך, גם אם איש בעולם לא יידע.

זה הדלק הפנימי שהניע את רחל ביכולתה לשמור בינה לבינה את מעשה הגבורה והוויתור שעשתה למען אחותה. היא יודעת את גודל המעשה, ריבונו של עולם יודע – די לה בזה. כך גם שאול שיודע שבאבחת שיתוף סודו כל העולם שמחוצה לו יביט בו אחרת, אבל הוא אינו זקוק לזה. הוא יודע, די לו בכך. זהו גם הדלק שמניע את

כל האנשים שעשו גדולות ונצורות בחשאי, כך גורלם של עושי צדקה בסתר שעולמם הפנימי עשיר דיו כדי להכיר בערך מעשיהם. כך גם כל אנשי החרש, אנשי שב"כ ומוסד שיודעים שאת רוב מעלליהם איש לא יידע ואיש לא יכיר והם ייקחו את סודם אלי קבר, אבל מעלליהם לא יגדירו אותם, וממילא אינם תלויים בהכרה הזאת כדי למצוא כוח להמשיך.

גם כשמדובר בגילוי סודות של אחרים הדבר דומה, שהרי הרבה פעמים אנחנו נוטים לגלות סודות שיפגעו באחרים מפני שעצם ידיעת הסוד מרכזת סביבנו עניין ותשומת לב. לפעמים אנחנו מגלים כדי למצוא חן בעיני אלה שלהם גילינו, לפעמים כדי לשדר כוח – הינה אנחנו יודעים סודות רבים, ולפעמים כדי להתכבד בקלונו של נשוא הסוד וכך לעקוף אותו במשחק מדומה. הצד השווה שבכל אלה הוא ששוב ההתרחשות החברתית החיצונית היא המנוע לגילוי הסוד.

כזה הוא סודו של בנימין. הוא מחזיק בליבו סוד שברגע גילויו יכול להפוך את יחסי הכוחות בבית על פניהם. כל אחיו ייחשבו כאין וכאפס והוא יהפוך להיות הבן היחיד האהוב לאביו. אבל ערכו של בנימין לא תלוי אפילו ביחס של אביו אליו. יש לו חוט שדרה פנימי משל עצמו, הוא מבין את צער הגילוי לכל הצדדים ושותק.

לפעמים אנחנו מגלים סודות שעלולים לפגוע בנו כי כבר אין לנו כוח להתאפק יותר, לשאת את קושי השתיקה, אבל מי שכוחות נפשו הפנימיים עצומים יכול לשמור. כזה היה כוח שתיקתה של אסתר. לעומת כל הפיתויים וחרף כל הכבוד שתזכה לו אם תגלה, ומנגד – כל החרפה שתהיה נחלתה אם תכמוס את הסוד, היא מחזיקה מעמד ושותקת. יש לה עולם פנימי חזק דיו לעמוד בלחצים ולדחות את הפיתויים. אולי גם בשל כך נקראה אסתר, בשל האוצר שיש בסתרי נפשה, אוצר שמכוחו היא מסתירה.

צנוע אם כן הוא אדם שמצניע בתוכו עולם ומלואו פנימי, עושר נפשי, הכרה במשמעות מעשיו, אדם שהצידוק לקיומו והמקור לביטחונו אינו נמצא באיש מחוצה לו. ההפך ממנו הוא האדם הפרוץ, החשוף, הוא זה שקיומו תלוי בכל מה שחוצה לו ועל כן הוא חייב

לגלות ולהחצין כדי להיות בעל ערך. בוודאי יש חשיבות לצניעות מעשית הלכתית אבל בניית צניעות אינה מתחילה ובוודאי אינה מסתיימת באורך גרביים ושרוולים, היא תלויה ברוחב העולם הפנימי ובעומק האישיות. משעה שאמרנו שעולם הצניעות אינו מתחיל ונגמר בלבוש כי אם בנפש, נכון לומר שגם לנפש יש צניעות ופריצות, ומי שמניח את כל רגשותיו ונפשו בחלון ראווה ציבורי דומה בזה למי שמהלך עירום בשוק.

איזונים

נבהיר, אין הכוונה שיש איזה אידיאל קיצוני שלפיו מאדם צנוע מצופה שלא ישתף איש במעשיו, בסודותיו ובקשייו. אדרבה, שלמה המלך הדריך לחלוק ולשתף: "דְּאָגָה בְלֶב אִישׁ יַשְׁחֶנָּה". אומנם נחלקו רבי אמי ורבי אסי אם הכוונה להסיח את הדאגה מליבו או להשיח אותה לאחרים,[14] אבל מסתבר שהדבר תלוי בטיב הדאגה, בטיב החברות וכדומה. ממש כפי שצניעות בין איש ואישה וצניעות בבגדים הופכת למסוכנת כשהיא הולכת אל הקצה המצניע, כך נכון ביחס לאדם שמשאיר הכול בתוכו ואינו משתף. לא השיתוף שובר את הצניעות כי אם התלות בו. ככל שאדם מוצא שהוא תלוי לקיומו הנפשי בכך שכמה שיותר אנשים ידעו, ישמעו, ייחשפו למעשיו או תחושותיו, כך הולכת ונשברת הצניעות שלו. שאלת השאלות היא אם הכול יוצא החוצה, אם הכול עובר לרשות הרבים או שנותרת חלקת אלוקים אינטימית של אדם בינו לבינו. וגם בזה כמובן יש מדרגות – ישנם דברים שיפה להם השיתוף הזוגי, אחרים שיפה להם השיתוף המשפחתי וכאלה שנכון להם לצאת אל המרחב הציבורי. אבל מי שכל רגשותיו ומחשבותיו מוצגים לראווה מפני שקיומו תלוי בזה, שובר את גבולות הצניעות הנפשית.

גם בצניעות גופנית אנחנו מוצאים הדרכה מאוזנת. ההלכה היהודית לא מורה להצניע הכול, והגמרא אומרת שמי שתובע קריטריונים קיצוניים של צניעות מבטא בכך מידות נפש בעייתיות וגורם את ההפך הגמור:

תניא היה רבי מאיר אומר: כשם שהדעות במאכל כך דעות בנשים. יש לך אדם שזבוב נופל לתוך כוסו וזורקו ואינו שותהו, וזו היא מדת פפוס בן יהודה שהיה נועל בפני אשתו ויוצא.[15]

רש"י: ומדה שאינה הוגנת היא זו, שמתוך כך איבה נכנסת ביניהם ומזנה תחתיו.

המחשבה שלפיה כמה שיותר צנוע – יותר טוב, היא על פי רבי מאיר והסברו של רש"י – טעות. כמעט ניתן לומר להפך: כמה שיותר צנוע – יותר פרוץ. עיסוק אובססיבי בצניעות עשוי להיות בעצמו פריצות או עדות לנפש פרוצה. הגזמה בהדרכות צניעות כפי שמצאנו אצל פפוס בן יהודה היא המנוע לפריצות שתתפרץ מחמת החנק המופרז של צניעות קיצונית. לפעמים צניעות קיצונית כל כך בולטת והיא עצמה מהווה סוג של צעקת "תסתכלו עליי". אדם שעולמו הפנימי עשיר דיו, גם לא מאוים מכך שמשהו מנפשו יצא החוצה, הוא פשוט אינו מכור לזה ואינו תלוי בזה.

גם השורש הנפשי של הצניעות צריך להיות מאוזן, יש קו דק ועדין שמבחין בין מי שאינו תלוי בדעת הקהל, ועל כן אינו מחצין, למי שבז לדעת הקהל ומתנשא עליה. למראית עין שניהם ינהגו באופן דומה, אבל השורש שונה לחלוטין. זוהי אולי תכלית האמירה הכפולה בתפילת "אלוקיי נצור" שבסוף תפילת עמידה: "ולמקללי נפשי תדום", כלומר אנו מבקשים לא להיות תלויים במה שייאמר עלינו, אלא שהחשש הוא שהניתוק מהתלות יבוא בגלל התנשאות ואטימות כלפי מה שנאמר, ועל כן אנחנו משלימים את הבקשה: "ונפשי כעפר לכל תהיה", אנו מבקשים שיהיו משמעותיים בעינינו האנשים כולם, אבל שלוות נפשנו לא תהיה תלויה בדבריהם.

שורשי הצניעות

כפי שראינו באה הצניעות לעולם בעקבות חטא עץ הדעת.[16] אין מדובר

רק בצניעות הגוף שבין איש ואישה, מדובר גם בהצנעת המוות. חז"ל כורכים את שני הדברים הללו יחד: "והצנע לכת – זה הוצאת המת והכנסת כלה".[17] אנחנו נוהגים להוציא את המת מכוסה. אומנם זה מנהג מאוחר מימי הגמרא, אבל אצל הכוהנים, אנשי הרוח של העם, הצניעות בענייני המוות מרובה, עד כדי התרחקות ממעמד המוות למעט מוות של אחד משבעת הקרובים ביותר.[18] תחום שלישי שבו אנחנו נוהגים בצניעות הוא בכל הקשור לענייני בית הכיסא, עד כדי הכרזה של חז"ל "אין קורין צנוע – אלא למי שצנוע בבית הכסא".[19]

לשלושת הדברים הללו מכנה משותף, שלושתם דברים שבאו לעולם בעקבות האכילה מעץ הדעת, כך על פי תפיסת הרמב"ן:

> ועל דעת רבותינו אלמלא שחטא לא מת לעולם, כי הנשמה העליונית נותנת לו חיים לעד, והחפץ האלהי אשר בו בעת היצירה יהיה דבק בו תמיד, והוא יקיים אותו לעד... והאכילה היתה לו מתחילה לעונג. ויתכן שפירות גן עדן נבלעים באיברים כמן...[20]

החיבור בין שלושת חלקי הצניעות הללו, גם יעזור לנו להבין עניין סודי בכל הקשור לצניעות. לכאורה, בעולם שאנו חיים בו יש התנגדות עמוקה לצניעות, לכאורה הצניעות היא שקר, שהרי היא עסוקה בהחבאה וממילא היא מגלה רק חלקי אמת. ובכלל, אם הגוף הוא יציר כפיו של אלוקים, הבה נראה אותו וניתן לו מקום, הרי זהו האדם וזכות הציבור לדעת. ואם המוות הוא חלק מטבע החיים, מדוע לברוח מפניו? כך גם ביחס לכל הנוגע לענייני בית הכיסא.

הרב קוק מתייחס לריחוק של כוהנים מן המוות,[21] ובכלל להגדרה של המוות כאבי אבות הטומאה,[22] ומסביר שבעצם יש כאן מראה עיניים שהוא עצמו מציג תמונה מעוותת של המציאות. אנו יודעים שמה שנראה לעין המתבוננת ככיליון וחידלון גמור הוא רק צד אחד של התמונה. הרי יש לנשמה המשך קיום, ואולי אף קיום גדול יותר בהיבט מסוים, "תגבורת החיים" בלשונו של הרב קוק.[23] במובן הזה, חשיפת החושים למוות אינה מספרת את הסיפור השלם, אבל היא

עוצמתית עד כדי כך שהיא עלולה להתגברות על התודעה של נצחיות החיים. כאשר אנחנו מצניעים את המת אנחנו מעדנים את החוש החיצוני ומסוגלים לדעת את האמת השלמה יותר ולתפוס בפרופורציה מדויקת יותר את מאורע המוות. אם כן, התהפכה התפיסה, הצניעות איננה הסתרת התמונה האמיתית, נהפוך הוא, היא מאפשרת לא לחשוב שהדבר הנראה לעין הוא התמונה האמיתית כולה.

גם בהיבט של צניעות הגוף ההבנה הזאת מתקיימת: כולנו יודעים שנפש האדם משמעותית הרבה יותר מגוף האדם, וכל מי שיתבקש להגדיר את עצמו ידבר על נפשו ולא על גופו, ובצדק. אלא שכולנו גם יודעים איזה משקל עצום מעניקה החברה למראה החיצוני ומקטלגת אנשים על פי יופי, כיעור, משקל וכדומה. זה נעשה גם כאשר אדם לבוש בבגדים צנועים. על אחת כמה וכמה אילו היינו מוותרים על ההסתרה כליל, לא היה כוח ביד האדם להתייחס לנפש כאשר החושים נתקלים בכל עוצמתו של הגוף. במילים אחרות, הגוף מסתיר ומצניע את החלק היותר נכבד באדם – הנפש.[24] וכדי לאפשר לנפש להתגלות יש לעמעם מעט את הסנוור העצום של הגוף. הבגד במובן זה מסתיר את המסתור, את הגוף, ומאפשר להיחשף לנפשו של האדם ולא להישאר רק במרחב החיצוני שלו, כלומר בגופו. בין איש ואישה נשואים המפגש הנפשי עמוק עד כדי כך שניתן לוותר על גבולות רבים יותר בצניעות הגוף, שהרי אין חשש שהגוף יסתיר, אדרבה הוא יאפשר ביטוי לאהבת הנפש. ועדיין, גם בקרב זוג נשוי יש גבולות של צניעות, שמוסברים בפי חז"ל כרצון למנוע מצב שבו האישה "תתגנה על בעלה", כלומר שההיבט החיצוני של הגוף ישתלט על הצורך לפגוש את הנפש.

נוסיף לכך את ההתבוננות הבאה – הצד הפנימי יהיה לעולם משמעותי מזה החיצוני, ולעולם לא נצליח להוציא החוצה בשלמות את מה שנמצא בפנים. וממילא הגוף ככרטיס הביקור של פנימיותו של אדם לעולם יקטין ולא יהיה שגריר הוגן. לעולם הנשמה גדולה מן הנפש, לעולם המחשבה גבוהה מהדיבור, לעולם הדבר הנסתר גדול מן הדבר הגלוי. מצד שני, לעולם הדבר החיצוני תופס את תשומת הלב

מהר וחזק מן הדבר הפנימי מפני שהוא נגיש ופונה אל החושים. על כן ההצנעה איננה מחיקת הגוף וחשיבותו, כי אם מחזירה את האיזון הנכון בין הגוף לבין הנפש שאותה הוא מתיימר לדברר.

ברוח זו עשו חז"ל השוואה לא פחות ממדהימה בין צניעות הגוף לצניעות בלימוד תורה:

> שוב פעם אחד גזר רבי שלא ישנו לתלמידים בשוק. מאי דרש? "חמוקי ירכיך כמו חלאים" – מה ירך בסתר אף דברי תורה בסתר.[25]

רבי גוזר שתורה תילמד בצניעות, לא מחוץ לבית המדרש, לא בשווקים. לתפיסתו גם מפגש חיצוני עם התורה עלול להיות דבר שאינו צנוע, כזה שתופס את הקליפה החיצונית ומאבד את לב העניין, אבל ההשוואה שהוא עושה מפעימה: כפי שאנחנו מצניעים את הירך, כך עלינו להצניע את התורה. כל מי שהיה עלול לחשוב שהסתרת הגוף נובעת מזלזול בו, מגלה את טעותו לאור ההשוואה הזאת: אנחנו הרי לא מסתירים את התורה מתוך בוז לה, נהפוך הוא, אנחנו חוששים שחשיפה לא מבוקרת תגלה בה את הצד ההמוני והנמוך, ואנחנו חסים על כבודה. כך גם אנחנו מצניעים את הירך מפני שחשיפתה בפני עצמה תקטין את ערך האדם, אבל הצנעתה תאפשר מפגש עם נשמתו של האדם, עם נפשו, וממילא נגלה כך את ערך הגוף של האישיות הזאת.

עין הרע

ישנו מושג שאנשים רבים משתמשים בו ולא בהכרח מבינים את משמעותו: עין הרע. יש איזו הילת סוד שאופפת את המושג הזה, יש אנשים שחוששים שעין הרע מוטלת עליהם, יש אומרים אחרי כל דבר טוב: "בלי עין הרע". מקורו של המושג עתיק והוא מופיע גם בגמרא ואפילו בהקשרים הלכתיים, כמו הדרכתו של רב: "אסור לאדם לעמוד בשדה חבירו בשעה שהיא עומדת בקמותיה",[26] כלומר אסור לאדם

להסתכל בשדה חברו בשעה שיש בו יבול, ומבאר רש"י את סיבת האיסור: "שלא יזיקנו בעין רעה".[27] ולמען האמת התזכורת הראשונה של המושג הזה מופיעה כבר בברכת יעקב ליוסף: "בֵּן פֹּרָת יוֹסֵף בֵּן פֹּרָת עֲלֵי עָיִן",[28] ולאור הברכה הזאת מדריכה הגמרא הדרכה שלמראית עין נראית תמוהה במיוחד:

האי מאן דעייל למתא ודחיל מעינא בישא לנקוט זקפא דידא דימיניה בידא דשמאליה וזקפא דידא דשמאליה בידא דימיניה ולימא הכי אנא פלוני בר פלוני מזרעא דיוסף קאתינא דלא שלטא ביה עינא בישא.[29]

תרגום: מי שנכנס לעיר ופוחד מעין הרע, ייטול אגודל יד ימין בשמאלו, ואגודל יד שמאל בימינו ויאמר כך: אני פלוני בן פלוני – מזרעו של יוסף באתי שלא שלטה בו עין רעה.

את ההדרכה המסתורית הזאת מסביר הרב קוק בהיבט נפשי שנוגע ישירות למידת הצניעות הנפשית: ישנה השפעה חברתית בין הבריות, אנחנו יכולים לראות את ההשפעה הזאת באווירה חברתית, בטעמי אופנה משתנים, בשפת דיבור ואפילו במצבי רוח. כשם שיש השפעה הדדית גלויה לעין, כך ישנה גם השפעה הדדית סמויה. כאשר אדם רואה את חברו בעין טובה זה עשוי להשפיע עליו לטובה, וחלילה כאשר הוא מביט בו בקנאה ובצרות עין הדבר עלול להשפיע לרעה. עד כאן לכאורה מדובר בבשורות רעות מאוד מפני שמשמעות הדברים היא שגורלנו תלוי בעינם הטובה או חלילה הרעה של אחרים. אבל הרב קוק מדייק:

אמנם לא תפעל כי אם על ידי חלישות הנפש המתפעלת. ותוכן החלישות בא על ידי מה שלא תמצא את הכרת ערך עצמה כראוי, ולא יהיו מרכז לפעולותיה כי אם מבט חיצוני של העין. ונפש חלושה כזאת שההשפעה החיצונה פועלת עליה להיות מרכזת

את דרכה בחיים, תקבל על נקלה רושם מההשפעה החיצונה לרעה גם כן.[30]

השפעה חברתית גלויה או סמויה איננה גזירת גורל והיא תלויה בחוסן הנפשי של כל אדם. ככל שאדם מתקשה להכיר בערך עצמו כך הוא זקוק יותר לאישור מן החוץ, ובסיטואציה כזאת המבט החברתי כלפיו משפיע עד מאוד, שהרי בו תלוי כל ערכו. לעומתו, אדם שבונה חוסן פנימי, עושר פנימי, ומכיר את ערכו המדויק כך הוא תלוי פחות במבט מן החוץ ונעשה מוגן מהשפעה חברתית. השאלה איך בונים את הבריאות הנפשית הזאת נענית באותה פעולה סמלית שנעשית באצבעות.

תלות קיצונית בחברה ובכל מה שנמצא מחוצה לאדם עלולה להתרחש באחת משתי תופעות קצה: האחת, כאשר אדם מרגיש ריקנות נוראה, אינו מאמין בעצמו ומזהה רק את חולשותיו. אז הדרך היחידה להערכת עצמו עוברת דרך אנשים אחרים שיכירו בערכו. השנייה, כאשר אדם בטוח שהוא אדם מושלם. באופן פרדוקסלי גם הוא כמו גאוותנים רבים יהפוך מכור לדעת הקהל עליו. הדרך היחידה ליצור קשר בריא עם הסביבה עוברת דרך הכרה מאוזנת בערך עצמך. וכך זה עובד בפעולה הסמלית שמציעה הגמרא:

יד ימין מבטאת את יתרונותיו של האדם. מכל האצבעות, אגודל יד ימין מבטא את נקודות החוזקה הבולטות ביותר שלו. יד שמאל מבטאת את חולשותיו של אדם ואגודל יד שמאל מבטא את נקודות החולשה הבולטות ביותר. כדי לא ליצור תלות בהחצנה שהיא ההפך מן הצניעות יש לבנות הכרה עצמית מורכבת. בשלב ראשון אדם מתבונן ביד ימינו, כלומר מתבונן בערכו, ביתרונותיו ובהצלחות שלו. כך הוא בונה אמון בעצמו. אומנם צריך להיזהר, ברגע שהוא זוקף את אגודל יד ימין, כלומר מודע לחלקים הטובים ביותר בו, הוא עלול ליפול בגאווה, ולכן הוא מכניס את האגודל ביד שמאל, כלומר מתבונן על חולשותיו שמאזנות את הישגיו הגבוהים. אומנם גם כאן תיתכן סכנה של מבט באגודל שמאל, כלומר בחולשות הגדולות ביותר שעלולות לרוקן אותו מכל הערכה עצמית וליצור תלות מופרזת בדעת החברה.

על כן את אגודל שמאל הוא מחביא ביד ימין, כלומר במבט חוזר אל יתרונותיו. נמצא ששני האגודלים חבויים, הוא אינו מתמכר למחשבה שהוא מושלם וגם אינו מרסק את עצמו במבט שלילי על עצמו. מבט כזה אל עצמנו, שמודע למעלות שלנו ועם זאת לא נעשה שיכור מפני שהוא גם מודע לחולשות, מייצר חוסן נפשי, בסיס לצניעות נפשית שאיננה מכורה למבט החיצוני.

איך קונים את מידת הצניעות?

נדמה לפעמים שמידת הצניעות עומדת ביחס הפוך לרוח התקופה, הרוח המנשבת מתירנית ופורצת גבולות, אבל כוונתי בעיקר להחצנה הנפשית. ההתפתחות הטכנולוגית שהציבה מצלמה ניידת בכיסו של אדם ורשתות חברתיות לרוב, הרגילה אותנו כל הזמן לחשוף ולהראות. כמעט אין חוויה שאנחנו חווים מבלי למהר לצלם ולשתף, כמעט לא נשאר דבר אינטימי ומוצנע, הכול תלוי ברשות הרבים לראווה. אפילו השירים החדשים והאומנות בכלל הפכו לזירת שיתוף רגשות אישיים עם כל המעוניין. ישנה איזו זילות רגשית כזאת שבה הכול מוחצן ונראה לכל עבר. בתוך הסיטואציה הזאת קניין מידת הצניעות הוא כמעט קריאת תיגר על מוסכמה חברתית ותרבותית שלטת ובחירה ללכת נגד הזרם.

לאור הבנת מידת הצניעות כבניית עולם פנימי ושחרור מן התלות במבט החיצוני, בניית צניעות עשויה להתחיל כבר מגיל קטן. לפעמים אנחנו מגדלים ילדים להתמכר למחיאות כפיים, כל תעלול חדש שהם עושים אנחנו מפצירים שיראו לסבא, לסבתא, לאחים, מצלמים ומפיצים. כאמור, הכול עניין של איזונים וזה בסדר לשתף במידה, אבל הקטנת המינון והתרגלות לכך שלא כל דבר זקוק לחיזוקים מן החוץ חשובות מאוד. זאת בד בבד עם בניית הערך העצמי של כל דבר. ילד שהצליח לעשות מעשה טוב – במקום לספר על כך לכולם – אפשר לשבת איתו וללמד אותו להתפעל מכך בעצמו. לומר לו משהו ברוח זו: 'תחשוב על הילד הזה שלא הייתה לו סוכריה, כמה הוא היה

עצוב, תחשוב כמה שמחה הבאת לו כשנתת לו שתיים משלך. איזו הרגשה נפלאה, איזו תחושה מתוקה, זה טעים אפילו יותר מסוכריה'. ככל שילד ילמד להכיר בערך מעשיו הטובים ולא להתנות כל מעשה טוב במחיאות כפיים המוניות, יהיה לו הביטחון שאפשר לעשות בלי תלות בלהראות.

נרגיל אותו שבבית שלנו משתפים ומספרים, כי צניעות איננה בניית אישיות מבוצרת שאינה מוציאה דבר, אבל השיתוף הזה לא יהפוך להיות במה להערצה וגאווה, כי אם מקום אנושי וחברי.

ומה שנכון לילדים נכון בוודאי למבוגרים – אנחנו צריכים להתאמן לא למהר לצלם ולשתף כל חוויה. נתאמן גם ביכולת לראות את הטוב שיש בנו עצמנו מבלי שאיש חייב לדעת, ברוח מה שמתאר שלמה המלך על אשת החיל: "טָעֲמָה כִּי טוֹב סַחְרָהּ",[31] היא מסוגלת לטעום את פירות מעשיה ולהתפעל מהם בינה לבינה, ננסה גם אנחנו. אחת הסיבות שבשלן אנחנו מתמכרים להחצנה היא העובדה שאנחנו לא מסוגלים לראות את הטוב הזה ומלאים עיניים רעות על עצמנו. ככל שנצליח לראות אותו ולהכיר בו, החלל הפנימי יתמלא ולא יזדקק למילוי חיצוני בדמות הערצה או מחמאות בלתי פוסקות.

החצנה מופרזת מאיימת גם על האינטימיות הזוגית, שהרי בעידן של שיתוף המונים ברשתות צומחת תחושה מעוותת כאילו כבר אין צורך מיוחד בחברות אמת בין בני זוג, יש גם כך את מי לשתף. וממילא האלטרנטיבה היא חיזוק האינטימיות הזוגית, בעיקר הנפשית, יצירת עולם שאין לזרים דריסת רגל בו תיצור מרחב פנימי ממלא וצנוע.

הצנוע, כפי שלמדנו, הוא האוחז באומנות השתיקה, וגם את האומנות הזאת אפשר לתרגל בדרך אל קניית עולם הצניעות הנפשית. לא תמיד חייבים לדבר, להתבלט, להיראות. כדאי להתאמן לשתוק, להקשיב ולהתמלא. "וְאֶת צְנוּעִים חָכְמָה"[32] אמר שלמה המלך, מכיוון שהדבר הפנימי עמוק בהכרח מזה החיצוני, האימון בשתיקה וחשיבה פנימית מייצר באדם חוכמה עמוקה.

אחרי שאמרנו את כל זה והקדמנו נפש לגוף, כבר ניתן לאמץ גם את ההדרכות ההלכתיות והמעשיות הן בלבוש צנוע שאינו צועק

צניעות אבל גם אינו מתאמץ להתבלט בכל כוחו. נאמץ רכוש צנוע, כזה שיענה על הצורך שלנו ולא יתאמץ לדראות לכל עבר במה זכינו. ממש כמו שנוכל להשאיר בחלקת אלוקים הקטנה את אושרנו ולא חייבים לצלם ולהפיץ כל פיסת אושר זוגית ומשפחתית כדי שלא להוזיל אותה, כך גם במרחבי הגוף והרכוש. ולבסוף, יש להיזהר מהשתלטות של הנהגות צניעות קיצוניות על הנפש, וזהירות ממסרים של צניעות שחלילה ישדרו לילדים שלנו כאילו יש משהו פגום או דחוי בגופם, אדרבה – זו צניעות של כבוד והערכה לגוף ולשליחותו בעולם.

כעס וסבלנות

רע שברע

מידת הכעס חריגה מכל המידות בשלילתה, הז"ל מדמים את הכועס לעובד עבודה זרה[1] ומתארים את הכועס כמי שכל מיני גיהינום שולטים בו.[2] שני הדימויים, עבודה זרה וגיהינום, מראים עד כמה מדובר במידה שלילית. הרי הגיהינום הוא המקום הגרוע ביותר, התהום של הקיום, או בלשון המהר"ל – "ההעדר הגמור",[3] ועבודה זרה היא התהום האמונית, התפיסה שעומדת בניגוד גמור לכל אמונתנו. הגר"א מגדיר בפשטות: "הכעס הוא רע שברע".[4]

כל מידה מהמידות הרעות היא מידה טובה שהסתחררה, יצאה משיווי משקל, איבדה את הרסן, אבל מכיוון שמקורה טוב יש לה תקווה. אפילו שלוש המידות שעליהן נאמר שמוציאות את האדם מן העולם, הקנאה התאווה והכבוד,[5] הן מידות חיוניות. אדם חייב כבוד ותאווה כדי להתקיים נפשית ופיזית, ואפילו קנאה, כפי שיתברר בהמשך, היא מידה הכרחית, עד כדי קביעת חז"ל "שאלמלא הקנאה אין העולם עומד".[6] רק הכעס הוא רע שברע, כלומר מקורו אינו בכוח חיובי שיצא משליטה, מקורו ברע. אומנם גם את הרע ברא ריבונו של עולם, "יוֹצֵר אוֹר וּבוֹרֵא חֹשֶׁךְ עֹשֶׂה שָׁלוֹם וּבוֹרֵא רָע, אֲנִי ה' עֹשֶׂה כָל

אֱלֹהִ",[7] אבל הטוב בבריאה הוא גילוי אלוקי בעוד הרע הוא הסתר פניו. להבנה הזאת יש משמעות מרחיקת לכת בענייני הכעס, שהרי כל מסע המידות שלנו הוא ניסיון להתחקות אחר מידותיו של הקב"ה, ואם הכעס הוא הסתר פנים הרי שאין זו מידה ממידותיו, ואין להלך אחריה.[8]

אף שמדובר במידה רעה, כולנו מכירים במינון כזה או אחר את מחוזות הכעס, וזוהי אחת המידות שקשה לשנות. כדי להשתחרר ממנה יש לפעול בשני כיוונים משלימים, שינוי התנהגותי כפי שמדריך הרמב"ן באיגרת שלו, ושינוי תודעתי שנובע מפרשנותם של חכמים לתכונה הזאת כבעלת שורש רוחני, "כל הכועס כאילו עובד עבודת כוכבים",[9] "כל הכועס אפילו שכינה אינה חשובה כנגדו",[10] ועוד. בראש ובראשונה ננסה להתחקות אחר שורש הכעס, ובאופן מפתיע נמצא שני מקורות כמעט הפוכים לכעס בנפש האדם.

הכעסן הגאוותן

הזיהוי המקובל ברוב הספרים מחבר את הכעס עם מידת הגאווה, על כן כתב הרמב"ן באיגרת שלו: "וְכַאֲשֶׁר תִּנָּצֵל מִן הַכַּעַס, תַּעֲלֶה עַל לִבְּךָ מִדַּת הָעֲנָוָה". החשבון פשוט על פניו, ככל שאדם שקוע בגאווה כך הוא חווה את העולם כביכול הכול סובב סביב רצונו, חשקיו ומאווייו, בין אם יהיו אלה רצונות טובים ונעלים ובין אם יהיו מושחתים ורעים, אלה רצונותיו שלו והם חייבים להתממש. הגאוותן עיוור לרצונותיהם של אחרים, שמתהלכים בעולם כניצבים בהצגה שהוא מככב בה, ואינו מקבל את ההנהגה האלוקית כגבוהה מכל הרצונות כולם. לכן כל התנגשות של רצונותיו עם המציאות תוליד בהכרח כעס.

מילה נרדפת לכעס היא קצף, "**וַיִּקְצֹף** הַמֶּלֶךְ מְאֹד וַחֲמָתוֹ בָּעֲרָה בוֹ".[11] זו אולי הדרך הציורית המתאימה ביותר להדגים את מנגנון הכעס. דמיינו את הרצון של הגאוותן כמים אדירים, גל עצום שחותר אל היבשה, אל מחוז חפצו. כל עוד דבר לא מתנגד לו הכול הולך על מי מנוחות, אבל היתקלות של תנועת הגל בשובר הגלים תחולל מהומה. שובר הגלים מסמל את המציאות שעומדת בדרכו, יהיה זה

בן או בת זוג, ילד או הורה, חבר או החברה כולה, ואולי אפילו שרים וראש ממשלה. בשעה שנתקל הרצון של האדם הגאה בשובר הגלים, מתנפץ הגל בזעם. על פני הים נראה את קצפו של הגל, זה יהיה הכעס הגלוי. בעומק הים בסביבת שובר הגלים יתרחשו מערבולות, זהו מן הסתם הזעם החבוי שממלא את האדם, לפעמים הוא מסוכן אפילו יותר מזה הגלוי.

במגילת אסתר פגשנו שתי דמויות בעלות גאווה אדירה, אחשוורוש והמן. את אחשוורוש ממלא הכעס מבפנים ומתגלה כלפי חוץ: "וַיִּקְצֹף הַמֶּלֶךְ מְאֹד" – חיצוני, "וַחֲמָתוֹ בָּעֲרָה בוֹ" – פנימי. אצל המן לא ניכר הכעס החיצוני, הכול בפנים: "וַיִּמָּלֵא הָמָן חֵמָה"[12] – כעס פנימי, "וַיִּתְאַפַּק הָמָן",[13] הכעס נשאר פנימי ללא קצף חיצוני. אני מדגיש זאת מפני שלרוב נוטה החברה להתעלם ממידות נפש רעות שאינן מזיקות לה, כל זמן שבחדרי חדרים אדם כועס, שיכעס, כל זמן שאינו מטיל חיתתו על אחרים, אין בכך כל רע. אבל בעולם המידות של התורה עצם קיומה של מידה רעה מחייב שינוי, בין אם יסב צער לסביבה ובין אם לא. במקרה של המן התברר כידוע שנגרם צער עצום, אבל זהו רק סימן לבעיה שורשית שהייתה עוד קודם לכן בנפשו של המן.

הגאווה כשורש הכעס מסבירה את המנגנון הכעסני היטב. הגאוותן שקוע עמוק במחשבה שרצונו ומאווייו אמורים לנהל את המציאות, והכול אמור להתיישר על פי גחמותיו. השליטה חייבת להיות בידיו וככל שיוכל ישלוט גם באחרים. כאשר המציאות תתנגש ברצונו, כלומר מאן דהו, יהיה זה ילד, בן זוג, הורה, חבר או כל גורם אחר ימרה את רצונו, יתנגד לו או יתעלם ממנו, המנגנון הגאוותני יהיה חייב להשליט את רצונו. אולי יתחיל בשכנוע, אבל כשזה לא יועיל ינסה להשליט את רצונו בכוח. לכן כעסן פעמים רבות מרים את הקול, מאיים או מפעיל מכבש לחצים רגשי. אם גם זה לא יעבוד, הכעס ילך ויגבר. בשיאו של גל הכעס יתהפך הגלגל: האדם שביקש לשלוט באחרים יאבד שליטה אפילו בעצמו: "אמר רבי שמואל בר נחמני אמר רבי יונתן: כל הכועס – כל מיני גיהינום שולטין בו".[14]

הכעס הוא אובדן שליטה מוחלט של האדם שהתיימר לשלוט באחרים ואיבד שליטה בעצמו.

המהר"ל מגדיר זאת כ"התפעלות",[15] כלומר במקום להיות אדם פועל ומשפיע על המציאות, מה שמאפיין את עולם הצורה, כלומר עולמו הרוחני של האדם, הכעסן הופך לאדם נפעל ונשלט על ידי הגורמים המכעיסים אותו. הוא "מתפעל" מהם, ומתגלות בו פאסיביות והתפעלות שמתאימות לעולם החומר. זה מבט מפתיע מפני שאדם כעסן נראה למראית עין כפעיל מאוד, ממש לא נפעל, אבל בעומק הדבר אין זה כך. הוא אינו מנהל את האירוע כפי שחשב לעשות אלא מנוהל על ידו. בדרך כלל משפטים אופייניים לאנשים בשעת כעס מבטאים זאת במפורש: "הוא הכעיס אותי, עצבן אותי, הוציא אותי מהכלים, הטריף אותי". זו ממש הודאה בכך שלא אני אחראי לכעס, מישהו אחר שולט בי. גם הביטוי העממי: "תחזיק אותי או ש..." הוא ביטוי של חולשה. האיש שבגאוותו התיימר לשלוט בכול, מודה שהוא אינו יכול אפילו לשלוט במעשיו בלי עזרה. אחד המשפטים שלעולם לא נשמע מפיו של אדם הוא: "ישבתי, חשבתי הרבה והחלטתי לכעוס עליך", מפני שחשיבה לפני פעולה היא ביטוי לשליטת אדם ברוחו ואילו כעס הוא כאמור אובדן שליטה.

שוב מתגלה המנגנון האלוקי המופלא במידות הנפש לפיו ניסיון מוגזם לחתור למידה מסוימת, עתיד להתהפך על האדם. ממש כמו שכל הרודף אחר הכבוד – הכבוד בורח ממנו, כך כל הרודף אחרי השליטה (הגאוותן), השליטה מסתלקת ממנו (כעס).[16] יש בכעסנות מין תעתוע, שהרי אדם שמרים קול וצועק נתפס כאדם חזק בעיני אחרים ובעיני עצמו, אבל הצעקות הללו נובעות מחולשה של אובדן שליטה.

שמעתי פעם תלמיד חכם שהסביר מדוע מאז ומעולם הפריעו תלמידים בכיתה, גם בימים שבהם המחיר של הפרעה למורה היה כבד מאוד והסתיים בענישה פיזית אלימה או בענישה נפשית: התלמיד הרי אינו רוצה להיות שם, בבית הספר, אבל הוא לא מחליט. המערכת חזקה ממנו וכופה עליו לשבת בשיעור. נציג המערכת הכפייתית הוא המורה שלפניו. הוא בעל השליטה. התלמיד המפריע יודע שאם רק

יצליח להכעיס את המורה, יאבד המורה שליטה. הוא, התלמיד, יהפוך מנשלט לשולט. ככל שהעונש יינתן מתוך סערת כעס גדולה יותר כך הניצחון של התלמיד על המערכת גדול יותר, וזה שווה לו כל מחיר. לא בהכרח יוכל התלמיד לומר לעצמו את כל מה שאמרנו בשמו, מפני שלא מדובר במנגנון מודע בהכרח. בין כך ובין כך הוא מדייק לנו את מצבו של הכעסן כמי שאיבד את השליטה.

הגמרא אומרת שמי שבאמת שולט בכעסן הוא הצד הרע שבאישיותו, כלומר האדם שהכעיס את הכעסן הוא השליט החיצוני, הגלוי, אבל כוחותיו האפלים הם הם השליט הפנימי הסמוי:

> רבי שמעון בן אלעזר אומר משום חילפא בר אגרא שאמר משום רבי יוחנן בן נורי: המקרע בגדיו בחמתו והמשבר כליו בחמתו והמפזר מעותיו בחמתו יהא בעיניך כעובד עבודה זרה, שכך אומנתו של יצר הרע: היום אומר לו 'עשה כך' ולמחר אומר לו 'עשה כך' עד שאומר לו 'עבוד עבודה זרה' והולך ועובד.
>
> אמר רבי אבין: מאי קראה (מה המקור לכך בפסוקים)? "לא יהיה בך אל זר ולא תשתחווה לאל נכר" – איזהו אל זר שיש בגופו של אדם? הוי אומר זה יצר הרע.[17]

אילו השליטה של הכעסן הייתה עוברת ממנו לאדם שהכעיס אותו, ניחא. היה ניתן להשתחרר מן הכעס ולהחזיר את השליטה בקלות יחסית, אבל כשהגמרא מגדירה זאת כשליטה של מנגנון זר בתוך נפשו של האדם, "אל זר", זה כבר נעשה קשה יותר, מפני שהאשליה של הכעסן היא שעדיין הוא השולט במעשיו בזמן שלמען האמת הוא נשלט על ידי כוח שבטעות הוא מייחס לעצמו. הוא עצמו יתקשה להודות בכך, ואולי בשל כך הגמרא פנתה לאדם אחר, המתבונן בכעסן מבחוץ, והדריכה אותו: "יהיה בעיניך (הכעסן) כעובד עבודה זרה", הכעסן עצמו כבר יתקשה לראות זאת. לכל הפחות האדם שמבחוץ יזהה את האמת לאמיתה.

הזוהר הקדוש יוצא מתוך הגמרא הזאת ומחריף עוד יותר:

וּבְמַאי אִתְיַדַע בַּר נָשׁ לְמִנְדַע מַאן אִיהוּ, לְקָרְבָא בַּהֲדֵהּ אוֹ לְאִתְמְנָעָא מִינֵהּ? בְּרוּגְזֵהּ מַמָּשׁ יָדַע לֵיהּ בַּר נָשׁ וְיִשְׁתְּמוֹדַע מַאן אִיהוּ, אִי הַהוּא נִשְׁמָתָא קַדִּישָׁא נָטַר בְּשַׁעְתָּא דְּרוּגְזֵהּ (אָתֵי עֲלֵהּ), דְּלָא יֶעֱקַר לַהּ מֵאַתְרְהָא בְּגִין לְמִשְׁרֵי תְּחוֹתַהּ הַהוּא אֵל זָר דָּא אִיהוּ בַּר נָשׁ כִּדְקָא יָאוּת דָּא אִיהוּ עַבְדָּא דְּמָארֵיהּ דָּא אִיהוּ גְּבַר שְׁלִים.

וְאִי הַהוּא בַּר נָשׁ לָא נָטַר לַהּ, אִיהוּ עָקַר קֻדְשָׁה דָּא עִלָּאָה מֵאַתְרֵהּ לְמִשְׁרֵי בְּאַתְרֵהּ סִטְרָא אַחֲרָא, וַדַּאי דָּא אִיהוּ בַּר נָשׁ דְּמָרֵיד בְּמָארֵהּ וְאָסוּר לְקָרְבָא בַּהֲדֵהּ וּלְאִתְחַבְּרָא עִמֵּהּ, וְדָא אִיהוּ טוֹרֵף נַפְשׁוֹ בְּאַפּוֹ וְאִיהוּ טָרַף וְעָקַר נַפְשֵׁהּ בְּגִין רוּגְזֵהּ וְאַשְׁרֵי בְּגַוֵּהּ אֵל זָר, וְעַל דָּא כְּתִיב: "חִדְלוּ לָכֶם מִן הָאָדָם אֲשֶׁר נְשָׁמָה בְּאַפּוֹ" דְּהַהִיא נִשְׁמָתָא קַדִּישָׁא טָרֵיף לַהּ וְסָאִיב לַהּ בְּגִין אַפּוֹ... עֲבוֹדָה זָרָה אִתְחֲשִׁיב הַהוּא בַּר נַשׁ, וּמַאן דְּאִתְחַבַּר עִמֵּיהּ... כְּמַאן דְּאִתְחַבַּר בַּעֲבוֹדָה זָרָה מַמָּשׁ.[18]

תרגום: ובמה ייוודע אדם לדעת מי הוא, להתקרב אליו או להימנע ממנו? בכעסו ממש ייוודע האדם ויתברר מי הוא. אם נשמתו קדושה, ישמור בשעה שכעסו בא עליו, שלא [יצא] ממקומו, כדי להשליט תחתיו את אותו אל זר – זהו אדם ראוי, זהו עבד אדונו, זהו אדם שלם.

ואם אותו אדם לא ישמרנה והוא עוקר קדושה זו העליונה ממקומה, להשליט אחריו צד אחר, ודאי זהו אדם שמורד באדונו, ואסור להתקרב אליו ולהתחבר עימו. וזהו 'טורף נפשו באפו' – הוא טרף ועקר את נפשו בשל רוגזו והמליך בתוכו אל זר. ועליו נכתב: 'חדלו לכם מן האדם אשר נשמה באפו', כי את אותה נשמה קדושה טרף והרע לה בשל כעסו. עבודה זרה נחשב אותו אדם, ומי שמתחבר עמו... כמי שמתחבר בעבודה זרה ממש.[19]

הגמרא דיברה על השלטת יצר הרע, אל זר, על האדם הכעסן. הזוהר כבר מגדיר את האדם על פי האל הזר ששולט בו, והוא מכנה את האדם עצמו עבודה זרה. כביכול איבד בכעסו את כל עצמאותו וכל אישיותו, ומה שנותר ממנו הוא רק אותו אל זר שמנהל אותו.

הכעסן ועבודה זרה

למדנו שהמידות אינן מצויות רק בתחום הנפש ויש קשר עמוק בין מידות הנפש לתודעה אמונית. יש להבין לאור זאת מדוע הכעסן מוגדר כעובד עבודה זרה. הגמרא ראתה באובדן השליטה ובהתמכרות ליצר סוג של מדרון חלקלק שתחילתו בכעס וסופו בעבודה זרה: "היום אומר לו 'עשה כך' ולמחר אומר לו 'עשה כך' עד שאומר לו 'עבוד עבודה זרה' והולך ועובד". הזוהר כבר הגדיר את האדם עצמו כעבודה זרה מפני שה"אל זר" כביכול התנחל בתוכו. אבל נדמה שיש כאן גם קשר תודעתי יסודי בין עובד עבודה זרה לכעסן.

אדם בן ימינו מתבונן על עבודת אלילים בפליאה ובתמיהה, אבל לעובדי עבודה זרה יש פילוסופיה מבוססת. מבט ישיר על העולם יגלה עולם רווי סתירות, מחלוקות ומלחמות. אפילו נפשו של אדם מסוכסכת לרוב ולעיתים קרועה בין טוב לרע, לא כל שכן אנשים שונים או עמים שונים. המבט אל כל התוהו ובוהו הזה גרם לאנשים לחפש את המקור לאותה דיסהרמוניה ששולטת במציאות. ההכרעה שלעולם מקור אחד הייתה נראית מופרכת, הרי אל אחד היה יוצר עולם הרמוני, משום כך נִשבו אנשים בתפיסה של עבודת אלילים: אל=כוח, אלילים=כוחות. כוחות שונים פועלים על העולם, אולי גם יצרו אותו, וממילא העולם שנוצר הוא דיסהרמוני ולא יכול להיות אחרת. בעולם הקדום זה התבטא באלילות, כל אחד והאל שלו, כלומר כל אחד והכוח שאיתו הוא מזדהה, ובעולם החדש זה מופיע בתפיסה הפוסט־מודרנית שהתייאשה מההרמוניה החילונית של התקופה המודרנית, והכריזה: כל אחד והאמת שלו, או באופן מדויק יותר – כל אחד והנרטיב שלו. העולם מורכב, מלא הפכים וסתירות, ואין לו יד מכוונת אחת שתצדיק אמת אחת.

התפיסה האלילית מתסכלת מאוד מפני שהיא רואה את העולם כמופעל על ידי כוחות שונים הנאבקים זה בזה. הכוח האחר (סטרא אחרא אם תרצו) הוא האויב, אין בו שום דבר בעל ערך והוא מאיים ומפריע לכוח שאני מזוהה איתו. חוץ מתסכול הוא אינו מוליד דבר. כל הרעיון של לברך על הרעה כשם שמברכים על הטובה אינו קיים בתפיסה אלילית מפני שאין כל דבר טוב בגורם האחר. מאורעות קשים שעוברים על האדם, אכזבות וקשיים – הכול רע, ואין תקווה שיום אחד כל המתח הזה יתפוגג וכל הסתירות ייושבו. התודעה הזאת כמעט מחייבת כעס. זעם נורא על עולם מייאש, זעם אדיר על כל מה שמתנגש עם האינטרס שלי. הכעסן הוא כעובד עבודה זרה שמישהו מאיים על האליל שלו, על הערך או האינטרס שהוא מייצג, הוא לא רואה יד מכוונת כללית בהוויה שאחראית לרע כמו לטוב, שמגלגלת את כל הנסיבות.

הסבלן, לעומתו, הוא העניו. הוא רואה עולם מלא סתירות אבל הוא מאמין שהכול מנוהל כאן ביד ה׳, שגם את התוהו ובוהו ברא אלוקים. הוא מסוגל להאמין שגם הרע והמתסכל הוא חלק מתוכנית אלוקית שמוליכה לטובה. במקום שתוכניותיו עלו בתוהו יש תוכנית גדולה, תוכנית אלוקית שמתממשת, ויש לו אמון שהתוכנית הזאת גם היא לטובה. ודאי שהוא כואב את צער האכזבה, הרי רבי עקיבא כששחק למראה שועל יוצא מקודש הקודשים קרע קודם לכן את בגדיו,[20] אבל גם השועל המכאיב הזה אינו מייאש אותו, בענוותנותו הוא יודע שכל מה שה׳ עושה מוליך לטובה.[21] אובדן שליטה מתרחש דווקא אצל מי שמכור לשליטה, שהכול סובב סביב רצונו, אם תרצו: סביב האליל שלו. אבל האדם המאמין באל אחד, באחדות, אינו מכור לשליטה מפני שיש בעל שליטה מקיפה, וכשרצונו עולה בתוהו הוא יכול לשחרר בלי זעם כי הכול עדיין בשליטה, שליטה טובה. ככה נראית ענווה שמאפשרת סבלנות, כלומר יכולת לסבול כשהדרך מתמשכת, כשהתוכניות משתבשות, מפני שמה שהשתבש הוא התוכנית על פי הראייה הצרה שלנו. על פי המבט הרחב הכול מתקדם כראוי.

איך משתחררים מהכעס וקונים סבלנות?

הכעס, כאמור, הוא תוצאה של תפיסת עולם אמונית, ותלוי בשאלה כיצד אדם מתבונן בכל מאורעות החיים. ובכל זאת הרמב"ן באיגרת שלו בחר לפתוח את האיגרת בהדרכה מעשית ודחה לשלב מאוחר יותר את ההיבט התודעתי: "תתנהג תמיד לדבר כל דבריך בנחת, לכל אדם ובכל עת, ובזה תנצל מן הכעס". אולי מפני שהכעסן מצוי בתוך בועה תודעתית שלא תהיה מסוגלת לשינוי בחשיבה, מתחיל הרמב"ן בהדרכה מעשית. הרי מחיר הכעס מורגש אצל כולם, גם אצל הסביבה שסובלת ולא מעריכה, כדברי ה"אורחות צדיקים": "הכעסן אין לו חן בעיני הבריות, והוא שנוא בעיניהם ומתוך כך אין מעשיו מקובלים בעיני הבריות. ואפילו אם יש בידו תורה ומעשים טובים – אין העולם למדין ממנו. הכעסן הוא כבד על בני ביתו, דשומעים תמיד כעסו ותלונתו".[22] וגם הכעסן עצמו סובל לרוב: **"שלשה חייהן אינם חיים: הרחמנין, והרתחנין,** ואניני הדעת".[23] הסבל הזה, האישי או הסביבתי, עשוי לחולל רצון לשינוי, הגם שעוד אין בכוחו ליצור שינוי תודעתי.

הדרכת העל של הרמב"ן היא דיבור בנחת. היא מכוונת בדיוק לנקודת התורפה של הכעסן. מכיוון שכעס הוא אובדן שליטה עצמית של המתיימר לשלוט באחרים, ובאובדן שליטה עצמית הדבר הראשון שמשתחרר הוא הדיבור, מאמן אותנו הרמב"ן שלא לצאת משליטה ולנהל את הדיבור. זאת ועוד, הדיבור הכעסני הוא כלי בדרך לשליטה באחרים, וההתרגלות לדבר בנחת כמוה כהסכמה לוותר על השליטה הזאת, כביכול מכריע אדם לומר את דבריו כמות שהם, לנסות לשכנע, אבל לא להכריח, לא לצעוק, לא לאיים ולא להרעים בקול. שליטה במעשים קלה הרבה יותר משליטה בדיבור מפני שהדיבור הוא הראשון לחמוק ממנו, ודיבור בנחת מחייב שליטה עצמית. זו שליטה שקונים על ידי הרגל, מדברים תמיד בנחת, את כל הדברים, לכל אדם ובכל עת.

גם הפירוט הזה מדויק מאוד. אין כמעט אדם שכועס כל הזמן, זה מתפרץ בזמנים מסוימים, בתחומים מסוימים ומול אנשים מסוימים. כשהרמב"ן אומר "כל דבריך" הוא מכוון לתחומים הרגישים ששם

נוטה אדם להתפרץ, כשהוא כותב "לכל אדם" הוא יודע שיש אנשים מסיבות מובנות וסמויות שמולם קשה לנו יותר, ודווקא שם אנחנו עלולים לכעוס. יש אנשים אחרים שמולם לא נכעס לעולם. יש אדם שמחוץ לביתו הוא סבלן מאין כמוהו, הוא לא מעלה על דעתו לכעוס על עובדים וקל וחומר לא על האנשים שהוא כפוף להם, אבל במערכת המשפחתית יש לו תחושה שהכול אמור להתנהל לרצונו ושם הכול מותר לו. יש אנשים שאצלם זה הפוך, שביתם הוא מבצרם הסבלני, אבל במלחמת החיים של פרנסה ומרפקים הם עלולים לצאת מן הכלים. "לכל אדם" כולל את כל הסוגים הללו. כשאומר הרמב"ן "בכל עת" הוא מכוון לכך שלא כל הזמנים שווים וישנם זמנים מועדים לפורענות. יש מי שנוטה לכעוס בזמן עייפות, יש מי שנוטה לכעוס כשעל כתפיו עומס רב ויש מי שכשמפריעים לו במנוחה מאבד את השליטה. אצל רבים זמני המעבר הם הזמנים המסוכנים, כזה הוא יום שישי בשעת המעבר מחול אל הקודש,[24] כך גם בצאת השבת עם הפרידה מן המנוחה והשיבה אל תסיסת החיים. "בכל עת" כולל את כל זמני התורפה הללו.

אלא שהרמב"ן בחר שלא להדריך לדבר בנחת בזמנים הקשים עם האנשים המכעיסים. הוא הדריך לעשות זאת תמיד. ואולי מפני שהאימון וההתרגלות נעשים דווקא בזירה הנוחה, בזמנים הרגועים ובנושאים הנעימים עם האנשים הנכונים. את ההרגל של דיבור בנחת שקונים שם, ניתן להרחיב לאט לאט אל הזירות המאתגרות יותר של החיים.

כעס וחוסר ודאות

בשל העובדה שהכעס הזה הוא תוצאה של ניסיון עקר לשליטה וקושי לקבל את העובדה שהעולם איננו מצוי בשליטתנו, סיטואציות של חוסר ודאות הן כר פורה לכעסים. השליטה הדמיונית יושבת על האשליה שלפיה אנחנו יכולים לתכנן ולשלוט במאורעות ותקופה של חוסר ודאות מאיימת על הדמיון הזה. זו הסיבה שאנשים שמכורים לשליטה חווים תקופות כאלו באופן קשה ביותר. תעיד על כך שנת מגפת

הקורונה, שהייתה קשה במיוחד למכורים לשליטה למיניהם. אבל זו גם ההזדמנות לשינוי, דווקא המקום שמכריח להרפות, להודות בכך שאיננו בעלי הבית ויש מה שגדול עלינו, מאפשר שינוי, ואם אנחנו מצליחים גם לתת אמון שמי שמנהל את הדברים יודע את אשר הוא עושה ומכוון לטובה, יש כאן סיכוי לשינוי נפשי משמעותי לעבר מידת הסבלנות.

דבר דומה מתרחש לצערנו גם בנסיבות של טלטלה אנושית אדירה, כשנולד ילד עם צרכים מיוחדים, כשמתמודדים לפתע עם מחלה קשה או חלילה עם מוות לא צפוי – בכל המקרים הללו הרבה פעמים התגובה הראשונית כוללת כעס, האשמה או אשמה עצמית, אבל דווקא המקומות הללו הם גם המקומות שבהם נשברת הגאווה ונפתח צוהר לענווה. היינו מעדיפים לחוות את השינוי הזה מתוך ברכה ושפע, אבל כאמור זה בדיוק העניין – שאנחנו לא בוחרים.

כעס וחסימת כוחות יצירה

עסקנו עד כה בכעס שנובע מגאווה, אבל באופן מפתיע מזהה הרב קוק גורם שונה בתכלית לכעס והוא מייחס אליו כעסים רבים שמתגלים בעולם:

> יסוד הכעס בא מצד חסרון היצירה הרוחנית: קיבוץ כחות רוחניים, העומדים לצאת אל הפועל בציור ובתפארת מובלט, דוחקים את הנשמה ומצערים אותה בקיצפון פנימי. כל מלחמות גויים וכל רצח ושוד שבבני אדם, עד כל רוגז שבבעלי חיים, מארס הנחש עד עקיצת קטן שברמשים, בכוונה של היזק, בא מצד הכעס הכללי, האצור בעולם, שמצד עצור כוח היצירה.[25]

על פי הרב קוק הכעס איננו נובע רק מגאווה שאיננה מוכנה לקבל את הנהגת ה׳ בעולם, הוא נובע מכוח רוחני עצום שהאדם חוסם בקרבו, או בלשונו: ״חסרון היצירה הרוחנית״. מהי יצירה רוחנית? מדובר בקשת רחבה מאוד של ביטויים של נשמת האדם שנחסמים, אם יהיה זה לימוד

תורה, מעשי חסד, גילוי אהבה או אפילו חיוך כלפי הזולת. אם תהיה זו חסימת תפילה, חסימה מוחלטת שבה אדם כלל אינו מתפלל או חסימה איכותית, כלומר האדם מתפלל את כל התפילות אבל ליבו אינו מחובר לתפילתו, הוא מתפלל כמי שכפאו שד ואיננו מתפלל בכוונה. כל החסימות הללו ורבות אחרות הינן סיבה עמוקה להתפרצות של כעסים.

הקשר בין יצירה רוחנית חסומה לכעס לכאורה אינו מובן, אבל נביא דוגמה לביטוי רוחני חסום של אדם שיאפשר לנו להבין את הקשר. דמיינו לעצמכם שהיה חוק שאוסר על אהבה. אסור לבטא אהבה במילים, אסור לחבק, אסור לכתוב אהבה, האהבה יצאה כליל אל מחוץ לחוק. ונניח שמדובר במשטר כל כך דורסני שמצליח לאכוף בצורה מוחלטת את איסור האהבה הזה. מה אז? יש להניח שאנשים היו מצליחים לחנוק את ביטויי האהבה, אבל במקום אהבה היינו עדים להתקפי זעם רבים. הכוח הרוחני הזה של האהבה, היה מצטבר בנפשו של האדם ומבקש לצאת החוצה, וכאשר היו נחסמות בפניו כל הדרכים, הוא היה יוצא החוצה בזעם.

גננות מדווחות שבדרך כלל הילדים הנושכים בגן הם הילדים שמאחרים בדיבור. זה מנגנון דומה. יש כוח הבעה לאדם, הוא רוצה להתבטא בעזרתו, להוציא אותו החוצה לאוויר העולם, וחסימת הכוח הזה גורם להתפרצות אלימה דרך כלי הדיבור, הפה, בצורה של נשיכה כביטוי של תסכול. לא בכדי בעברית המילים אלים ואילם דומות באותיותיהן. לא מפני שחלילה אילמות ואלימות הולכות ביחד, אלא מפני שחוסר יכולת הבעה עלול ליצור הצטברות רוחנית שלא באה לידי ביטוי ותתגלה בכעס. הזעם הגדול ביותר נובע מחסימת הופעתו של אדם בעולם, כשאינו יכול לבוא לידי ביטוי מילולי הוא נושך, כשאינו יכול לאהוב הוא מתפרץ, כשאינו יכול לתת ביטוי לטוב שבו על ידי מעשי חסד הוא זועם וכשאינו יכול לבטא את עושרו הרוחני הוא קוצף. הכעס לפיכך הוא תסכול עמוק על כך שהאדם איננו מצליח להיות נוכח בעולם בצורתו האיכותית. באופן עמוק מתברר

שגם כעסיו של אדם גאוותן עשויים להיות ביטוי לחנק של כוחות רוחניים, הגאווה עצמה היא ביטוי לחסימה הרוחנית והכול מתפרץ בזעם. זוהי תופעה מקיפה מאוד.

עד כמה מקיפה? עד כדי כך שהרב קוק מייחס אליה את כל המלחמות בעולם, כל המתחים ואפילו את פגיעתן הרעה של חיות בכוונה להזיק,[26] כלומר פגיעה שאיננה צורך קיומי של החיה כמו צורך תזונתי אלא לשם הוצאת אגרסיות ותו לא. הרחבת הדבר לעולם החי מרתקת מפני שהיינו יכולים לחשוב שחסימה רוחנית רלוונטית רק לבני אנוש, אולי היה אפילו מקום לומר שהיא מיוחדת לעולם הרוחני של ישראל, אבל הרב קוק מרחיב את הקשר בין כעס לחסרון יצירה רוחנית גם לעולם החי. אולי מפני שיש השפעה בין מצבה הרוחני של האנושות למצבן של החיות,[27] ואולי מפני שבכל היצורים טמונה איכות רוחנית גבוהה מזו שבאה לידי ביטוי, גם בחיות, וכל עוד אינה מתגלה היא יוצאת בצורת כעס. אות לאותה צורה רוחנית חסומה היא תיאור המצב המוסרי של החיות לעתיד לבוא: "וְגָר זְאֵב עִם כֶּבֶשׂ וְנָמֵר עִם גְּדִי יִרְבָּץ וְעֵגֶל וּכְפִיר וּמְרִיא יַחְדָּו".[28]

איך מתמודדים עם כעס מהסוג הזה?

יש חשיבות עצומה לזהות מניין נובע הכעס. אינו דומה כעס שנובע מגאווה לכעס שנובע מחסרון יצירה רוחנית. מובן שבכעס מן הסוג השני לא תעזור שיטת הרמב"ן שמתרגלת שליטה בדיבור מפני שלא באובדן שליטה עסקינן. כאן הפתרון הוא בזיהוי הכוחות הסומים והוצאתם אל הפועל. לפעמים מדובר באומץ לאהוב, לפעמים מדובר באומץ ללמוד תחום חדש, לפעמים לתת דרור לכוחות יצירה או נתינה. זה אישי מאוד, אבל הצד השווה שבכל אלה, שלא נעסוק בדיכוי התפרצויות של כעס אלא בשחרור כוחות מדוכאים בנפש, השחרור הזה עצמו כבר עשוי לייתר את דיכוי הכעס, מפני שהכעס ייעלם מאליו.

כעס בזירה הזוגית

אנחנו רגילים היום לחבר תחת החופה את האירוסין, נתינת הטבעת ואמירת "הרי את מקודשת", עם הנישואין, כלומר שבע ברכות על כוס תחת החופה. בעבר היה פער של שנה בין האירוסין לחופה. במהלך השנה הזאת היו בני הזוג בגדר מאורסים, אינם מקיימים חיים משותפים ברוח הברכה "ואסר לנו את הארוסות" ומתכוננים ליום החופה. הזמן שבינתיים התאפיין בין השאר במתנות שהיה שולח הארוס לארוסתו, למתנות הללו קראו "סִבלונות". השם הזה טומן בחובו קריאה לארוסתו, כאילו אומר לה: "סבלנות, סבלנות, זה עוד יגיע". אבל זה סמלי אף יותר מפני שהמתנה הראשונה שנותנים לקראת הזוגיות היא מתנת הסבלנות, שהרי הצלחת הזוגיות תלויה במידת הנפש הזאת. סבלנות תאפשר לקבל את האתגרים, השוני והקשיים, סבלנות תאפשר ללמוד זה את זה ולגשר על פערים, וסבלנות היא המצע היחיד שנעים לזוג לצמוח בתוכו. גם הדיבור הזוגי חייב להתאפיין בסבלנות כהדרכת המשנה: "שלושה דברים צריך אדם לומר בתוך ביתו ערב שבת עם חשכה: עישרתן? עירבתן? הדליקו את הנר".[29] והדגשת הגמרא שיש לומר זאת בנחת ובסבלנות.[30]

לאור מה שלמדנו שכעס עשוי להיות ביטוי של גאווה, הרי שכל הצלחת הזוגיות תלויה בענווה, בהבנה שכל אחד מבני הזוג איננו שלם כשלעצמו והוא זקוק להשלמה זוגית. את העיקרון של "לא טוב היות האדם לבדו" הסביר רש"י[31] כחשש מן המחשבה שהאדם הוא אלוהים, שהרי אינו זקוק לזוגיות. הזוגיות היא שחרורו מהאלוהות הדמיונית של עצמו. מכיוון ששחרור מן הכעס גם הוא שחרור מאותה אלוהות של אשליה, זוגיות בריאה היא הזדמנות פז לתיקון הכעס. גם לאור מה שלמדנו על אודות הכעס שנובע מחסרון יצירה רוחנית, אין כמו זוגיות ואהבה ליצירה רוחנית שכזו ולמצע שיאפשר עידון הכעסים.

שמחה ועצבות

על כל המידות ייתכן ויכוח ערכי, יש מי שיאמר לך שכעס הוא טוב מפני שהוא מבטא אכפתיות וחוסר השלמה, יש מי שיאמר שבלי קנאה אי אפשר לקיים את העולם ופרפקציוניזם זו בכלל מידה מעולה שדוחפת את האדם להישגים. אפילו על אהבה ושנאה ניתן להתקוטט, את מי לאהוב ואת מי לשנוא. רק צמד המידות הללו לא נתון למחלוקת: שמחה ועצבות. כולם רוצים להיות שמחים וסובלים כשהם עצובים. אפילו ניתן לומר שאצל רבים עצבות נובעת מתחושת ההחמצה על כך שלא השיגו את השמחה שכל כך ייחלו לה.

ואולי זה חלק מן העניין שלפעמים רצון עז להשיג את מידת השמחה הוא שמחולל את העצבות, ולהפך, החלטה שלא להציג את השמחה כיעד פותחת פתח לשמחה.

מצווה להיות בשמחה?

השיר המוכר שמכריז "מצווה גדולה להיות בשמחה תמיד" לקוח מדברי רבי נחמן מברסלב:

מצוה גדולה להיות בשמחה תמיד, ולהתגבר להרחיק העצבות והמרה שחורה בכל כוחו. וכל החולאת הבאין על האדם – כולם באין רק מקלקול השמחה.[1]

השאלה מהו המקור של רבי נחמן לכך, הרי אין מצווה להיות בשמחה תמיד, שמנויה כאחת מן התרי"ג באף לא אחד מספרי המצוות. רמז לתביעת התורה להיות בשמחה מביאים בדרך כלל מן הצידוק של התורה לקללות הבאות על ישראל: "תַּחַת אֲשֶׁר לֹא עָבַדְתָּ אֶת ה' אֱלֹהֶיךָ בְּשִׂמְחָה וּבְטוּב לֵבָב מֵרֹב כֹּל".[2] מדובר במקור בעייתי מאוד, מלבד העובדה שמשונה מאוד לגזור ציווי מתוך גערה בתורה, יש בעיה מהותית יותר, תביעת התורה כאן היא מדוע כלפי מי שלא היה בשמחה "מרוב כל", כלומר היה כפוי טובה ולא הכיר בשפע הטוב. לגזור מכאן על מצווה להיות בשמחה תמיד, כלומר הן בטוב והן ברע, בוודאי לא ניתן.

הרש"ר הירש מזהה את הציווי להיות בשמחה תמיד עם הפסוק שלכאורה עוסק בחג הסוכות: "**וְשָׂמַחְתָּ בְּחַגֶּךָ** אַתָּה וּבִנְךָ וּבִתֶּךָ וְעַבְדְּךָ וַאֲמָתֶךָ וְהַלֵּוִי וְהַגֵּר וְהַיָּתוֹם וְהָאַלְמָנָה אֲשֶׁר בִּשְׁעָרֶיךָ. שִׁבְעַת יָמִים תָּחֹג לַה' אֱלֹהֶיךָ בַּמָּקוֹם אֲשֶׁר יִבְחַר ה' כִּי יְבָרֶכְךָ ה' אֱלֹהֶיךָ בְּכֹל תְּבוּאָתְךָ וּבְכֹל מַעֲשֵׂה יָדֶיךָ. **וְהָיִיתָ אַךְ שָׂמֵחַ**".[3]

להבנתו, הפסוק נפתח בציווי על שמחה בחג, זוהי שמחה שיש לה סיבה, שמחה בשל הברכה האלוקית ששורה בתבואה ובכל מעשה הידיים. לשמחה בחג סוכות יש גורמים רבים נוספים שהוזכרו במקומות שונים בעיקר בשל העיתוי שלה מייד לאחר מחילת החטאים ביום הכיפורים. אבל הפסוק מסיים בציווי נוסף, לא קשור לחג, ציווי להיות בשמחה תמיד, "והיית אך שמח", כלומר ציווי על כך שההיות שלנו, מצבנו הנפשי הקבוע, עצם היותנו, יהיו כרוכים בשמחה בלא תלות בשום דבר, בין בחג ובין בחול, בין כשאנחנו מתברכים בגלוי ובין אם לאו, בטוב וברע:

"והיית שמח" היא דרגה נעלה בהרבה מאשר "ושמחת". "ושמחת"

היא פעולה זמנית, גילוי זמני של שמחה, ואילו "והיית שמח" הופך את השמחה לתכונה, לאופי קבוע של כל האישיות. "אך שמח" מורה שהשמחה תתמיד גם בנסיבות שיש בהן כדי לעכור את השמחה או לערב עמה הרגשה אחרת. על אף הכל תישאר שמח ורק (=אך) שמח. השמחה היא המובחר שבפרחים ובפירות המבשילים בעץ החיים של התורה, אולם אין זו שמחה המוגבלת לזמני החג ולאספות החג אלא היא מתקיימת מעבר לזמן החג ונמשכת ממנו אל חיי יום יום.[4]

הינה לנו הגדרה חשובה, כשם שיש אהבה התלויה בדבר ואהבה שאיננה תלויה, כך יש שמחה תלויה בדבר וכזו שאיננה תלויה. ובדיוק כפי שמידת האהבה עשויה להתפתח בנפש האדם, בתחילה רוב אהבותיו תלויות בדבר, וככל שהוא בונה כוחות נפש שלמים יותר כך יש לו יכולת להיפתח לאהבה שאיננה תלויה בדבר, כך גם באשר לשמחה. לכן התורה מתחילה מציווי לשמחה מקומית בחג כשישנן סיבות לשמוח שמחה התלויה בדבר, אבל מסיימת בציווי קבוע על הנפש להיות בשמחה בלתי תלויה בדבר. בהגדרה הזאת שובר הרש"ר הירש את התלות שרוב בני אדם תולים בין מצבו של האדם לשמחתו. לרוב אנחנו מזהים שמחה או עצבות כתוצאה של מציאות. אדם פשט רגל – תוצאה: עצבות. אדם זכה בפיס – תוצאה: שמחה. ולא היא, עמדת הנפש קודמת למציאות ואיננה תלויה בה. כמובן, כדי לבנות שמחה בלתי תלויה יש להתחבר אל מקור שמחה קבוע, אל מקור שניתן לתת בו אמון ולדעת שכל מה שהוא מגלגל בעל משמעות גדולה וסופו לטובה, לכן קושר הרש"ר הירש בין שמחה לעמידה לפני ה':

הסוד של "והיית שמח" – להיות בשמחה מתמדת – נלמד רק במחיצת ה' ותורתו. משום כך אין די בברכה החומרית המושפעת מהגורן ומהיקב, אלא רצון ה' שברכה זו תביא לידי שמחה מתמדת שלא תאבד לעד. לפיכך אתה עוזב את הגורן ואת היקב ועולה אל המקום הנבחר בידי ה', ושם תצטרף אל הכלל הנאסף לפני

ה׳ ותורתו ומשם תשאב את הרוח שתכשיר אותך לשמחה של אמת, שמחת החיים שתלווה אותך בכל החיים. שם לא תלמד רק לשמוח ולשמח את עצמך אלא תלמד להיות שמח על אף הכל: "והיית אך שמח".[5]

לצאת ממעגל השמחה האגוצנטרי

בתוך דבריו רומז הרש"ר הירש על מעבר תודעתי בין מושג השמחה המקובל בציבור למושג השמחה על פי התורה, הוא כתב: "שם לא תלמד רק לשמוח ולשמח את עצמך, אלא תלמד להיות שמח על אף הכל: 'והיית אך שמח'".

זוהי נקודה מהותית. לרוב תפיסת השמחה היא אגוצנטרית מאוד. האדם מרוכז בעצמו ודואג לאושרו של עצמו. הוא מבקש להיות מאושר כי מגיע לו אושר ודואג להיות שמח כי מגיע לו לשמוח, וכאשר המציאות טופחת על פניו ומכאיבה הוא נכנס לעצבות עמוקה מפני שמגיע לו שיהיה לו טוב ושמח וזה לא מתממש. הרש"ר הירש מדגיש שהעיסוק ב"לשמח את עצמך" איננו פסגת עבודת המידה הזאת, ולפעמים אפילו מפריע לה להתממש. ממש כשם שהרודף אחר הכבוד מוצא שהכבוד בורח ממנו, כך הרודף אחרי השמחה במובנה הצר, כמי שמגיע לו לחוות שמחה ואושר, מוצא שהשמחה חומקת ממנו דווקא בשל כך.

השמחה היא קבלה עמוקה של רצון ה׳ שרצה בהיותנו ובחיינו כאן ובמימוש רצונו אנו שמחים, זו הכוונה לשמחה לפני ה׳. זו עבודה גדולה מאוד, מפני שפעמים רבות רצון ה׳ מתנגש עם השאיפות והחלומות שלנו, ועל כן העצב עלול לכבוש את ליבנו. התאמת רצוננו לרצונו זו תביעה מאתגרת מאוד, והיא הליכה על חבל דק: מחד גיסא, לשמוח בכל מצב, גם בסיטואציות מורכבות. מאידך גיסא, לא לנוח על זרי הדפנה ולחשוב שהכול כבר מושלם גם כאשר באופן אישי זכית לטוב גדול. בשל כך הדריכו חכמים שעד שלא יבוא העולם על תיקונו

המלא לא ראוי לשמוח בתכלית השלמות: "אמר ר' יוחנן משום ר' שמעון בר יוחאי: אסור לאדם שימלא שחוק פיו בעולם הזה, שנאמר: 'אז ימלא שחוק פינו ולשוננו רנה'. אימתי? בזמן ש'יאמרו בגוים הגדיל ה' לעשות עם אלה'".[6] כל זמן שיש מתח בין המצב בפועל למציאות השלמה אנחנו מצווים לשמוח ועם זאת לא לבטא התפרצות שמחה מוגזמת כאילו כבר הכול הושלם.[7]

לא פלא לכן שאתגר השמחה מוזכר דווקא בראש השנה, יום הדין. מפני שאז ממליכים את הקב"ה, כלומר מנסים לקבל את רצונו בלב שלם ואפילו בשמחה, לכן אמר נחמיה לעם: "לְכוּ אִכְלוּ מַשְׁמַנִּים וּשְׁתוּ מַמְתַקִּים וְשִׁלְחוּ מָנוֹת לְאֵין נָכוֹן לוֹ כִּי קָדוֹשׁ הַיּוֹם לַאֲדֹנֵינוּ, וְאַל תֵּעָצֵבוּ כִּי חֶדְוַת ה' הִיא מָעֻזְּכֶם".[8] שם גם מסביר האבן עזרא את עקרון היסוד שלפיו השמחה איננה תוצאה, להפך, השמחה היא עמדת נפש שמחוללת התרחשות: "השמחה היא תעוז אתכם אם תקיימוה".[9]

לשמוח ולשמח

היציאה הזאת מן השמחה האגוצנטרית שלפיד אדם דואג לאושרו ולשמחתו, היא יסודית ועמוקה, שורשיה מונחים בחז"ל ונטועים בתורה, ואפילו מוצעת אלטרנטיבה מעשית שבונה שמחה אמיתית:

> תנו רבנן: חייב אדם לשמח בניו ובני ביתו ברגל, שנאמר "ושמחת בחגך".[10]

במושגי השמחה המקובלים נאמר כאן לכאורה דבר והיפוכו. חכמים מדריכים את האדם לשמח את אשתו ובניו ברגל, כלומר לדאוג לשמחתם ואושרם. הצידוק התורני לכך הוא המצווה של האדם לשמוח, "ושמחת בחגך". מוזר מאוד לכאורה, האדם שאליו פונים חז"ל מצווה לשמוח. היה ניתן לצפות שיפנו אל בני ביתו בדרישה שישמחו אותו, הרי הוא זה שחייב לשמוח. תחת זאת הפנייה מופנית אליי לשמח אותם. אם

נרצה להיות ממש קטנוניים, ואני עושה זאת כדי לדייק בדברים, בניו עשויים להיות גם ילדים קטנים שאינם מחויבים מן התורה לשמוח, הוא שאמור לשמוח, מדוע מטילים עליו חובה להיות המשמח?

ניתן היה לומר שכדי שתהא שמחתו שלמה הוא צריך לדאוג לאווירה שמחה סביבו, הרי קשה מאוד להיות שמח בחברת אנשים עצובים, ולכן עליו לשמח את בני ביתו. אבל האמת הרבה יותר משמעותית מזה וניתן לתמצת אותה כך:

המשמח – שמח.

אילו הייתה השמחה תוצאה של חוויית אושר אגואיסטית, כל אחד היה מצווה בחג לעסוק באושרו שלו ולשמח את עצמו, אבל שמחה היא תנועה רוחנית בנפש כלפי חוץ, ולכן דווקא מי שעסוק באושרו של הזולת ומניח לעיסוק האובססיבי באושרו שלו, הוא זה שזוכה לשמחה שלמה. ניתן לראות את זה בכל מרחבי החיים, אבל נשתמש בזוגיות כמשל. זוגיות שבה כל אחד מבני הזוג עסוק בשאלה, האם אני מאושר עם בן זוגי, האם בן זוגי עושה מספיק כדי להביע את אהבתו אליי וכדי לשמח אותי, זו זוגיות שצועדת במסלול מצער מאוד. היא הופכת לזוגיות של קבלה במקום זוגיות של נתינה וכמו תמיד בעולם שמשתוקק רק לקבל – התסכול מובנה: אדם שיש לו מנה – רוצה מאתיים,[11] אבל זוגיות שבה כל אחד שם בראש מעייניו את השמחה של הזולת, היא זוגיות מאושרת מאין כמוה. באופן מפתיע מי שדואג לאושרו של הזולת הוא המאושר. כמובן, אני לא עוסק כאן במקרי קצה של זוגיות חד־סטרית, שבה האחד נותן כל העת והאחר רק מקבל, אבל ככלל נתינה בזוגיות היא פסגת השמחה, ולא רק בזוגיות.

העיקרון הזה שלפיו המשמח הוא השמח, שנלמד ממצוות השמחה בחג, מתרחב מעבר לחוג המשפחתי:

> כתיב "ושמחת בחגך אתה ובנך ובתך". אמר הקב"ה: ד' בני בתים יש לך – בנך, בתך, עבדך ואמתך. וכנגדם יש לי גם כן ד' – הלוי, הגר, היתום והאלמנה. אם תשמח את שלי עם שלך, מוטב. ואם לאו, תבוטל שמחה.[12]

המדרש הזה פותח מעגל חדש. בשלב ראשון נתבע האדם לצאת מהמעגל האגוצנטרי ולשמח את בני ביתו, אבל גם המעגל המשפחתי, ואפילו זה הכולל את שמשי הבית (העבדים של פעם ואולי העובדים הזרים של היום), עלול להפוך להיות מעגל אגוצנטרי רחב. יכול אדם לעסוק ברווחת בני משפחתו ובשמחתם מפני שהם מזוהים איתו והוא איתם. גם השמחה הסגורה הזאת מסוכנת ועל כן הוא נקרא לשמח גם את המעגל החיצוני, את דרי ביתו של הקב"ה שעלולים להיות דרי הרחוב. לכאורה המדרש מצמיד איום לתביעה הזאת לשמח את המעגל החיצוני, שהרי אם לאו – תבוטל השמחה. אבל לא מדובר באיום, מדובר בחוקי שמחה שהטביע הקב"ה בעולם. שמחה אגוצנטרית איננה שמחה, סופה להתבטל. שמחה שעוסקת בשמחתו של האחר היא שמחה אין־סופית ומתקיימת לעד. שמחה פנים ביתית בלבד היא שמחה במעגל סגור. שמחה שפורצת את המעגל הזה, מתקיימת לעד.

כדי לאמן את האדם ביציאה ממעגל השימוח העצמי אל מעגל שמחת הזולת, יורדים חז"ל לפרטי הפרטים: "במה משמחם?... רבי יהודה אומר: אנשים בראוי להם, ונשים בראוי להן".[13] לכאורה מדובר בהדרכה מובנת מאליה, לא בשבילה צריך את רבי יהודה בעולם. אבל מה שמחדד רבי יהודה הוא הצורך לא רק לשמח את הזולת אלא לצאת ממושגי השמחה שלך אל מושגי השמדה שלו. גבר שישמח את אשתו במתנה שהיה שמח לקבל ממנה, עדיין תקוע בעולמו שלו, אפילו כשהוא מעניק לה הוא לא באמת מצליח לצאת מעצמו. על כן קורא רבי יהודה למשמח לשמח על פי נפשו של המקבל. כי להבין מה משמח את המקבל צריך להקשיב, להרגיש ולהיפתח אליו.

נגענו בשמחה העמוקה של יציאה אל הזולת, של דאגה לשמחתו שהיא היא השמחה האמיתית, ואולי דילגנו על שלב הכרחי בדרך. מי שבאמת מבקש לשמח את הזולת חייב להיות בעצמו אדם שמח. קשה להאיר חדר אפל כשהנר שלך עצמך כבוי, קשה להאיר פנים כבויות מבלי להאיר את פניך שלך. המושג "הליצן העצוב" ידוע ומוכר ואכן ישנם קומיקאים, זמרים ואומנים רבים שמבקשים "לעשות שמח" כשבליבם שממה, אבל זה בדיוק ההבדל בין "להצחיק" ל"לשמח",

ואפילו בין "לעשות שמח" ל"לשמח". כדי לשמח יש להיות שמח, וככל שאתה משמח כך אתה נעשה שמח יותר. מעגל קסמים. ביצה ותרנגולת שמטילה ביצי זהב.

על שלושה דברים השמחה עומדת

נוכחנו לדעת שהציווי הספציפי הוא על שמחה בחג, ומשם מתפתח הציווי הכללי על היות האדם בשמחה מתמדת, בכל מצב ובלא תנאי. אם כן, ניתן ללמוד משמחת החג לשמחה הכללית, כלומר אם נזהה מה הם היסודות שעליהם מושתתת שמחת החג, נוכל להעמיד עליהם את שמחת החיים. שלוש שמחות מזהה בעל צרור המור, המקובל מגולי ספרד רבי אברהם סבע:

> ואולי שנאמרו בו שלש שמחות: כנגד שמחת התורה ושמחת הכפרה ושמחת האסיף.[14]

נגסה להתבונן כיצד לאמץ משלוש השמחות הללו לשמחת השנה כולה:

שמחת התורה – מובאת בגמרא אגדה נפלאה על מפגשים שאירעו בין התנא הגדול, רבי יהודה בר אלעאי, ובין גבירה אחת וצדוקי אחד. רבי יהודה היה עני מרוד עד כדי כך שלו ולאשתו היה רק בגד אחד במשותף. למרות העוני הזה, כשפוגשים בו הגבירה והצדוקי, כל אחד לחוד, הם מוצאים אדם עם פנים צהובות, כלומר פניו מוארות משמחה. לכל אחד מהם יש תיאוריה אחרת מדוע הוא כל כך שמח, אבל רבי יהודה מפריך את שתיהן:

> אמרה ההיא מטרוניתא לרבי יהודה: מורה ורוי? אמר לה: הימנותא בידא דההיא איתתא אי טעימנא אלא קידושא ואבדלתא וארבעה כסי דפסחא, וחוגרני צידעי מן הפסח עד העצרת. אלא "חכמת אדם תאיר פניו".

אמר ליה ההוא צדוקי לרבי יהודה: פניך דומין אי כמלוי רבית אי כמגדלי חזירין. אמר ליה: ביהודאי תרוייהו אסירן...[15]

(תרגום: אמרה גבירה אחת לרבי יהודה: מורה הלכה ושתוי? אמר לה: אמונתי בידך, שאיני טועם כל השנה יין לבד מקידוש, הבדלה וארבע כוסות בפסח. וחובש צדעיי מפסח עד עצרת מחמת היין. אלא, הפנים הצהובות בזכות התורה, שנאמר: 'חכמת אדם תאיר פניו'.

אמר לו צדוקי אחד לרבי יהודה: פניך דומות, כלומר מעידות עליך, שאתה מלווה בריבית או מגדל חזירים. אמר לו: אצל היהודים שניהם אסורים...[16]).

שניהם, הגבירה והצדוקי, רואים אדם מואר ומלא שמחה, ומתרגמים את השמחה על פי עולם המושגים האנושי המוכר להם. הצדוקי מניח שמדובר באדם שעושה כסף קל, עשיר מבלי לטרוח, ועל כן הוא מהמר שמדובר במגדל חזירים, שזול לגדלם והם מתפטמים מהר, כך שזהו מקצוע רווחי מאוד. אפשרות שנייה שרבי יהודה הוא מלווה בריבית, כלומר אינו טורח כלל לפרנסתו והכסף תופח מאליו בבית הלווה מחמת הריבית. האפשרות השנייה, מלבד הרעיון של כסף קל כוללת גם את השמחה לאיד, כלומר השמחה מחורבנו של האחר, שהרי כך בנויים רווחיו של מלווה בריבית. הגבירה מציעה אפשרות אחרת: הוא שתוי. כלומר כדי להיות שמח יש לסלק את הדעת ולברוח מן העולם, שהרי העולם כמות שהוא מלא תסכולים, צער ויגון. רבי יהודה נשבע לה שאינו נוגע ביין לבד מיין של מצווה, שנועד ליישוב הדעת, ואף הוא קשה לו מפני שאינו רגיל בכך, וכמובן שולל את אופציית הריבית והחזירים, הוא הרי יהודי. אבל זהו גם מקור אושרו, התורה שהוא לומד מאירה את פניו, כלומר מאפשרת לו מבט שמח על העולם. אמת, העולם על פי מבט אנושי חיצוני עלול להיות מקום מצער – סוף הנולדים

למות, סוף הבריאים לחלות והאתגרים הנפשיים והכלכליים רבים. אבל רבי יהודה לומד תורה והוא מתבונן פנימה על העולם, הוא רואה בו משמעות ושליחות, והוא גורם לו שמחה בעזרת יין, הלוואות בריבית או בעשיית כסף קל.

זהו העיקרון הראשון של עולם השמחה, שמחת התורה, ראיית העולם במשקפי המשמעות והרוח של התורה, חמושים בהכרה של חיי שליחות וערך. שמחה ניזונה ממשמעות ושמחה אין־סופית כרוכה ברוחניות של אמת.

שמחת הכפרה – דווקא בשל העובדה שהמשמעות האמיתית של העולם נעוצה בתורה ובממד האלוקי של הבריאה, ישנו גורם נוסף שמעיב על השמחה: החטא ובעקבותיו חוויית האשמה. החטא עצמו פוגם ביכולת לראות את העולם באור המדויק הזה, וממילא מונע מפניו של החוטא להאיר בשמחה כפניו של רבי יהודה. אבל זה לא רק החטא, גם תחושת האשמה, הריחוק מה׳, התחושה של אדם שפגם בשליחותו בעולם. כל אלה הופכים למקור לעצבות, שכביכול נובעת ממקום רוחני אבל היא עצבות לכל דבר.

כאן נכנס הגורם השני של שמחת הסוכות – שמחת הכפרה. הידיעה שיש תשובה בעולם ויש כפרה בעולם, שאין שמירת חטאים נצחית ואפשר להתחדש ולתקן, היא המקור לשמחה בכל השנה כולה, לא רק לאחר יום הכיפורים. הרי אופציית התיקון נמתחת על פני כל השנה כולה ואין שמחה כשמחת ההתחדשות. האופציה הזאת גם מספרת את סיפור הציפייה מן האדם – האדם אינו מלאך ואינו צריך לספק שלמות, בזה סר המתח הפרפקציוניסטי מהאדם והוא יכול לשמוח בעצמו גם כשאינו מושלם.

יש מנהג חסידי לשרוף את הנר והנוצה ששימשו לבדיקת החמץ. בעומק זה אומר שאי אפשר להיכנס לשמחת הפסח כל עוד הדחף של חיפוש מומים ופגמים חי וקיים. שמחת הכפרה היא שמחת הנחת הנפשית, אמון מחודש שמחייה את השמחה.

שמחת האסיף – אחרי שנגענו בגבהים רוחניים של שמחה שנובעים ממשמעות החיים, אפשר לקנח בשמחה הבסיסית, השמחה

הפשוטה שאדם יכול לשמוח בעולם, על כל גווניו, יופיו וטעמיו. למדנו שרבי יהודה הורה שעל אדם לשמח את בני ביתו, כל אחד על פי מה שמשמח אותו. זהו אותו רבי יהודה ששמחתו באה ממקום עמוק ופניו צהובות מן התורה שהוא לומד.[17] איש הרוח הזה יודע להעריך שמחות פשוטות, טבעיות וגשמיות, והפירוט באשר למתנות החג לא מאחר לבוא: "אנשים בראוי להם – ביין. ונשים במאי? תני רב יוסף: בבבל – בבגדי צבעונין, בארץ ישראל – בבגדי פשתן מגוהצים".[18] היינו אולי מצפים שתנא כרבי יהודה ידריך לשמח בסט מחזורים לחג, אולי בבית מהודר לאתרוג. היינו מצפים מאמורא גדול כרב יוסף להדריך לקנות לאישה סט הדלקת נרות מהודר לחגים. ולא היא, המרכיב השלישי של השמחה הוא השמחה הטבעית הפשוטה בעולם. וכמה יפה שרבי יהודה העני יודע ללמד אותנו להעריך שמחה של יין ורב יוסף העיוור מלמד להעריך בגדי צבעונים. שמחת תורה אמיתית גורמת לשמחה בעולם על כל מרכיביו, גם זה הגשמי וזה האסתטי, שהרי את הכול ברא לכבודו ויש להתענג ולשמוח בכול. ממש כפי השבח שמרעיף שלמה על אשת החיל: "מַרְבַדִּים עָשְׂתָה לָּהּ שֵׁשׁ וְאַרְגָּמָן לְבוּשָׁהּ".[19] היא שמחה בלבוש שלה, שמחה ביופייה. היא איננה אישה סגפנית רוחנית.

ושוב ננסה לקחת מהחלק השלישי של שמחת החג, מהאסיף, השמחה ביש, בפרנסה, בשפע, לשמחת החיים בכל השנה כולה. אולי בשולי הדברים מחשבה – התורה מלאה בתביעות רוחניות ומוסריות אבל הבטחותיה גשמיות. כשהנביאים מדברים גאולה הם מדברים על שפע כלכלי ותזונתי, על נחת ושלום. ודווקא אנחנו שזכינו לשפע שדורות קודמים לא יכלו לשער כמותו חייבים ללמוד להכיר את ממד השמחה הזה.

עצבות

האלילים נקראו עצבים. העצבות היא מבט שרואה עולם מפורד, כזה שאין לו יד מכוונת ואין לו תקווה. בהכרח מבט שכזה מביא לידי

דכדוך ועצבות. אחד הדברים המתסכלים בדורנו הוא הפער בין השפע שבו אנחנו חיים לאחוזים גוברים והולכים של אנשים שחווים עצבות ודיכאון. יש עצבות שמחייבת טיפול נפשי מקצועי כמובן, אבל לרוב זה סיפור של משמעות ושל החלטה – לא המציאות השמחה מביאה שמחה, כי אם שמחה מחוללת מציאות שמחה. אדם שחי בעידן של שפע עצום וחסום בתוך ענן של עצבות, כמוהו כמי שמחיצה מפסקת בינו לבין בוראו. הפלא הגדול הוא שאת המחיצה הזאת בידיו של אדם להסיר.

עצבות שנתקלים בה לעיתים רחוקות ניתן להסיר אפילו על ידי התנהגות של שמחה חיצונית, מה שמכנה רבי נחמן כ"מילי דשטותא", עצבות קבועה מחייבת בירור עמוק יותר. לרוב היא נובעת מחוסר משמעות או מחוסר נכונות של אדם לקבל את חלקו בחיים. אמון מחודש כלפי הקב"ה ובעיקר החלטה נחושה לבחור בשמחה, יכולים להניע תהליך של שינוי.

יש פעמים רבות בלבול בין שני מושגים דומים – צער ועצבות. צער הוא דבר טוב וראוי, ומופיע כל אימת שאדם פוגש בקשיי החיים. הצער יכול להיות מלא בתקווה שניתן לשנות ובהכרה אמונית שאפילו הקשיים יובילו לטובה. יכול אדם להיות מלא בשמחה ועדיין להרגיש צער על החסרונות. עצב הוא כבר היחס הכללי כלפי החיים, הוא יחס נפשי הפוך מזה של האדם השמח. עצב הוא מסלול של ייאוש וממילא הוא גורר הידרדרות נפשית וחוסר חשק. קשה לומר לאדם שלא להיות עצוב, זה לא יעיל בדרך כלל. לרוב השינוי יבוא על ידי עשייה חיובית: לתת מקום נרחב לחלקים המשמחים של החיים, לחגוג אותם, להרגיש אותם, להודות עליהם. לפרוץ את המעגל האגואיסטי ולנסות לשמח אחרים, ובעיקר להכיר בערך הגדול של שליחות חיינו. אם הקב"ה בחר בנו, העניק בנו חלק אלוק ממעל והחזיר בנו את הנשמה מדי בוקר, מי אנחנו שנתייאש מעצמנו.

פחד וגבורה

מהו ההפך מפחדן?

מן הסתם מי שיתבקש לענות על השאלה מה ההפך מפחד יאמר – גבורה. אבל כפי שלמדנו בשער לעבודת המידות, המידות בנויות משני קצוות ואמצע. הקצוות הפוכים זה מזה, נראים לכאורה שונים בתכלית אבל בעומק הם דומים זה לזה. האמצע מכיל את שני הקצוות ומתגבש מאוסף היתרונות שבשניהם. על כן ההפך מהפחדן איננו הגיבור, כי אם האדם המסתכן, זה שהולך על הקצה ואינו נזהר כלל, או במילים אחרות המוסר עצמו לסכנות. על כן מגדיר הרמב"ם: "והגבורה ממוצעת בין המסירה לסכנות ובין רך הלבב".[1]

לכאורה הפחדן והמסתכן שונים זה מזה בתכלית, הראשון יעשה הכול כדי לא לסכן את חייו, והשני יסכן עצמו בלא גבול, אבל יש גם דמיון רב ביניהם. הפחדן שנמצא בקצה, מרוב חשש לאבד את חייו עשוי לאבד את חייו במו ידיו. כלומר הוא יוותר על החיים מחשש למות. אולי לא ינהג מחשש לעבור תאונה, לא ייצא לבלות מחשש שיקרה משהו, לא יכיר בת זוג מחשש דחייה או נטישה, ידחה הצעות עבודה בשל הסכנות הכרוכות בהן ועוד ועוד. גם הוא, ממש כמו המוסר עצמו לסכנות, עלול לאבד כך את חייו במו ידיו,

ולפעמים מדובר באובדן חיים של ממש, שהרי הפחד עלול להיות נבואה שמגשימה את עצמה, הרי נהג מלא חששות וחסר ביטחון עלול לנהוג בצורה מסכנת חיים. על כך נאמר: "כִּי פַחַד פָּחַדְתִּי וַיֶּאֱתָיֵנִי וַאֲשֶׁר יָגֹרְתִּי יָבֹא לִי".[2] דווקא הפחד מביא את האדם לעשות את כל הטעויות האפשריות שיסכנו אותו, או להימנע מלעשות את הדברים הנכונים שיצילו אותו.

הדמיון בין הקצוות לא מסתכם בזה. שניהם במידה רבה יחיו באופן של זילות החיים או חוסר מיצוי שלהם, הפחדן בשל פחדיו יחמיץ את החיים, והמסתכן לא יראה דבר בעל ערך בחיים הרגילים ויתאמץ למלא את תשוקת החיים בחוויה המפוקפקת של הליכה על הקצה. הסיכון שבאובדן החיים יהפוך אצלו לטעם החיים במקום הטעם שבחיים עצמם. גם הפחדן כך, טעם החיים יהפוך להיות ההגנה על החיים, במקום לחיות את החיים עצמם.

אבל הדמיון בין שני הקצוות גדול עוד יותר. פעמים רבות המסתכן הוא באופן מפתיע פחדן סמוי. כלומר, הוא כל כך מאוים מלקחת בחשבון את הסכנות, עד שהוא מעדיף לעצום את עיניו, לחיות בהכחשה ולהסתכן. ממש כמו שאדם פזרן לפעמים אינו מתחשב במצבו הכלכלי ומפזר ללא גבול, מפני שלקיחת אחריות על מצבו הכלכלי מפחידה אותו, והוא מעדיף לפזר מבלי דעת. כך גם המסתכן מפחד מהנתונים, מידיעת הסיכונים, ומעדיף להתנהל כאילו אין כלל סיכון בעולם.

המידה המתוקנת שבתווך היא מידת הגבורה שהיא מילה נרדפת למידת הזהירות. הזהיר מודע לסכנות, לא יסתכן לחינם ולא יעצום את עיניו, ומצד שני לא ינוס על נפשו או יקפא מרוב פחדיו. הוא ייקח בחשבון את הסיכונים והסיכויים, יתגבר במידת הצורך על החששות באופן מחושב וזהיר.

הציר הזה, שבשני קצותיו פחד והסתכנות ובאמצע גבורה וזהירות, שונה מזה של מידות אחרות, מפני שלעיתים אותה פעולה תוגדר בנסיבות מסוימות כהסתכנות ובנסיבות אחרות כגבורה, תלוי במניעים ובסיטואציה. אדם שייכנס לנהר שורץ תנינים ייחשב מוסר

עצמו לסכנות, מידת קצה מגונה. אבל אותו אדם, באותו נהר ועם אותה כמות תנינים, עשוי להיחשב גיבור כשיעשה זאת כדי להציל ילד שנפל לנהר. כלומר, במידה הזאת יש משמעות עמוקה לשאלה אם יש צידוק מוסרי ללקיחת הסיכון או לא. החברה בדרך כלל תפריד בין המניעים לפעולה, ולכן תראה אדם שנכנס לאגם תנינים כאמיץ וגיבור בכל מקרה, כך גם היחס ללוחמי השוורים ולמתאגרפים בתרבויות מסוימות או ללוליינים שהולכים על חבל דק בגובה רב, אבל התפיסה היהודית תדון במידת הנפש לאור מניעיה, כל פעולות ההסתכנות ייחשבו ביטוי למידה רעה, ואילו אותן פעולות שיתבצעו ממניעים טובים, עשויות להיחשב כמעשה גבורה. כך שרטט זאת הרמב"ם:

> פעמים יחשבו הקצה הראשון טוב, כמו שיחשבו המסירה לסכנות, מעלה. ויקראו המוסרים־עצמם־לסכנות: גיבורים. וכשיראו מי שהוא בתכלית זאת המידה, רצוני לומר: שמוסר עצמו לסכנות ומוסר עצמו למיתה בכוונה, ופעמים ינצל במקרה – יחשיבוהו בזה ויאמרו עליו שהוא גיבור.[3]

מהי גבורה?

הברכה השנייה בתפילת שמונה־עשרה, זו שמכוונת כנגד מידתו של יצחק, נקראת "גבורות". על פי האופנים שבהם אנחנו מתארים כביכול את מידת הגבורה האלוקית נוכל להגדיר את מידת הגבורה:

> אתה גיבור לעולם, ה'. מחיה מתים אתה, רב להושיע. מוריד הטל / משיב הרוח ומוריד הגשם. מכלכל חיים בחסד, מחיה מתים ברחמים רבים, סומך נופלים, ורופא חולים, ומתיר אסורים, ומקיים אמונתו לישני עפר. מי כמוך בעל גבורות, ומי דומה לך, מלך ממית ומחיה ומצמיח ישועה. ונאמן אתה להחיות מתים. ברוך אתה ה' מחיה המתים.

נתעלם לרגע מההיבט של הורדת הגשמים, כל שאר תיאורי הגבורה בעלי מכנה משותף מובהק: הגבורה היא פעולה הפוכה מהטבע הפשוט, כזו שמשנה את המסלול של הטבע הזה. הקב"ה רב להושיע, ישועה כמובן מגיעה בניגוד למסלול הגלוי של הצרה. הוא סומך את הנופל שמטבע הדברים ייפול ללא הסמיכה הזאת. כך גם מסלולן של הרפואה לחולה והתרת האסיר. שיא השיאים כמובן מופיע בתחילת הברכה ובחתימתה, היותו מחיה מתים, שהרי בכל שאר המצבים יש איזה טבע חיוני שהגבורה מסייעת לו, אבל המת איבד את חיותו באופן מוחלט, והחייאת המת היא פעולה הפוכה מן הטבע באופן שלם.

אפילו הורדת הגשמים מתאפיינת בגבורה, זה מוזכר כבר בדברי חז"ל: "קשה יומא דמיטרא כיומא דדינא",[4] כלומר קשה יום הגשמים כיום הדין. אבל הרב קוק[5] מסביר זאת באופן שממשיך את ההתבוננות שעסקנו בה, ההתגברות על הטבע הפשוט. לדבריו הטבע האלוקי, כביכול, הינו השפעת שפע בלי גבול על העולם בכלל ועל עם ישראל בפרט. העובדה שהקב"ה עוצר את הגשמים לעיתים ומווסת את נתינתם כתגובה למעשינו, היא גבורה. כלומר כביכול פעולה כנגד טבעו. ממש כשם שהורה ירצה באופן טבעי להעניק לילדיו בלי גבול, וכדי לחנכם הוא נאלץ לעצור בעד עצמו ולהתגבר על הטבע לתת. ברוח דומה הסבירו חז"ל שיש להמשיך לומר "אתה גיבור" בזמן החורבן, מפני שאז הקב"ה מתגבר כביכול על טבעו לעשות דין ברשעים, ושותק.[6]

מכאן אנחנו גוזרים את מידת הגבורה האנושית. הגבורה הפשוטה מודעת לסכנות אבל מתגברת על הטבע הפשוט שמבקש לנוס על נפשו או לקפוא במקום. מידת הגבורה היא אחת המידות שהכי קשה לפתח, מפני שעל פניו היא הליכה כנגד הטבע הבסיסי. האדם רוצה לשרוד וכל מה שמאיים עליו גורם לו לפחד. היכולת להתגבר, כשמה כן היא – הליכה כנגד האינסטינקט, אל מול פני הסכנה, ובמובן הזה היא מאתגרת מאוד.

עמוקה מזו היא הגבורה הנפשית: "איזהו גיבור? הכובש את יצרו, שנאמר: 'טוֹב אֶרֶךְ אַפַּיִם מִגִּבּוֹר וּמֹשֵׁל בְּרוּחוֹ מִלֹּכֵד עִיר'".[7] שוב מדובר בהליכה כנגד הטבע הפשוט, היצר כביכול באופן טבעי משתלט על

האדם ומושך אותו אל החטא, ואילו הגבורה כובשת את היצר ומנהלת אותו לטובה. כמובן, אין הכוונה שנפשו של האדם רעה בטבעה, אלא שנפשו הטובה מכוסה בקליפות שאותן פוגשים בתחילה, וישנה עבודת התגברות של הפנימיות הטובה על החיצוניות הזאת. אבל בציטוט הפסוק שמביאה המשנה אנחנו מבינים דבר נוסף, החברה בדרך כלל מגדירה גבורה כשהיא רואה אדם שהתגבר על חברו, אבל המשנה רואה בזה גבורה נמוכה לעומת הכובש את יצרו. מפני שהשתלטות על אחר אינה התגברות על הטבע, אינה ניהול כוחות הנפש. קל בהרבה להכריח אדם אחר לעשות משהו מאשר לחולל שינוי בתוך נפשו של אדם.

הגדרת הגבורה תסביר היטב את שאר מופעי הגבורה במקורות: "בן שמונים לגבורה",[8] קבעה המשנה על בסיס הפסוק: "יְמֵי שְׁנוֹתֵינוּ בָהֶם שִׁבְעִים שָׁנָה וְאִם בִּגְבוּרֹת שְׁמוֹנִים שָׁנָה".[9] מכיוון שטבע החיים להימשך עד שבעים, התוספת היא התגברות על הטבע הפשוט. ושיא השיאים כנראה מתממש בהגדרה המפותחת יותר של הגבורה: "איזהו גיבור שבגיבורים?... ויש אומרים: מי שעושה שונאו אוהבו".[10] האדם שהצליח להפוך את שונאו לאוהבו, הצליח לנצח את מסלולו הפשוט של הטבע פעמיים. לראשונה עשה זאת בעבודה פנימית בעצמו, שהרי הטבע הפשוט הוא לשנוא את שונאך, והוא הצליח לאהוב. ואחר כך הצליח לשנות בכוח האהבה גם את טבעו של חברו ששנא אותו בתחילה.

פחד גבהים ופחד מוות

לא כל הפחדים דומים ולכל פחד שורש אחר בנפש. המלבי"ם מחלק בין פחד שיש לו איזו סיבה במציאות לכזה שכל כולו פרי הדמיון, ועל כן הוא מחלק בין "פחד" ל"מגור": "הפחד הוא מדבר בלתי ידוע ומקורו בדמיון המפחד, והמגור הוא מדבר ידוע ומקורו הוא בדבר עצמו".[11]

זוהי חלוקה באשר למקור הפחד, אבל נדמה לי שגם את סוגי הפחדים ניתן לחלק לשתי קבוצות של פחד. האחת היא פחד המוות לסוגיו והשנייה היא פחד הגבהים לסוגיו. פחד המוות הוא הפחד של

האדם להפסיד את מה שכבר יש לו. הפחד הגדול ביותר הוא הפחד מן המוות כי הוא כרוך בהפסד כל החיים, אבל בדומה לזה ישנם פחדים רבים, הפחד מלהזדקן ולאבד את החיוניות והכוחות, אולי לאבד את היופי. גרוע מזה הפחד לאבד שליטה ועצמאות. בכלל זה הפחד לחלות, להתגרש, לאבד קשרים חברתיים, לאבד רכוש, לפשוט רגל, להיות מפוטר מהעבודה וכדומה.

פחד הגבהים הוא הפחד מפני הדבר הבא, השלב הבא בחיים. מי שחווה פחד גבהים איננו מפחד להימצא בתחתית ההר, הוא בטוח במצבו ואינו חושש לאבד את מה שיש לו, אבל כל צעד כלפי מעלה מגביר את הפחד שבשל ההתקדמות יפסיד את הכול. בכלל זה הפחד להתחתן, הפחד לשנות מקום מגורים, הפחד לקבל קידום בעבודה, הפחד מפני כל אחריות חדשה, הפחד להפוך להורה, הפחד מפני שינוי ועוד.

התמודדות עם פחד

אני עומד לכתוב כאן דבר והיפוכו לכאורה. מחד גיסא, ידע והבנה בהירה של התמונה יכולים לסייע בהפחתת הפחד. זאת משום שהפחד הוא לרוב פרי הדמיון. אם מדובר בדמיון מוחלט שאין לו כל אחיזה במציאות ואם מדובר בדבר מציאותי שהפחדן כבר מעצים בדמיונותיו ומשער לגביו השערות, מה ואיך יהיה – מדובר לעולם בדמיון. מכיוון שהדמיון התגבר באדם, יש להתגבר עליו בדעת. ככל שאדם מבין לאשורו את המצב, כך הפחד יכול פחות להתפתח, כלשון הרב קוק:

> הפחדים הם פתיות גמורה. אין לאדם לפחד כלל כי אם להיזהר, יותר שהוא פוחד הוא נופל, וכשהוא מתפחד, מעצם הפחד בא לו המכשול. על כן צריך הוא להתגבר בשכל, לדעת שאין לו כלל ממה להתפחד. כל ציורי הפחד הנם רק צבעים פזורים מציור גדול שצריכים להשלימו, וכשממלאים אותו הם מצטרפים

> לכולו להמשיך בטחון גדול ועצום מאה, הממלא את כל הנפש עז וגבורה.[12]

ילד קטן ששוכב בחדרו ופוחד מחושך, לא באמת פוחד מן החושך, הוא פוחד מהמפלצות והשדים שהדמיון שלו מצייר על הקיר. הדרך הטובה ביותר היא להדליק לרגע את האור ולהראות לו שמה שדמיין כמכשפה אינו אלא נורת קיר קטנה, והשדים אינם אלא תמונת נוף תלויה. ככל שיידע ויבין את המציאות כך יוכל לשלול את הפחדים. גם אצל מבוגרים העיקרון דומה, ובדיוק בשל כך כשמתרגשת עלינו מלחמה או כל אירוע מפחיד אחר, מקימים מערכת הסברה שתעשה סדר, תבהיר עניינים ותחזיר את השלטת הדעת שתסלק את הדמיונות.

אבל הינה גם היפוכו של דבר: חשיפה מוגזמת לידע הופכת להיות בעצמה מקור הפחד הגדול ביותר. הגמרא מתבטאת כך:

> תניא, אבא בנימין אומר: אלמלי נתנה רשות לעין לראות, אין כל בריה יכולה לעמוד מפני המזיקין.[13][14]

כלומר, אילו עיניו של אדם היו מסוגלות לראות את כל המזיקים, לא היה בכוחו של אדם להתמודד עם המידע המאיים הזה. ומתוך הגמרא גוזר הרב קוק מבט כללי באשר לצריכת ידע מופרז:

> כי עלינו להאמין, שיש לנו טובה גדולה במניעת הידיעה, ואלמלא היתה הידיעה טובה מהעדרה, לא מנעה ממנו השם יתברך הטוב והמטיב יתברך שמו. והנה לפנינו בחינה מחוש הראות. שאלמלי נתנה רשות לעין לראות אין כל בריה יכולה לעמוד, והרינו רואים טובת העדר הראות.[15]

הקב"ה בחר לברוא אותנו כך שאין העין האנושית יכולה לראות את כל המרחב החיידקי והנגיפי שסובב אותה, וטוב שכך. אנחנו הרי מוקפים

מושבות של חיידקים. המטבח הוא מרחב מחיה שחביב עליהם במיוחד, השיש הוא מושבת חיידקים משגשגת, כך בדרך כלל גם קרשי החיתוך, שלא לדבר על סמרטוט המטבח שהריח העולה ממנו הוא עדות על תושביו הרבים. את כל זה אנחנו יודעים ומדחיקים. חסד עשה עימנו ה׳ שאנחנו לא רואים, אחרת לא היינו מסוגלים לאכול דבר, ועוד לא דיברנו בכלל על השירותים בבית, על מברשות השיניים ועל בתי חולים. ההוכחה הטובה ביותר לחסד הגדול היא תופעה מצויה בקרב סטודנטים לרפואה שבראשית הדרך נחשפים לכל כך הרבה מחלות אפשריות ונכנסים לחרדות.

בהיבט הביטחוני המצב דומה. כולנו, אזרחי המדינה, ידענו עוד לפני המאורעות הקשים של שמיני עצרת שנת תשפ״ד באיזו ידיעה כללית שיש המוני טילים שמכוונים אל המקומות האסטרטגיים של מדינת ישראל, ידענו גם שמקיפים אותנו צבאות מכל עבר, ושבכל רגע נתון חורשים מזימות לבצע פיגועים ולחטוף חיילים או אזרחים. אבל לא ראינו במו עינינו את הטילים הללו ולא שמענו את תוכניות האויב. יש להניח שאילו היו פורשים לנגד עינינו בכל בוקר את ההערכות המודיעיניות, ההתראות ותרחישי הקיצון, רובנו היינו קורסים אל תוך עולם של חרדות קשות. על גורמי המודיעין לראות ולהיחשף לכל התרחישים על מנת שהאזרח יוכל לחיות תוך מודעות כללית לסכנות אך מבלי להישאב אל הידע המאיים מפני שצריכת ידע מופרז זורעת פחדים וחרדות. בעולם התקשורתי שלנו שפע מידע, אמיתי וכוזב, זמין לכל דורש. היכולת לשקוע בפחדים ובחרדות, או לחלופין באפאתיות מסוכנת מחוסר יכולת להתמודד עם שפע המידע, גבוהה מאוד. כדי לשמור על איזון בריא בין פחדים והסתכנויות עלינו לווסת את הצריכה, ממש כפי שהקב״ה ברא את העין האנושית, רואה ואינה רואה הכול, מודעת ולא מודעת יתר על המידה. חלק מהניצחון על הפחד מתחיל בגבורה על הסקרנות ועל ההיסחפות אל מערבולת של הערכות, הפרזות ודמיונות.

האם זה אומר שלא צריך רופאים, אנשי מודיעין ועתידנים למיניהם שייכנסו לעובי הקורה? צריך גם צריך. אבל כל אחד מהם

צריך להתמקד בתחומו, והוא עושה במידה רבה שירות למען הציבור בכך שהוא, חמוש באישיות ובכישרון המתאים, צולל אל עומק התחום שעליו הוא מופקד, לומד את כל הסיכונים והאפשרויות, ומביא לציבור את המינון ההכרחי כדי להיזהר מבלי לטבוע בחרדות. ומה באשר לאותו מומחה שנחשף בפניו מידע מאיים אין־סופי וספקולציות מאיימות? זהו מחיר שבודדים בחברה משלמים למען ביטחונה ובריאותה של החברה כולה, כמו כל שליחי הציבור. ועדיין מוטב להם שבתחומים אחרים שעליהם אינם מופקדים יקפידו גם הם למתן את החשיפה למידע למען בריאותם הנפשית. הסוד, כמו בכל עולם המידות, הוא איזונים עדינים. מידע מסלק דמיונות ופחדים לא מבוססים, עודף מידע רצוף בהערכות וניחושים מעלה את רף החרדות. המידה המאוזנת של הגיבור הזהיר יודעת גם לצרוך מידע, אבל בזהירות. יש משהו מתעתע בתקופה שאנחנו חיים בה, לפיה כביכול ריבוי מידע מאפשר שליטה וביטחון, ואילו למעשה המידע הרב מייצר התמכרות לשליטה ותלות במידע, ובהיעדר מידע בדוק נוצרת תלות בהשערות ובהערכות שאין להן בהכרח אחיזה במציאות והן רק צובעות את המציאות בצבעי דמיון עזים.

מנגנון הניצחון על הפחד

כשיעקב אבינו חוזר על פי הציווי האלוקי אחרי שנים ארוכות בבית לבן, הוא נאלץ לראשונה להתמודד עם הפחד. לשמע הידיעה שעשו הולך לקראתו וארבע מאות איש עימו ובכוונתו להילחם, נאמר: "וַיִּירָא יַעֲקֹב מְאֹד וַיֵּצֶר לוֹ".[16] החשש מובן, זה באמת "לא כוחות", ארבע מאות לוחמים מול משפחה של ארבע אימהות ואחד־עשר ילדים, מהם עדיין תינוקות וילדים קטנים. רש"י מלמד אותנו שלנוכח החשש מכין יעקב את עצמו לדורון, לתפילה ולמלחמה, אבל האופציה ההגיונית יותר לכאורה לא עולה על הפרק, לא בדעתו של יעקב ואפילו לא בשאלות הפרשנים. החזקוני שואל באופן נסתר את השאלה וממהר לענות עליה: "אמר יעקב: אם עשו ימצאני בורח אכניס בליבו שנאה".[17]

החזקוני מעלה את אופציית הבריחה. איש לא העלה אותה מפני שהיא כביכול כלל אינה קיימת, שהרי יעקב חוזר בשל הציווי האלוקי וכמובן לא יעלה על הדעת שימרה את הציווי. ובכל זאת שואל החזקוני מדוע לא ברח יעקב, ולא מזכיר את הציווי האלוקי, כדי ללמד אותנו עקרון יסוד בעולם הפחדים. ההסבר שמציע כאן החזקוני לא פחות ממדהים: יעקב לא בורח כדי לא לגרום לעשו לשנוא אותו. זה באמת תמוה, הרי כל הפחד נובע משנאתו של עשו. יתרה מזאת, בריחה לכאורה תרגיע את השנאה, שהרי השנאה נובעת מגניבת הברכות. חזרתו של יעקב ארצה היא מימוש אותן ברכות ומעלה בהכרח את שנאת עשו ליעקב, אבל בריחה עשויה לשכך את הכעס, שהרי היא הוכחה לכך שאין משמעות לברכות במציאות שהרי אינן מתגשמות. בכל זאת טוען החזקוני בדיוק הפוך: בריחה תגביר את השנאה.

ההיגיון הנפשי כאן עמוק. הפחדן בדרך כלל יעשה הכול כדי להימנע מעימותים, יוותר על האפשרות לחיות את החיים במלוא משמעותם מחשש לאבד אותם, ועל פי רוב יפסיד את שליחותו בחיים מפני החשש מהסיכונים שהשליחות הזאת נושאת עימה. לכאורה הגורמים המאיימים עליו הם הסיבה לפחד, אבל הם גם הפתרון לפחד, מפני שהכוחות המאיימים עליו לא יניחו לו עד שימצא את האומץ להתמודד עימם. כמעט בכל חברת ילדים יש ילד שפוחד מפני הילד האלים של הכיתה. לכאורה הילד האלים הוא סיבת הפחד, אבל הוא גם הסיכוי של הילד הפוחד, מפני שהאינסטינקט שלו יהיה לברוח ולהיעלם, אבל דרכו של ילד אלים לא להניח לילד הבורח, לרדוף אותו עד שלא תהיה ברירה, הוא יצטרך להתמודד.

מה שנכון ברמה האישית, נכון עוד יותר ברמה הלאומית. לעם ישראל יש ייעוד גדול בעולם, אתגרים גדולים ומניעות גדולות לא פחות. יש לנו אויבים שעל פי ניתוח פשוט של המציאות כל תכליתם לעכב אותנו מלהגשים את ייעודנו, הם עושים זאת לרוב על ידי טרור, כלומר הפחדה. אבל זו לא כל התמונה, אותם אויבים, כמובן מבלי כל כוונה מצידם, גם מכריחים אותנו להתמודד עם שאלת הזהות שלנו ולמצוא בעצמנו כוחות להתמודד. העובדה שכל בריחה איננה פותרת

את הבעיה ורק מחריפה אותה, מכריחה אותנו לשאול מי אנחנו ועל מה ולמה אנחנו נלחמים.

זה המנגנון שעבד עם עשו ויעקב. למראית עין שנאה שמולידה פחד ופתרון פשוט – בריחה. אבל יעקב מבין שעשו שונא אותו עוד יותר כאשר הוא בורח מעצמו ומייעודו, שמציאותו בעולם תחייב את "יעקב" להפוך ל"ישראל" בסופו של דבר, לעמוד על דעתו וערכיו. על כן כדי לסלק את הפחד הוא חותר למגע.

חתירה למגע עם סיבת הפחד

והינה לנו עוד מתנה מעשית להתמודדות עם פחד בהשראת בחירתו של יעקב לפגוש פנים בפנים את עשו במקום לברוח: יש לחתור למגע עם סיבת הפחד. זוהי שוב תנועה כנגד האינסטינקט, כלומר גבורה, ודווקא בגלל זה מדובר במעשה הנכון. אבל יש לזה היגיון עמוק: מכיוון שהפחד הוא עולם של דמיון, אדם שחושש ממשהו ומדמיין אותו מתרגש עליו, חווה אותו המון פעמים. אדם שחושש מטיפול שיניים חווה כאבי עקירה, טיפול שורש וזריקות בדמיונו כמה וכמה פעמים, זה כואב הרבה יותר מן הטיפול עצמו, ולכן השהייה בחדר ההמתנה כואבת מן הישיבה על כיסא הרופא. כמעט בכל תחום החשש לפני המעשה גדול יותר מהדבר עצמו, ממש כשם שהרהורי עבירה קשים מן העבירה.[18] אדם שחושש לספוג מכות מאדם אלים, סופג ממנו בכל יום כיד הדמיון. ההחלטה לחתור למגע, ללכת לטיפול שיניים, להתעמת עם האדם האלים או ללכת להתלונן במשטרה, כל אלה שמים קץ לספיגת הכאב הדמיונית, והופכים את הפוחד למי שחוזר בגבורה לחיים מלאים שאינם מנוהלים על ידי פחדים.

פחדים ויראת שמיים

כמו בכל מידות הנפש, בלי המבט האמוני התמונה חסרה. ניתן לראות לאורך כל המקורות קשר הדוק בין פחד לחטא. הפחד של יעקב לקראת המפגש עם עשו לכאורה לא מובן, שהרי הקב"ה הבטיח לשמור עליו.

הגמרא תולה את הפחד בחטא: ״ר׳ יעקב בר אידי רמי: כתיב ׳והנה אנכי עמך ושמרתיך בכל אשר תלך׳ וכתיב ׳ויירא יעקב מאד׳? אמר: שמא יגרום החטא״.[19]

כך גם החיבור ההדוק בין הירא ורך הלבב שחוזר מן המלחמה לעולם החטא: ״׳ויספו השוטרים לדבר אל העם ואמרו: מי האיש הירא ורך הלבב ילך וישב לביתו׳[20]... רבי יוסי הגלילי אומר: ירא ורך הלבב זהו המתיירא מן העבירות שבידו״.[21]

גם הגמרא ממשיכה ברוח דומה: ״ההוא תלמידא דהוה קא אזיל בתריה דרבי ישמעאל ברבי יוסי בשוקא דציון. חזייה דקא מפחיד. אמר ליה: חטאה את, דכתיב: ׳פחדו בציון חטאים׳״.[22] רבי ישמעאל תולה את הפחדים של תלמידו שהולך איתו בשוק, בחטאים. במקרה הזה כבר לא ברור אם כוונתו שהפחדים נובעים מהחטאים, כפי שנראה מהמקורות הקודמים, או שהפחד הוא עצמו החטא: ״חטאה את״ – אתה חוטא. אין לדעת. מכל מקום הקשר בין חטא לפחד הוא הדוק. ננסה להבין אותו בעזרת דברי הרב קוק על אודות הרב והתלמיד שהילכו יחד בשוק של ציון:

> הפחד יבא מפני מצב הנפש שאינו דומה ומתאים אל המציאות הכללית, כי כל דבר ועניין המתאים אל המציאות הכללית אין לפחד ממנו. על כן מי שאין בידו חטא ולא הפסיד יחוסו אל המציאות הכללית לא יפחד כלל. רק החוטא, שניתק את נפשו מסדר המציאות הישר על פי דרכיו המעוותים, הוא יפחד.[23]

הפחד נובע ממצב נפשי שאינו משולב עם המציאות הכללית. ילד שגנב ממתק מהמכולת יתהלך כל היום בתחושת חרדה, כל רעש רכב ייתפס בעיניו כניידת משטרה, כל מנגינה כסירנה, וכל שאלה תמימה של הורים כחקירת משטרה. אף שאיש אינו יודע ואין בכוונת אדם להרע לו, המצב הנפשי שלו התערער בעקבות שבירת ההרמוניה והחריגה מהמציאות הכללית הישרה. ברוח זו, מציאות של שקיעה בחטא מוציאה את האדם מההרמוניה, משלוות הנפש. סתם אדם אינו

פוחד מהמציאות הנורמלית, הוא חושש מחריגה ושבירה של המציאות, וכשהוא עצמו חוטא וחורג ממנה נפשו מתערערת בפחדים. התהליך הזה יכול להתרחש במודע או שלא במודע.

הרב קוק ממשיך ומזהה חיבור נוסף בין פחדים לחטאים:

> ובכלל לפי מושגי השכל הטהור אין מקום לפחד. על כן כל זמן שהאדם הולך בדרכי היושר הוא מתייחס אל השכל ודבק עמו, אינו מוכשר להיות מתפחד. אמנם בהעיותו דרכו ויצא מדרך השכל אל אשר יישאהו הדמיון, אז כבר יש מקום לפחד, כי בסדרי הדמיון ישנם הרבה בלהות נוראות...[24]

התהלכות בעולם של יושר מחברת את האדם אל השכל הישר, אבל שקיעה בחטא מניחה לדמיון לשלוט, ומכיוון שהפחד הוא זירה פרוצה לדמיונות, יש זיקה עמוקה בין פחד לחטא.

יראת שמיים מסוכנת שמעוררת חרדות

לכאורה הזיקה בין פחד לדטא מבטיחה שיראת שמיים תהיה זירה בריאה בנפש, משוללת פחדים, אבל העניין מורכב הרבה יותר מפני שיראת שמיים עלולה להיות בעצמה זירה של פחד כשהיא נתפסת באופן עקום. אפילו המושג יראת שמיים, כמו גם המושג יראת חטא, כוללים את הציפייה מהאדם להיות ירא. יראה היא לכאורה מילה נרדפת לפחד. הרב קוק מלמד אותנו שמטרתה של יראת שמיים איננה זריעת פחדים בקרב בני אדם מאמינים. להפך, יראת שמיים אמורה לבנות עוצמה ולהגדיל את כוחות הנפש והמעשה של האדם:

> המושג של יראת ד׳ הוא מוסיף עז וגבורה בנפש האדם המבין אותה בטהרתה. היא עושה את החיים מלאים עניין ושאיפות גדולות, וממלאה אותם ברוחניות נשגבה, המזככת את כישרונות הנפש באור אש קודש.[25]

התפיסה של יראת שמיים כמקטינה ומוחקת את הגדולה האנושית היא להבנת הרב קוק הסיבה שבשלה צעירים חפצי חיים עוזבים את עולם התורה, אבל הרב קוק מכנה את התפיסה של יראת שמיים כאידיאולוגיה של הפחדה, כפתיות, כלומר טיפשות, ואפילו טיפשות מסוכנת מאוד:

> אמנם לפתאים היא מתייצבת כסמל של הבהלה, הגורמת רפיון וייאוש וחסרון אונים. זאת ההשפעה היא רעה מאד, ולכשתתפשט היא גורמת התקוממות על כלל עול מלכות שמים, מהצעירים שטעמו טעם חיים איתנים, שמבקשים בצדק חיים בלא בעתה ופלצות, כי אם מלאי אומץ ובטחון גבורה.[26]

גם הרב קוק מודה שלפעמים אין ברירה, שלאנשים מושחתים מוסרית, שמצויים בבולמוס מסוכן, יש לפנות לעיתים בשפה של הפחדה, ממש כמו שמשכנעים מכורים לסיגריות בעזרת כתוביות מאיימות על החפיסה, אבל הדרך השלמה איננה כזאת, היא אינה מטפחת פחדים כי אם גבורה שמחה:

> אמנם הציור המפיל איזו אימה הוא גם כן מכלל יישוב העולם והכשרו המוסרי, שראויה ליפול אימה על הכושלים שבמעלות המוסריות, שכל חטאת לא תעצור בעדם מלבוא אל תאוות לבם הזונה, ואצל רשעים כאלה החיזיון של פחדים שמצטייר על ידי מושג יראת ד׳ הוא חזיון של אמת, מפני שבאמת ההנהגה האלוהית העידה שהיא קנא ונוקם לצריו ואויביו. וחזיון של תועלת גדול יש בזה גם כן, שמכל מקום היראה מחלשת את הכוחות הרעים...[27]

אמונה וביטחון — הגרסה המאתגרת

ישנה תפיסה רווחת שלפיה אדם מאמין יכול להתגבר על פחדים בשל אמונתו בה׳. אלא שההסבר לכך בדרך מייצר עיוות במושג הביטחון

בה׳. המחשבה שלפיה המאמין בה׳ אופטימי יותר מפני שהוא מאמין שהקב״ה יעשה כחפצו הטוב, ישמור עליו ויגשים את משאלותיו, היא כמובן עיוות גדול. הקב״ה לא התחייב מעולם לערוב לביטחוננו האישי, לבריאותנו או לרווחתנו, ואפילו יהיה אדם צדיק גדול מעולם לא הובטחה לו הצלחה במושגי עולם הזה. המחשבה המעוותת הזאת היא שורש הסיבה המחשבתית לכפירה שלאחר השואה. כמובן אי אפשר לשפוט אדם שעבר את מאורעות השואה האיומה, ובעיניי כל מי ששמר על אנושיות שפויה לאחריה הוא פלא מהלך, אבל הלך הרוח האמוני שנסדק בשואה הוא זה שרואה ביטחון בה׳ כהבטחה שיהיה לו טוב ונעים. זו לא רק השואה ששברה את האמונה הזאת, בתי הקברות מלאים בצדיקים שנפטרו בגיל צעיר, רבים מהם סבלו ייסורים, מאז ומעולם ועד היום, אל מול לשונו של חוצפית המתורגמן שואל אלישע בן אבויה: ״זו תורה וזו שכרה?!״[28] ומכריע: ״אין...״. אבל לאמיתו של דבר אין כל קשר בין ביטחון בה׳ להבטחה כלשהי לחיים נעימים משגשגים ובריאים.

מהו בכל זאת ביטחון בה׳? זהו ביטחון שאנחנו נמצאים בידיים נאמנות שמסבבות הכול לטובה, זו ההכרה שגם הקשיים והייסורים הם חלק מתוכנית אלוקית שלמה ומקיפה שמצעידה את העולם לטוב. זוהי תודעת הביטחון שעברה מנחום איש גמזו ל־רבי עקיבא: ״כל מאי דעביד רחמנא לטב עביד״.[29] הבוטח בה׳ לא חושב שיהיה לו רק טוב, הוא בוחר לברך על הרעה מתוך אמונה שגם היא תקדם אותו ואת העולם לטובה. לא הכול טוב בעולמו של המאמין, אבל הכול לטובה. איך זה מסייע להתגבר על הפחד? כאשר אדם נותן אמון ויודע שקושי יצמיח אותו, שהוא בידיים הנכונות ביותר, הוא נרגע. לא מפני שמעתה יתגשמו כל תוכניותיו אלא מפני שהתוכנית האלוקית טובה בהרבה מתוכניותיו שלו.

נדיבות, קמצנות ופזרנות

ההפכים והאמצע

ההפך מקמצנות איננו נדיבות. ההפך מקמצנות הוא הפזרנות. הנדיבות, או אם תרצו, מידת החסה, היא מידת האמצע הראויה. כפי שכבר נוכחנו לגלות, בעולם מידות הנפש הקצוות נראים רחוקים זה מזה, אבל דומים עד מאוד. הקמצן חי בחרדה כלכלית, לעומתו חי לכאורה הפזרן בשלווה נפשית בהיבט הכלכלי, אפילו באדישות למצבו, אבל הפזרן הזה הוא לרוב קמצן סמוי. הוא יודע שאם יהיה מודע להשלכות של הוצאותיו הכלכליות, אם יעקוב אחרי חשבון הבנק שלו וינהג באחריות כלכלית, הוא לא יעמוד בזה. הדאגה הכלכלית תכבה אותו ולא תאפשר לו לחיות את החיים ברוגע, על כן הוא בוחר להיות בת יענה כלכלית, לא לדעת, לא לקחת אחריות, ולפזר בלי חשבון. בנפש הוא קמצן, הוא חרד מאוד ממצבו הכלכלי והחרדה גדולה כל כך אצלו עד שהוא חרד אפילו ממודעות למצבו, ומעדיף לא לדעת דבר ולבזבז כאילו אין כל זה נוגע לו.

אין זה הדמיון היחיד בין הקמצן לבזבזן. הקמצן מקריב את ההווה בשביל העתיד, כלומר כל כך מודאג מגורלו הכלכלי בעתיד כך שהוא חי בקמצנות, לפעמים אפילו פוגע בו עצמו ובצרכיו החיוניים בהווה. הפזרן לעומתו מפקיר את העתיד בשביל לחיות את ההווה, הוא חי

את הרגע במלוא עוצמתו הבזבזני מבלי להניח ממון לעתיד. בעומק, כאמור, זה נעשה לפעמים מאותה סיבה נפשית, חרדה כלכלית.

בעוד הנדיב חי באיזון הדק שבין האחריות הכלכלית לעצמו לבין היכולת לראות את הצורך של אדם אחר שלא שפר עליו גורלו, וממילא להעניק משלו לאחר, הקמצן, ופעמים רבות גם הפזרן, עסוקים כלכלית בעצמם בלבד. הפזרן מוציא הוצאות כלכליות על הנאותיו בלי גבול, והקמצן מגביל את עצמו מתוך דאגה לעתידו שלו עצמו, שניהם אינם מביטים החוצה. יש כמובן פזרנות מוגזמת של חסד, וגם היא בעייתית, זו יציאה של נדיבות מהגבול הסביר ושכחת האחריות של אדם כלפי עצמו, בהמשך נעסוק גם בפזרנות מהסוג הזה. לעת עתה נאמר שהנדיבות היא היכולת של האדם לצאת מעצמו אל הזולת בעוד הפזרנות הנהנתנית והקמצנות הן פנים שונות של אגואיזם, שקיעה של אדם אל תוך עצמו.

התורה במובהק מכוונת אל מידת החסד הנדבנית ומגדירה שזו המידה שבה תלוי העולם, "כִּי אָמַרְתִּי עוֹלָם חֶסֶד יִבָּנֶה".[1] זו על פי חכמים מהותה של התורה: "דרש ר' שמלאי: תורה תחילתה גמילות חסדים וסופה גמילות חסדים. תחילתה גמילות חסדים דכתיב: 'ויעש ה' אלהים לאדם ולאשתו כתנות עור וילבישם', וסופה גמילות חסדים דכתיב: 'ויקבר אותו בגיא'".[2]

אבל הדבר הבולט ביותר בתורה הוא שההדרכה הכללית באשר להדבקות בה' היא הליכה בדרכיו, כלומר במידותיו. ואף שאנחנו יודעים שלקב"ה פנים שונות ומידות שונות, ההדרכה היא להידבק בו רק במידת החסד:

> ואמר רבי חמא ברבי חנינא: מאי דכתיב (מהו שכתוב) "אחרי ה' אלהיכם תלכו", וכי אפשר לו לאדם להלך אחר שכינה? והלא כבר נאמר "כי ה' אלהיך אש אוכלה הוא". אלא להלך אחר מידותיו של הקב"ה: מה הוא מלביש ערומים... אף אתה הלבש ערומים. הקב"ה ביקר חולים... אף אתה בקר חולים... הקב"ה ניחם אבלים... אף אתה נחם אבלים. הקב"ה קבר מתים... אף אתה קבור מתים.[3]

במובהק מדריכים חכמים להידבק בהנהגות הללו שכולן פנים שונות של חסד. גם בעולם הספירות ספירת החסד היא הספירה הראשונה משבע הספירות התחתונות, כביכול ההופעה האלוקית הראשונה בעולם לבושה במלבוש של חסד. ולמען האמת, על פי חז״ל[4] מידת החסד הייתה הצידוק היחיד לברוא את האדם, שהרי מלאכי האמת ומלאכי השלום התנגדו לבריאתו, מפני שכולו קטטות ושקרים, אבל מלאכי הצדקה והחסד צידדו בעד בריאתו מפני שכולו צדקות וחסדים. ובמובן הזה גם ברור מדוע החסד שעשה נח עם באי התיבה זיכה אותו להיות האדם שממנו תצמח האנושות החדשה, ומדוע אברהם איש החסד הוא הנבחר שממנו צומחת ברכה לכל האנושות וממנו הכול עתיד להתפתח.

מבט אחר על חסד

אחד הביטויים התמוהים בהקשר לעולם החסד הוא הביטוי ״גמילות חסד״, מפני שלכאורה גמול וחסד הם אוקסימורון, ביטויים סותרים. גמול הוא תוצאה למעשה האדם, משכורת היא למעשה גמול על עבודה. חסד, בניגוד לגמול, הוא נתינת דבר בלא תמורה, ההפך הגמור ממשכורת. אם כן, גמילות וחסד לכאורה אינם הולכים יחד. יצור הכלאיים הזה, גמילות חסד, דבר והיפוכו, מעסיק את הרב קוק והוא מתבונן על משמעותו דרך גמרא שעוסקת בפרשנות ציורית לאותיות האל״ף בי״ת:

גימ״ל דל״ת – גמול דלים. מאי טעמא פשוטה כרעיה דגימ״ל לגבי דל״ת?
(מדוע רגלה של האות ג׳ פשוטה, כלומר מופנית, לכיוונה של האות ד׳?)
שכן דרכו של גומל חסדים לרוץ אחר דלים.
ומאי טעמא פשוטה כרעיה דדל״ת לגבי גימ״ל?
(ומדוע רגלה של ד׳ פשוטה לכיוון האות ג׳?)
דלימציה ליה נפשיה

(כדי שהדל ייתן נפשו לגומל החסד, כלומר יסכים לקבל ממנו).
ומאי טעמא מהדר אפיה דדל"ת מגימ"ל?
(ומדוע הד׳, כלומר הדל, מחזיר פניו ואיננו מסתכל על הג׳, על הנותן?)
דליתן ליה בצינעה, כי היכי דלא ליכסיף מיניה
(כדי שייתן לו בצנעה ולא יתבייש מפניו).[5]

לכאורה, כל אדם שמעניק חסד לאחר, עשוי להרגיש שנעשה לו עוול. הרי הוא טרח והרוויח את כספו ולבסוף הוא נותן משלו לאדם אחר שלא התאמץ בשביל הכסף הזה. גם המקבל עשוי להרגיש תחושת בושה. הבושה הזאת מרומזת בצורת האותיות גימ"ל ודל"ת.

האותיות גימ"ל ודל"ת מסמלות את הביטוי "גומל דלים", כלומר הג׳ מייצגת את מעניק החסד, הגומל, והד׳ הוא הדל, מקבל הצדקה. אם נדמיין את צורת האותיות הללו כשני אנשים נראה שהגימ"ל נראית כאדם שרץ אחרי הדל"ת, כלומר הוא רודף אחרי עשיית החסד ופניו אל הדל, כי דרכו של גומל חסד לרוץ אחרי הדלים ולהעניק להם. הד׳, כלומר הדל, איננו מתבונן על הג׳, הוא אומנם נשען עליו וזקוק לו, ויש לו כשלעצמו רק רגל אחת לא יציבה, אבל פניו אינן מביטות אל נותן החסד, הוא מתבייש מפניו. פניו אל האות ה׳ המייצגת את הקב"ה.

אם כן, עשיית חסד עלולה להיות כרוכה בתחושת הפסד ואולי אף תחושת ניצול שירגיש הצד הנותן, הגומל, ותחושת בושה מן הצד המקבל. לא פשוט להשתית חברה על מידת נפש שכרוכה בתחושות כאלה. הרב קוק מבאר שהמושג "גמילות חסד" מתארת את תפיסת העולם של התורה באשר לחסד, תפיסה שיש בה כדי לפייס ולרכך את התחושות הללו:

ההבנה של ערך הצדקה בעולם, שאינה באה רק מפני המיית הלב המסתערת בנפש הרואה את המחסור של העני ומרגיש את צערו כאילו הוא צער עצמי אליו, ובשביל כך הרי הוא חש למלא את החסר להדל כדי לרפאות את כאבו. ואפילו לא רק באותו

> המובן השכלי, המחייב את מדת הרחמים והחמלה, כי אם בדבר ד׳ אשר ברא סדרו של עולם שיהיו בו עניים ועשירים. והדלים הם ממלאים תפקיד ידוע בעולם, שלולא הם היה העולם חסר מצביונו ולא היה שלם, ולא מגיע לאותה המטרה העליונה שהציב לפניו יוצרו ברוך הוא. ונמצא שהדלים, המשלימים צביון העולם בדלותם, והם עוד סובלים מזה חיי צער, הרי הם באים על גמולם בצדק מלא. וזהו הרז היותר פנימי במצוות הצדקה לפי מובנה העליון, המסלק ממנה גם כן את השפלות הנפשית של המקבל חסד מזולתו בלא חוק ומשפט.[6]

תחילה מתאר הרב קוק את שני הדחפים המצויים בקרב בני אדם העוסקים בחסד. לפעמים מדובר בחוויה רגשית חזקה – למראה אדם נזקק ששוכב על רצפת תחנת הרכבת, נחמץ הלב, ונפתח הכיס. הצרה עם חוויה רגשית כזאת, שהיא לא מתעוררת אלא לנוכח מראה קשה, והיא לא מאפשרת יוזמה אקטיבית של חסד לאורך זמן. הדחף השני הוא ההבנה הערכית שאנחנו חייבים לחוש חמלה ורחמים כלפי נזקקים. זה כבר מאפשר עשיית חסד לאורך זמן, ואפילו חסד אקטיבי, הקמת עמותות חסד ועוד. אבל התפיסה הזאת עדיין מנציחה פערים מוּבְנים בין הנותן, שבאופן טבעי ממוקם למעלה, לבין המקבל, הנזקק, שמצוי למטה. הנותן מרגיש טוב עם עצמו, הוא הרי נתן משלו בטובו הגדול, אבל המקבל נבוך ומתבייש.

הרב קוק מציע מבט אחר: העולם כפי שברא ה׳ זקוק לעניים כפי שהוא זקוק לעשירים. יש מידות נפש שמצויות דווקא במקומות של עוני ופשטות. אלמלא העוני והקשיים גם לא הייתה חמלה בעולם, נתינה והתחשבות. הקב״ה בשבתו כביכול כמתכנן העולם זימן לחלק מהאנשים את התפקיד הקשה כל כך של נושאי עול העוני. הצדקה היא כביכול המשכורת שהחברה נותנת לאנשים הללו עבור תפקידם הקשה. במובן זה מדובר במשכורת, גמול על תפקידם, לכן זה נקרא גמילות חסד. על פי החוק היבש זהו חסד, שהרי הנותן הרוויח את כספו והוא שייך לו, אבל זו גם גמילות, שהרי ראוי לשלם לעני על

קשייו שמביאים ברכה לעולם כולו. התפיסה הזאת מקילה על שני הצדדים, זה "מגיע" לעני, לא מדובר רק בחסד. גם העני תורם ובמחיר כבד מאוד את חלקו לחברה, וממילא הוא יכול לקבל בהרבה פחות בושה. זוהי הרחבה של תפיסת חז"ל על כך ש"יותר ממה שבעל הבית עושה עם העני, עושה העני עם בעל הבית".[7] אין מדובר רק בעת נתינת הצדקה, מדובר בעשייה מתמדת של האנשים הדלים שתורמים את חלקם המאתגר לחברה כולה. וגם מן העשיר נמנעת תחושת הניצול או ההתנשאות. הוא נותן כי העני ראוי לכך.

נדיבות — הרבה יותר מכסף

כשאנחנו חושבים על קמצנות, פזרנות ונדיבות, אנחנו בדרך כלל פונים אל זירת הכסף, אבל מדובר בזירה רחבה בהרבה:

> תנו רבנן: בשלשה דברים גדולה גמילות חסדים יותר מן הצדקה,
> צדקה – בממונו, גמילות חסדים – בין בגופו בין בממונו.
> צדקה – לעניים, גמילות חסדים – בין לעניים בין לעשירים.
> צדקה – לחיים, גמילות חסדים – בין לחיים בין למתים.[8]

חכמים מרחיבים את עולם הנתינה. נתינת צדקה בכסף היא נתינה מוגבלת, היא יכולה להתרחש רק בין בעלי ממון לבין מי שמצבו הכלכלי ירוד, היא יכולה להתרחש רק בגבולות העולם שלנו ואינה נוגעת למי שכבר נפטר מן העולם. היא גם נשארת בגבולות הארנק מבלי שכל הגוף נוכח בנתינה הזאת. במעשה חסד אפשר לפרוץ את הגבולות הללו, הגוף שותף במעשה ולא רק הארנק, יש אפשרות לעשות למען אדם שכבר נפטר וכל אדם עשוי לתת ולקבל, מפני שההזדקקות איננה נשארת רק במישור הכלכלי.

גם קמצנות ונדיבות איננה מסתכמת בכסף, היא גולשת לזמנו של האדם ולשאלה מה הוא בוחר לעשות בזמנו הפנוי. האם הזמן הוא משאב שלו, שאותו הוא שומר לעצמו בלבד, או מוכן לחלוק

ולהעניק ממנו לאחרים. שאלת הקמצנות או הנדיבות גולשת גם אל גופו של האדם, אם הוא נכון להיות בשביל אדם אחר, לבקר חולים, לנחם אבלים ועוד. במובן זה הזדמנות החסד מתרחבת מאוד. אילו היה מדובר רק בכסף, העניים אינם מסוגלים טכנית לצאת מהמעגל הסגור שמנציח את מעמדם כמקבלים שאין ביכולתם לתת. אבל מדובר בהרבה יותר מכסף ומתברר שכולנו, כל באי עולם, עניים ועשירים בתחומים שונים. אדם עשיר בכסף עשוי להיות עני באהבה ובחברים, אדם עשיר בחברים עשוי להיות עני במשפחה, אדם עשיר במשפחה עשוי להיות עני בדעת ובהשכלה, ואין לדבר סוף. מכל מקום עולה שכל אדם, בלי כל קשר למצבו הכלכלי יכול לתת באותם תחומים שבהם הוא עשיר, ולהפך, עשוי למצוא את עצמו נזקק למרות עושרו הגדול, נזקק בריאותית, נפשית, ועוד.

וגם זו ברכה, המקום שבו אדם הופך לנזקק הוא גם המקום שפותח בליבו פתח לראות את הנזקקים בתחומים אחרים. פסוק הברכה מבטיח: "וְנָתַן לְךָ רַחֲמִים – וְרִחַמְךָ".[9] כאשר אדם מתמלא ברחמים הוא נעשה ראוי גם לרחמי שמיים.

איך נגמלים מקמצנות שנובעת מאגואיזם?

כדי להיגמל מקמצנות יש לזהות את מקור המידה בנפש, והוא שונה מאדם לאדם.

יש מי שקמצנותו היא אגואיזם גרידא, שקיעה של אדם אל תוך עצמו והתעניינות בעצמו בלבד. אדם כזה שמבקש להשתנות צריך לעבוד בכל המישורים – התודעתי, הנפשי והמעשי. התודעה מתחילה מן ההבנה שתכלית החיים איננה השקיעה של אדם בעצמו. אדרבה, אדם מתחיל לחיות כאשר הוא יוצא מעצמו אל הזולת. זהו המעבר מן המוגבל, הפרטי, האדם עצמו, אל הנצחי – אל הזולת, הכלל, והעולם. התודעה הזאת חורזת את כל תפיסת התורה שתי וערב, וככל שאדם לומד זאת יותר מתרכך הלב מן הצמצום הנוקשה בתוך עצמו.

המהלך הנפשי קשור בהכרה שנדיבות היא הביטוי המעשי לאהבה. היא היכולת לקחת את האהבה, שיקרה לכולם, מהחוויה האגואיסטית של צריכת אהבה לחוויה הפותחת של נתינת אהבה. במקורות המילה אהבה מומרת במילה רחמים,[10] כשאתה אוהב אתה מרחם, אתה מרגיש את הזולת ונותן לו. כולנו מאוהבים באהבה וצמאים לה, אבל רק התרגום של אהבה לנדיבות הופך אותה לכוח ממשי במציאות.

והינה, הגענו אל הממד המעשי של השינוי. חכמים לא קבעו סתם את העיקרון של מעשר כספים. הם רצו ליצור הרגשה בנפש שהנתינה היא הכרח. אי אפשר לחיות בלעדיה. כדי לצאת מהזירה הקמצנית יש להכריח את עצמך לתת. לקבוע סכומים בכל חודש שמיועדים לנתינה וחסד, לקבוע זמנים שמועדים להתנדבות ובעיקר לחגוג את זה: לחגוג את הנתינה בינך לבינך, לתת לה מקום ולהאדיר את משמעותה.

כמובן, חינוך לחסד מתחיל מגיל צעיר בהרגלת ילד להשתתף במעשי חסד, בראיית הזולת ואימון בנתינה. אפילו ילד שהצליח לאסוף עשר סוכריות טופי בבר־מצווה בבית הכנסת ושומע מההורים שלו שהוא חייב במעשר, שלפחות סוכריה אחת עליו לתת לילד שלא תפס, שאם הוא ממש חסיד שייתן שתיים, נכנס אל מחוזות הנתינה בגיל מוקדם וטוב שכך, ובכל גיל אפשר להתחיל, גם אם לא חונכנו לכך.

גמילה מקמצנות חרדתית

אבל הקמצנות נובעת פעמים רבות לא רק מאגואיזם. לפעמים אנשים שחוו מחסור בילדותם או שחיו במשפחה שבה הייתה אווירה של מחסור, נוטים לשקוע בקמצנות שהיא תולדה נפשית של חרדה כלכלית קיומית. הסימן המובהק להבחנה בין קמצנות אגואיסטית לקמצנות חרדתית הוא בשאלה אם מדובר רק בקמצנות כלפי אחרים או מדובר באדם שמתייסר גם כשנאלץ להוציא עבור עצמו.

מי שקופץ ידו גם לצרכים שלו עצמו יושב על בסיס נפשי ראוי ביסודו, שכמו בהרבה מידות גלש מן המידה הראויה אל הקצה. הבסיס

הראוי הוא המחויבות של אדם לקחת אחריות על מצבו הכלכלי כדי לא ליפול מעמסה על הציבור. המשנה קבעה סדר קדימויות שלפיו בראש ובראשונה על אדם לדאוג למצבו הכלכלי אפילו לפני דאגה למצבם של אנשים קרובים ויקרים לו: "אבדתו ואבדת אביו, אבדתו ואבדת רבו – שלו קודמת".[11] ההסבר לכך הוא שכל אדם מצווה לדאוג ליציבותו הכלכלית:

> מנא הני מילי (מהו המקור לדברים הללו)? אמר רב יהודה אמר רב: אמר קרא (אמר הפסוק): "אפס כי לא יהיה בך אביון". שלך קודם לשל כל אדם.[12]

אלא שהאחריות של כל אדם על מצבו הכלכלי עלולה להפוך לדרך חיים קמצנית וקיצונית שבה אין מקום לנתינה לזולת ואפילו לא לעצמו, על כן בשם אותם דוברים ממהרת הגמרא להזהיר:

"ואמר רב יהודה אמר רב: כל המקיים בעצמו כך, סוף בא לידי כך".[13] כלומר, מי שהופך את הדאגה לעתידו הכלכלי לחזות הכול ואינו מאזן בינה לבין נתינה לאחרים ובינה לבין רווחת חייו גם בהווה, עלול להגיע למחוזות כאלה שבהם הוא עצמו יהיה נזקק, כפי שהסביר רש"י:

> אף על פי שלא הטילו עליו הכתוב, יש לאדם להיכנס לפנים משורת הדין ולא לדקדק 'שלי קודם', אם לא בהפסד מוכיח. ואם תמיד מדקדק, פורק מעליו עול גמילות חסד וצדקה, וסוף שיצטרך לבריות.[14]

אגב, רש"י מדבר על תוצאה מעשית, כביכול מיסטית. כלומר מי ששוקע בדאגה לעצמו יגלגל הקב"ה את עולמו כך שיהפוך לעני ויזדקק לצדקה מן הבריות. זוהי תמונת המראה של העיקרון "עשר בשביל שתתעשר",[15] אל תקמץ כדי שלא תהפוך לעני. אולי התבוננות נוספת ברש"י תאפשר הרחבת דבריו. ניתן לומר שאין מדובר רק בתוצאה

מיסטית שלפיה קמצנות תהפוך לנזקקות, אלא בתיאור מצב מציאותי: מי שמגזים בשמירת כספו הופך לאביון נפשי, כלומר גם כאשר מצבו הכלכלי באופן אובייקטיבי הוא טוב ויציב, אין זה משנה. הוא חווה את עצמו כעני וכמי שזקוק לבריות או כמי שעלול בכל רגע נתון להזדקק להם, וממילא עם כל עושרו שאגר לו, זהו עושר על הנייר בלבד, למעשה הוא חי כעני מרוד.

אדם שזו חוויית הקמצנות שלו, קמצנות מתוך דאגה, צריך להתנהל כמו אדם שמידת הפחד שולטת בו. לא להניח לדמיון לנהל אותו ולעשות חישוב כלכלי הגיוני. עם זאת גם לא להיגרר לכל מיני חישובים ספקולטיביים ולא לצרוך מידע מוגזם. תחת זאת עליו לחזק את מידת הביטחון ולעבוד על היכולת לשחרר שליטה. זה בדרך כלל הולך ביחד, השליטה נותנת אשליה של ודאות וביטחון, וככל שאדם בוטח פחות בבוראו הוא נוטה לאחוז בכוח במה שיש לו. הרי היום יש לו, ומי יודע מה יהיה מחר? מידת הביטחון מאפשרת לשחרר, הבוטח לא צריך להחזיק בכוח, הוא יכול להרפות, הרי מי שנתן לו את הכוח להשיג פרנסתו היום, יהיה בעזרו גם מחר, ואם לא יהיה בעזרו? המאורעות מגולגלים לטובה. גם אם יאגור כסף, לא בהכרח ישפר עליו גורלו. אין מדובר באיזו מחשבה מיסטית שסומכת על הנס, אלא בביטחון שעל האדם לעשות את המוטל עליו מבלי להפריז בפזרנות, ולהניח לקב"ה להנהיג אותו בידו הבטוחה.

ביטחון בה' כמו ביטחון בכלל נקנה בהדרגה. משחררים לאט לאט, מגלים שהעולם לא התהפך וניתן לשחרר יותר, מגלים שהנפש עוברת תהליך של הרפיה ככל שמשחררים את היד. התורה משתמשת בחיבור הזה בין היד ללב: "כִּי יִהְיֶה בְךָ אֶבְיוֹן מֵאַחַד אַחֶיךָ בְּאַחַד שְׁעָרֶיךָ בְּאַרְצְךָ אֲשֶׁר ה' אֱלֹהֶיךָ נֹתֵן לָךְ, לֹא תְאַמֵּץ אֶת לְבָבְךָ וְלֹא תִקְפֹּץ אֶת יָדְךָ מֵאָחִיךָ הָאֶבְיוֹן".[16]

התהליך שמתואר כאן מתחיל מן הלב ונמשך אל היד: האדם שאימץ את ליבו, קופץ את ידו. אבל כמו כל תהליך גמילה הוא עשוי גם לעבוד מן החוץ פנימה, פתיחת היד הקפוצה תאפשר שחרור ומרגוע ללב, וככל שתהליך השחרור יתפתח, תבוא לאדם רווחה נפשית עם

הגמילה מהקמצנות. הפסוק מטפל גם בתודעת הקמצן שמתקשה לשחרר מנכסיו, ומדגיש שהמפגש עם האביון נעשה בארץ "אשר ה' אלוהיך נותן לך". אפילו הארץ שאתה עומד עליה איננה בבעלותך, לא כל שכן רכושך, כשהתודעה היא שבאמת הכול מאיתו יתברך ואינו מיוחס לאדם עצמו, קל יותר לשחרר. התודעה שלפיה אינני נותן משלי אלא ממה שהקב"ה הפקיד בידי, אני מממש את הפיקדון לפי רצון בעל הפיקדון, מקילה מאוד.

איך נגמלים מפזרנות?

גם מידת הפזרנות עשויה לנבוע משורשים שונים, וכל תיקון תלוי בשורש המסוים.

יש פזרנות שנובעת מבוז לכסף, שורשה לפעמים בחינוך דתי שמחנך לא להעריך כסף בהיות הכסף סממן לחומריות וגשמיות. התפיסה הזאת, שבימי הגלות הארוכה הייתה מרכזית מאוד, נותנת את אותותיה ומייצרת כביכול אידיאליזציה של עוני, הרי נאמר "היזהרו בבני עניים שמהם תצא תורה".[17] מכיוון שאין חשיבות לכסף ניתן לפזרו בלי חשבון.

חכמים נזהרו מהתפיסה הזאת, והזכירו שיעקב חוזר להציל את ממונו: "'ויותר יעקב לבדו' – אמר רבי אלעזר: שנשתייר על פכין קטנים. מכאן לצדיקים שחביב עליהם ממונם יותר מגופם. וכל כך למה? לפי שאין פושטין ידיהן בגזל".[18]

הצדיק מתואר כאן כמי שממונו חביב יותר מגופו, כלומר יש לכספו ורכושו ערך רב, לא די בלבד שאינו מתכוון לבזבזו לריק,אלא אף יחזור אחרי ממון שאינו יקר ערך. הזוהר הקדוש מעניק לנו מבט אחר על כסף, שמכיר במשמעות שלו ובזהירות מהשחתת כסף לריק:

> תא חזי, מאי דכתיב "וישמע אברהם אל עפרון וישקול אברהם לעפרון את הכסף"? דא הוא כסופא רבתא, דאינון עלמין וכיסופין. ארבע מאות שקל כסף, ארבע מאות עולמות והנאות וכיסופין, עובר לסוחר.[19]

> תרגום: בוא ראה, מהו שכתוב "וישמע אברהם אל עפרון וישקול אברהם לעפרון את הכסף"? אלה הם כיסופים גדולים, שהם עולמות וכיסופים. ארבע מאות שקל כסף – ארבע מאות עולמות והנאות וכיסופים, עובר לסוחר.

הכסף הוא מה שמאפשר לאדם לבטא את כל כיסופיו בעולם. זה כוח עצום שמאפשר לעשות טוב ולפעול בעולם. מדינת ישראל עשירה היא מדינה שיש לה סיכוי גדול יותר להוות אור לגויים, לכן אבותינו היו עשירים. צדיקים חביב עליהם ממונם מפני שהם יכולים לפעול בעזרתו גדולות ונצורות, מלבד עצם הקשר הפנימי בין אדם לרכושו. האדם שבז לכסף גם בז לכל עולם הכיסופים והשאיפות שניתן לבטא ולממש בעזרת הכסף.

יש פזרנות אחרת שנובעת מאובדן סדר האחריות בעולם, וכבר הזכרנו קודם שאדם מחויב ראשית לביטחונו הכלכלי ורק אחר כך לזה של זולתו. העיקרון שלימד רבי עקיבא שלפיו "חייך קודמים לחיי חברך"[20] הוא העיקרון המנחה. יש לאהוב את כולם אבל על פי סדר, האהבה הראשונה של האדם היא לעצמו וגם האחריות הכלכלית לעצמו, אחר כך למשפחתו וכן הלאה. על כן קבעו חכמים גבולות אפילו ביחס לנתינת צדקה: "באושא התקינו: המבזבז (לצדקה) אל יבזבז יותר מחומש".[21] מי שמוציא בלי גבול אפילו למטרות חסד מכונה בזבזן, כלומר מי שבז לכסף, אינו מכיר כראוי בערכו. גם כאן, איזונים דקים, הכרה באחריות האדם על מצבו הכלכלי, הכרה בכסף ככלי אדיר לפעול על ידו בעולם, וזהירות מפעולה מופרזת כלפי חוץ שתותיר את האדם בלא כלום.

אבל הפזרנות המצויה יותר, נובעת בדרך כלל מתאווה, כלומר מדחף חזק להתענג כאן ועכשיו מבלי יכולת להתאפק. גם זה בזבוז, כלומר בוז לכסף, שהרי אם כל המאוויים והכיסופים של האדם יכולים להתממש על ידי כסף, והוא אינו מתאפק ומוציא לתאוות מיידיות הרי הוא בז לכספו, הוא גם בז לכיסופיו, כלומר ממיר כיסופים גדולים עתידיים בכיסופים קטנים מיידיים. הניצחון על פזרנות מן הסוג הזה,

כמו על כל תאווה, הוא בהחזרת השליטה. בדיוק כפי שקמצנות יתר היא עודף שליטה, כך בזבזנות יתר היא אובדן שליטה, ויש להמליך את הדעת על הניהול הכלכלי. לתכנן, להגדיר גבולות, לשלוט. יש תחומים שבהם אדם מבוגר צריך להתייחס אל עצמו כילד, ממש כפי שילד זקוק שישרטטו עבורו גבולות שישמרו עליו, כך לפעמים אדם שמאבד שליטה ומבזבז בלי דעת, צריך גבולות שישמרו עליו מפניו. אנחנו חיים היום בשפע שלא היה כדוגמתו מעולם וכגודל השפע כן גודל הפיתוי לממש את הכול כאן ועכשיו, וזהו במידה רבה האתגר של היציאה לחירות בעולם המודרני. מי שמצליח לשלוט ולנהל את הוצאותיו כראוי נעשה אדון לכספו ובעיקר לכוחותיו, ומי שכספו מנהל אותו נעשה עבד נרצע. עשיר מרוד...

על פרנסה וחסד

אצל הרבה אנשים יראי שמיים מצוי יחס מורכב לעולם הכסף. באוזניהם מהדהדות האזהרות של הרמח"ל[22] על כך שהעושר הוא ניסיון ושל הפלא יועץ[23] על כך שזהו ניסיון קשה אף מן העוני. גם משה רבנו מזהיר את ישראל לבל ישכיח מהם העושר בארץ את הקב"ה, "פֶּן תֹּאכַל וְשָׂבָעְתָּ וּבָתִּים טוֹבִים תִּבְנֶה וְיָשָׁבְתָּ. וּבְקָרְךָ וְצֹאנְךָ יִרְבְּיֻן וְכֶסֶף וְזָהָב יִרְבֶּה לָּךְ וְכֹל אֲשֶׁר לְךָ יִרְבֶּה. וְרָם לְבָבֶךָ וְשָׁכַחְתָּ אֶת ה' אֱלֹהֶיךָ...".[24] נוסף על הבהלה מהסכנה הרוחנית הכרוכה בעושר, יש תחושה שמעשה חסד הוא מעשה שאין בצידו תמורה, ועל כן עבודה תמורת כסף נתפסת כפחותה ממעשה חסד. כל זה גורם לכך שאנשים יראי שמיים יראו לפעמים בעבודה שיש בצידה שכר דבר פחות, יתביישו לתבוע את המשכורת ההוגנת, ולפעמים אפילו יתביישו לשאול בריאיון עבודה כמה הם עתידים להרוויח.

יש צידוק גדול לכך. אכן שפע של כסף עלול לגרום להתמכרות ולהתבהמות, ויש להיזהר, אבל יש גם פספוס עצום בתפיסה הזאת. כאשר אדם תופס את המקצוע שלו כהזדמנות לעשות טוב בעולם ואת המשכורת כמצע שמאפשר לעשות את הטוב הזה כל הזמן, הוא

הופך את חייו לחיי שליחות. נדמה לי שזה עומק השאלה שנשאל אדם לאחר מותו, אם נשא ונתן באמונה. זו לא רק שאלה של יושר והגינות מוסרית, מדובר בשאלה מהותית: האם עבודתך נעשתה מתוך אמונה, מתוך שליחות? הכסף איננו פוגם בשליחות הזאת, אדרבה, הוא מאפשר לה להתממש. דמיינו לעצמכם שכל המורים, העובדים הסוציאליים והרופאים היו אנשי חסד שעובדים בהתנדבות, כמה באמת היו יכולים להקדיש לעבודתם? ומלבד כל זאת יש ערך עצום בעמל של העבודה וביכולת לא להתנהל כנזקק אלא כמי שלוקח אחריות על פרנסתו, "יְגִיעַ כַּפֶּיךָ כִּי תֹאכֵל אַשְׁרֶיךָ וְטוֹב לָךְ".[25]

נדיבות בעולם המודרני

ככל שהעולם עובר משימוש בכסף מזומן לאמצעי תשלום דיגיטליים, תחושת התשלום מתקהה. זו הסיבה שיועצי צרכנות נבונה מציעים למשפחות לחזור לשלם במזומן, להרגיש את ההוצאה ולא להתפתות לקלות הבלתי נסבלת של לחיצת כפתור. מה שנכון באשר לצריכה פרטית נכון גם באשר למעשי חסד. העובדה שרוב התרומות נעשות היום מרחוק, מבלי לגעת בכסף ומבלי לפגוש את הנזקקים מן העבר השני, יש בה כדי להקל על הנתינה, אבל גם להשאיר את האדם במקומו, מבלי לקרב אותו אל זירת החסד.

הרב קוק מגדיר את כספי הצדקה כשלוחו של אדם שעושה מעשים טובים בשמו, אבל מזכיר את הכלל היסודי – "מצווה בו יותר מבשלוחו",[26] ובכל מקום שניתן להיות נוכח פיזית, לפגוש את האדם הנזקק ולהיות שם בשבילו, ראוי לעשות זאת.[27]

המדרש המפורסם[28] מתאר כיצד הקפיד מר עוקבא לתת בכל יום מתן בסתר לעני בדרכו חזרה מבית המדרש. פעם אחת כשאיחר לחזור ואשתו יצאה לקראתו הניחו את הכסף יחד. בדיוק באותו היום ניסה העני לגלות מי גומל עימו חסד כל הימים. מר עוקבא ואשתו ברחו מפניו כדי שלא יצטער לגלות שמר עוקבא, אב בית הדין, הוא הטורח בשבילו. לבסוף הם מוצאים מסתור בתנור גרוף מגחליו. עדיין

חם בתנור ורגלו של מר עוקבא נכווית. אשתו מציעה לו להניח את רגליו על רגליה. כלומר, רגליה אינן נכוות. מר עוקבא מצטער. הוא מבין שאף על פי שמבחינה הלכתית דרך נתינת הצדקה שלו גבוהה מאוד, בכל זאת אשתו נוהגת באופן נכון יותר. אשתו מסבירה לו שהיא אכן נותנת את הצדקה פנים בפנים, אבל קרובה הנאתם של העניים ממנה. בפשטות הכוונה שהיא מביאה להם אוכל מוכן. אבל אולי זה עמוק מזה – היא פוגשת, היא מכירה אותם, היא מרגישה בצערם. היא יודעת לנפשם ומכירה את הנאתם, מה יסב להם הנאה ומה יסב צער. מכיוון שכך היא מרגישה בצערו של העני יותר ממר עוקבא.

צריך לשים לב לזה דווקא היום עם קלות הנתינה מרחוק, מבלי להרגיש את ההוצאה ומבלי להרגיש את כאבם של המקבלים. צריך להתקרב, להיות שם, להרגיש.

התמדה והתחדשות

עניין של אישיות

בניגוד למידות נפש אחרות, שניגשנו אליהן בשיפוטיות וניסינו לפלס דרך של מידה מאוזנת, נדמה שתכונות הנפש של אנשי השגרה המתמידים ואנשי ההתחדשות המשתנים הן תכונות מולדות שאין לשפוט אותן ולא בהכרח נכון לצאת מהן. העולם זקוק לאנשי שגרה והעולם זקוק לאנשי התחדשות מפני שהוא זקוק ליציבות ותנועה. יש לפעמים תקופות שהדבר שהיה נצרך בהן הוא יציבות ורבים מאנשי התקופה היו אנשי שגרה, ויש תקופות שההתחדשות היא הדומיננטית בהן. מכל מקום צריך את אלה וגם את אלה, והשילוב ביניהם בונה חברה ראויה. ננסה להתבונן כאן על היתרונות של כל תכונה כזאת, ועל החסרונות שיש להישמר מפניהם, כמו גם איך לחזק את התכונה ההפוכה בנפש, כלומר איך אדם שנוטה להתחדשות מתמדת יכול ללמוד להתחייב להתמדה ולהפך.

ניתן לומר שהעולם מתחלק לאנשי שמש ואנשי ירח. יש מי שימצא קשר בין אנשי שמש לגברים ובין אנשי ירח לנשים, מפני ההתחדשות המחזורית בגופה של האישה, ההריונות והלידה ועוד, לעומת היציבות בגופו של הגבר. אבל זה כמובן הרבה מעבר לחלוקה

בין נשים לגברים, וככלל העולם האנושי מתחלק לאנשי התמדה ואנשי התחדשות, אנשי שגרה ואנשי שינוי, וכמובן הרבה אנשים שמורכבים מזה ומזה.

גם לוח השנה בנוי מימי חולין וימי חג, ובין האנשים ניתן למצוא כאלה שימי החולין אהובים עליהם מפני שהם מתמלאים מהשגרה המבורכת, ויש אנשים שחיים מחג לחג, מפני שהם זקוקים להתחדשות ולשינוי. גם ההיסטוריה האנושית רצופה בתקופות של שגרה ומהפכות של התחדשות, ואפילו ההנהגה האלוקית, שמאופיינת בשני צירים, טבע ונס, הדרגה ודילוג, עשויה מזה ומזה. מכיוון שכל עבודת המידות היא ניסיון להידבק במידות האלוקיות, אפשר להיאחז בזה ובזה.

שגרה, התמדה, קיבעון

הזכרנו כמה פעמים את הכלל הגדול של רבי עקיבא, "ואהבת" המפורסם, אבל בן פזי חולק עליו ובאופן מפתיע קובע שהכלל הגדול בתורה הוא עקרון ההתמדה והקביעות, כך מופיע בהקדמה לספר עין יעקב:

> מצאתי כתוב בשם המדרש ובקשתיהו ולא מצאתיהו בכל שיתא סדרי וזהו נוסחו:
>
> בן זומא אומר: מצינו פסוק כולל יותר (מ"ואהבת") והוא: "שמע ישראל ה' אלהינו ה' אחד"... שמעון בן פזי אומר: מצינו פסוק כולל יותר והוא: "את הכבש אחד תעשה בבקר ואת הכבש השני תעשה בין הערבים". עמד ר' פלוני על רגליו ואמר: הלכה כבן פזי.

בן פזי בוחר את הציווי על קורבן התמיד ככלל הגדול בתורה, אפילו יותר מהציווי לאהוב, גם יותר מפסוק האמונה המכונן, "שמע ישראל". זה לא נראה מרגש ולא נראה כמו רגע הירואי בחיי האדם, הקרבת קורבן התמיד, ובדיוק לשם מכוון בן פזי: התמדה, שגרה. ככה בונים עולם, ככה

בונים חיים ומשפחה. איש ההתמדה איננו תלוי בריגוש ובחוויה ואיננו משנה את מעשיו בכל יום. הוא מחויב. הוא מצוי בעשייה מתמדת, יום אחר יום, עם או בלי התרגשות, עם או בלי התלהבות. זה אפור לפעמים, אבל האפור הזה מנצח. דווקא היום, בחברה שמכורה לריגוש ולחוויה, שמיטלטלת מאופנה לאופנה, קשה למצוא המשכיות ומחויבות. זהו סוד הקסם של איש ההתמדה, הוא מחויב. זהו הכלל הגדול בתורה על פי בן פזי: מחויבות. קשר בכל מצב. עבודה סיזיפית ויומיומית.

השפת אמת כותב באופן מפתיע שהסיבה לכך שנס הפורים התרחש דווקא על ידי מרדכי כרוכה בדאגה המתמדת שלו לשלומה של אסתר:

"ובכל יום ויום מרדכי מתהלך לפני חצר בית הנשים לדעת את שלום אסתר ומה יעשה בה"[1] – נראה שכל הדברים הנזכרים במגילה היה הכול לצורך הנס. ובוודאי זה דבר גדול מאוד שהיה כארבע וחמש שנים מעת הלקח אסתר לאחשוורוש. ומרדכי הצדיק הלך בכל יום ויום לראות שלומה בעבור כי היתה יתומה. ובצער התפיסה בבית הנוכרי. ובזכות זה זכה לנס. וכתיב גם כן "באמרם אליו יום ויום". שע"י שבכל יום ויום מתהלך זכה לזה לנצח את המן הרשע ולהכעיסו בכל יום ויום.[2]

ההדגשה כאן היא במילים "וּבְכָל יוֹם וָיוֹם", בהתמדה דואג מרדכי לשלומה של אסתר, זה יחזור על עצמו בעמידה האיתנה מול המן: "וַיְהִי כְּאָמְרָם אֵלָיו יוֹם וָיוֹם",[3] אין ויתור על העמדה שהוא מציב, הוא מתמיד. הקביעות והיציבות הן שעומדות לו למרדכי בעת סערה, ועל פי חז"ל הן העוגן הנדרש לכל אדם כדי שיוכל לעמוד בטלטלות החיים, על כן קבעו: "אמר ר' טבי אמר ר' יאשיה: כל המרפה עצמו מדברי תורה, אין בו כוח לעמוד ביום צרה".[4]

ההתמדה בעבודת ה' בונה יציבות רוחנית. כמחמאה לתלמיד ישיבה מצליח מדביקים לו את התואר "מתמיד", ממש כמו אותו קורבן תמיד. גם בתפילה אנחנו משתמשים בביטוי "ערב ובוקר בכל

יום תמיד". כל מה שאדם עושה "תמיד" מבטא מחויבות ללא תנאי. זוגיות ללא תנאי, עבודה ללא תנאי, קביעות בלי תזזיתיות. זו לרוב ברכה גדולה.

הסכנה בהתמדה ובקביעות היא הקיבעון. לפעמים אפילו שממה נפשית שמתפתחת מאחורי הקלעים של המעשה הקבוע. דווקא בגלל שאיש ההתמדה חסין מפני טלטלות רגשיות, הוא עלול גם לגלוש למקום המסוכן של שחיקת הרגש, של עשייה בלא לב. בשורש ע.ק.ב שממנו נובעת העקביות משתמשת התורה גם להזהיר מפני התמדה חסרת לב. על הפסוק "וְהָיָה עֵקֶב תִּשְׁמְעוּן אֵת הַמִּשְׁפָּטִים הָאֵלֶּה וּשְׁמַרְתֶּם וַעֲשִׂיתֶם אֹתָם",[5] כותב רש"י: "אם המצוות קלות, שאדם דש בעקביו, תשמעון".[6] מצוות שאדם דש בעקביו הן שם כללי לכל המעשים הטובים שכבר לא נעשים מתוך הלב, הם נעשים מהרגליים ומהעקבים, מההרגלים ומהקיבעון.

הסכנה השנייה של מידת ההתמדה היא הדריכה במקום הגם שכבר מתחייבת תנועה חדשה. אנשי ההתמדה דבקים במצב הנוכחי והרבה פעמים מסרבים להתקדם, גם כשהשינוי נצרך וכאשר ההישארות במקום הופכת למסוכנת. אילו היה תלוי הדבר באנשי ההתמדה, יש להניח שהיינו עדיין רוכבים על גמלים ומכבסים בנהר, אבל מישהו החליט שאי אפשר להמשיך כך, שצריך לחשוב מחוץ לקופסה. אחת הדוגמאות המדהימות לפריצת גבולות ההיגיון היא הדוגמה שמביא הרמב"ם לדמיון מופרך: "ספינת ברזל השטה באוויר". היום אנחנו יודעים שהדמיון הפך כבר מזמן למציאות כי מישהו חידש, שינה ופיתח ויצר מסוקים, מטוסים ואפילו חלליות. אני מניח שאנשי ההתמדה היו נכונים להשלים עם העובדה שלצורך יציאה מן הארץ יש להתכונן למסע ארוך על גבו של סוס, אבל אנשי ההתחדשות חשבו על מטוס. אכן, לא מן הנמנע שהמטוס לא היה בא לעולם ללא אנשי ההתמדה שעבדו יומם ולילה על פיתוח ההמצאה החדשה כי אנשי ההתחדשות כבר מיצו את סאת ההתרגשות ועברו לחשוב על חידוש אחר.

קושי נוסף שמצוי אצל אנשי ההתמדה הוא בהסתגלות למצב חדש. העולם שלנו נע כל הזמן, כך גם החיים הפרטיים, הלאומיים

והעולמיים, ומי שזקוק להתמדה מוצא עצמו מבוהל כשהדברים זזים ממסלולם הרגיל. בדרך כלל אנשי התמדה הם אנשים מסודרים שזקוקים לשליטה במצב, וכאשר משתנה עליהם סדר יומם, או אפילו גורל חייהם, הם אינם מצליחים לקבל את השינוי. לשם כך הם זקוקים לרכוש מעט ממידת ההתחדשות.

התחדשות, יצירתיות, תזזיתיות

בראש השנה, החג שמבטא בין השאר את התחדשות העולם יש מאין ובכל שנה מחדש, אנחנו מבקשים "שנהיה לראש ולא לזנב". מלבד הפירוש הפשוט, שהראש למעלה והזנב למטה, יש הבדל מהותי יותר בין ראש לזנב: הזנב מזדנב באין ברירה אחרי תנועת הראש. הראש לעומתו יכול בכל רגע נתון לבחור את כיוון התנועה. במובן זה הראש בן חורין והזנב משועבד, הראש מחדש והזנב ממשיך. החירות הזאת עצמה כמובן עלולה להפוך לשעבוד אם הראש יתמכר לשינוי ולהתחדשות ולא יראה את אופציית ההמשכיות כאפשרות שלפעמים הכי נכון לבחור בה.

העולם כולו בנוי בשיטת ההתחדשות, לילה ויום, עונות השנה המתחלפות, מזג האוויר המשתנה מיום ליום, דבר איננו סטטי. אנחנו משבחים את הקב"ה בתפילה על כוח ההתחדשות: "המחדש בטובו בכל יום תמיד מעשה בראשית", כלומר העולם מתחדש בכל יום ואיננו קבוע, וגם המבט שלנו על התורה ועבודת ה' אמור להיות מבט של התחדשות: "בְּכָל יוֹם יִהְיוּ בְּעֵינֶיךָ חֲדָשִׁים".[7] כל ברכות השחר מכוונות את המברך להתבונן על חייו כהתחדשות ולא כהמשך טבעי ליום האתמול, עד כדי כך שההודאה על הקימה בבוקר חותמת בברכת "המחזיר נשמות לפגרים מתים", כביכול בכל בוקר מתרחשת "תחיית המתים" של ממש. למען האמת, שם נרדף לאמונה היהודית הוא "אמונת החידוש", האמונה שהקב"ה ברא את העולם יש מאין ואין מדובר בעולם קדמון שהיה כאן מאז ומעולם. גם עם ישראל מוזכר כמי שעתיד להתחדש והוא נמשל ללבנה המתחדשת, כפי שמברכים בקידוש לבנה: "וללבנה אמר שתתחדש, עטרת תפארת לעמוסי בטן

שהם עתידים להתחדש כמותה ולפאר ליוצרם על שם כבוד מלכותו. ברוך אתה ה׳, מחדש חודשים״.

ההתחדשות מצויה בתשתית האמונה, ולכן הסיפור של יציאה מעבדות לחירות בחודש האביב שבו הכול מתחדש, עובר מדור לדור. כלומר התחדשות וחירות הולכות שלובות זרוע מפני שמי שיכול להתחדש אינו שבוי במצב הקיים ויכול לצאת ממנו לחירות, ומי שמקובע ואינו חופשי לנוע ממקומו מצוי במצב של עבדות והכרח. בכלל כל הרעיון של בחירה חופשית יושב על היכולת לבחור ולשנות בכל רגע נתון.

כמובן, הכול מורכב משני החלקים. החידוש בתורה יושב על גבי המחויבות למסורת והמשכיות, התחדשות הלבנה הולכת בד בבד עם החוקיות המתמדת. בקידוש לבנה אנחנו מזכירים את ההתחדשות כפי שראינו אבל גם את הקביעות שהקב״ה חקק בטבע: ״חוק וזמן נתן להם, שלא ישנו את תפקידם״. אולי הצורה השלמה הזאת, שילוב הקביעות וההתחדשות, באה לידי ביטוי במדרש שמתאר איך אמור להיראות בית מדרש:

> תנו רבנן: מעשה ברבי יוחנן בן ברוקה ורבי אלעזר (בן) חסמא שהלכו להקביל פני ר׳ יהושע בפקיעין. אמר להם: מה חידוש היה בבית המדרש היום? אמרו לו: תלמידיך אנו ומימיך אנו שותין. אמר להם: אף על פי כן, אי אפשר לבית המדרש בלא חידוש.[8]

רק אחרי שיושבי בית המדרש אומרים לרבם שהם תלמידיו ושותים את מימיו, כלומר את תורתו, הווה אומר מחויבים למסורת ולהמשכיות, דווקא אז יש מקום ואפילו הכרח לשלב הבא, לחידוש. אין בית מדרש בלא המשכיות והתמדה ואין בית מדרש בלא חידוש. ולענייננו, תכונת ההתחדשות היא קומה הכרחית על גבי קומת ההתמדה, שהרי בכל התחדשות יש סכנה להרס הקומה הקודמת ובמקום התחדשות עלולה להיווצר תלישות. ההתחדשות והיצירתיות מביאות ברכה על גבי התמדה

והמשכיות. זה שילוב עדין מאוד בנפש האדם, כמו גם בחברה האנושית. ומה קורה כשההתחדשות איננה נשענת על מחויבות והמשכיות? ישנה תזזיתיות של חוסר ביטחון, שהרי כל מהפכן יודע שמחר יבוא מהפכן חדש ויהפוך את מהפכתו על פיה. גם בנפש האדם כך, מי שרק מחדש מבלי להתמיד ולהתחייב, נלהב מאוד מהחידוש של היום וגם חושש מאוד, שהרי הוא עצמו יהיה הראשון להרוס את ההתלהבות של היום עם המרד והשינוי של מחר. אולי לזה התכוונה הגמרא כשאמרה: "'וליוצא ולבא אין שלום' – אמר רב: כיון שיוצא אדם מדבר הלכה לדבר מקרא שוב אין לו שלום, ושמואל אמר זה: הפורש מתלמוד למשנה. ור' יוחנן אמר: אפילו מש"ס לש"ס".[9] מדובר מן הסתם במי שכשלמד בתחילה התלהב מן החידוש, אבל אפרוריות ההתמדה כבדה עליו, הוא חיפש עניין, שינוי, היה סקרן למשהו חדש. אבל החידוש והשינוי לא באו כתוספת ללימוד הראשון אלא כתחליף, הוא פרש מן הלימוד הראשון. זהו חידוש שמחריב את המחויבות וההתמדה. ההבחנה הזאת תקפה לתחומים רבים, לזוגיות, לעבודה, להורות, ולעבודת ה' בכללה.

האתגר הכי גדול אצל איש ההתחדשות הוא למצוא חידוש בקביעות, לגלות עולמות חדשים בכל העולם המוכר. מכיוון שכל אדם הוא באמת אין־סופי הוא יכול לגלות בעצמו רבדים חדשים, יכול לגלות באשתו רבדים חדשים, וממילא אותה זוגיות עשויה להתחדש ולחדש גם אותו. מכיוון שהתורה אין־סופית ניתן לגלות באותה תורה עומקים חדשים. מכיוון שהלומד אין־סופי, המפגש בינו לבין התורה יכול להניב חידוש בלי גבול, ובלי להמיר את הקשר הישן באחר, ברוח המשפט המפורסם של הרב קוק, "הישן יתחדש והחדש יתקדש".[10]

נדמה לי שהדוגמה להתחדשות בתוך הקביעות מצויה במדרש שמתאר את צערו של אהרן הכהן על כך שלא היה שותף לחנוכת הנשיאים. החנוכה היא ההתחדשות, ההתחלה, ואילו הוא אשר מופקד על הקביעות בעבודה לא זכה לתחושת ההתחדשות ונגזרה עליו התמדה. אבל כשהקב"ה מנחם אותו הוא אומר לו: "חייך, שלך גדולה משלהם, שאתה מדליק ומטיב את הנרות",[11] הוא לא אומר לו שחלקו גדול מפני שהקביעות חשובה מן ההתחדשות, הוא אומר לו שחלקו

גדול מפני שהוא מסוגל להדליק יום־יום, כלומר לחדש ולהתחיל מההתחלה בתוך עבודת הקביעות.

כיצד מפתחים את תכונת ההתחדשות?

התחדשות מתאפשרת על ידי שאלת שאלות על המצב הקיים. כולנו שאלנו שאלות כשהיינו ילדים, אבל עם השנים השתיקו חלק מהשאלות ששאלנו, לפעמים מפחד לפעמים מזלזול, והתרגלנו לקבל את המצב הקיים ולא לערער עליו. כל שאלה על המצב מפחידה מפני שיש בה קריאת תיגר ואופציה לשנות. זו הסיבה שבבתים דתיים משתיקים שאלות שמבקשות לדעת אולי אין תורה ואין אלוקים ובבתים חילוניים משתיקים שאלות הפוכות, אולי יש ויש. בלי שאלות מתקבלת נפש צייתנית שטובה לכל מי שמבקש סביבה בטוחה ויציבה, אבל היא גם עלולה לכבות את התשוקה, את הסקרנות, היצירתיות והחידוש. ככל שמאפשרים לשאול ולחשוב, ככל שנותנים אמון בשאלות ומעודדים אותן וככל שלא ממהרים להניח תשובה אחת עם סימן קריאה בסופה, כך מאפשרים לילד לחשוב, ליצור ולחדש.

ומה עושים מבוגרים שכיבו את שאלות הילדות שלהם והם עצמם המשיכו וכיבו אותן לאורך שנות בגרותם? חוזרים אל הילד החבוי בנו ומעירים אותו מחדש, מתרגלים לשאול מחדש ולהתבונן בלי פחד מתוך הבנה בוגרת של חשיבות ההמשכיות והחידוש.

כיצד מפתחים התמדה?

באופן טבעי התמדה היא ססגונית פחות מהתחדשות, אין לה את הריגוש ולהט השינוי, ודווקא בשל כך היא זקוקה לאימון מילדות עד זקנה. על זה אנחנו מבקשים בתפילה, "ותרגילנו בתורתך". צריך להתרגל למחשבה שמטרה גדולה עוברת דרך המון נקודות אפורות. אף צבא לא ניצח במלחמה בלי אלפי שעות אימונים סיזיפיים, אף מנתח לא

הציל חיי אדם בלי אלפי שעות משעממות של למידה, אף חידוש לא נכתב בתורה בלי יגיעה יומיומית מתישה.

אנחנו חיים בעולם שמרגיל מגיל קטן לתזזיתיות קופצנית בלי התמדה. שפע המזון, שפע מוצרי הצריכה, שפע ערוצי התקשורת והזמינות לכל דבר בלחיצת כפתור, מייצרים קופצנות שבאה לידי ביטוי אצל ילדים ומבוגרים בבעיות קשב וריכוז וקשיי התמדה. לפני זמן לא רב היה ברור שבוחרים מקצוע לכל החיים, מתחייבים למקום מגורים וכמובן לזוגיות. אפילו עם מוצרי חשמל, ריהוט ותכשיטים כורתים ברית לעשרות שנים. היום הכול מתחלף במהירות והיטשטשה היכולת לכרות ברית ולעגן התחייבות. השעמום מהיר, ההתמכרות לריגוש עצומה, ובאופן טבעי השגרתי והמתמיד אינם מספקים סערת רגשות ונדחקים הצידה.

השיטה היהודית שלפיה יש מחויבות יומיומית לקיום מצוות שאיננה תלויה בחשק ובמצב נפשי, בונה התמדה ומחויבות. העיקרון היסודי נלמד על ידי שלמה המלך: "'אף חכמתי עמדה לי' – אמר ר' אחא אמר שלמה: כל תורה שלמדתי באף נתקיימה בי בזקנותי". דווקא תורה שנלמדה באף, בלי חשק והתלהבות, מתוך קושי ומחויבות היא ששרדה לאורך שנות חייו של שלמה, היא גם שתעמוד לכל אדם בנפתולי חייו.

וכאמור, השילוב בין ההתמדה להתחדשות במשפחה, בחברה ובנפש הוא השילוב השלם. אולי יותר מכל המידות צריך לומר במידות הללו שעל אדם לא מוטל לעבור אל המידה הנגדית, אבל הוא חייב להכיר בערכה וליצור קשר משלים עם בעל התכונה הנגדית, קשר זוגי, חברתי ולאומי.

הרב קוק מכנה את איש ההתמדה ואיש ההתחדשות בשמות אחרים, בעלי נפש קבועה או נפש מתנודדת:

> ישנם אנשים אשר עשה אלוהים אותם ישר, שתכונתם שוקטה, וההדרכה הישרה והמנוחה הפנימית היא גורלם הקבוע להם.

אמנם אם יתייגעו בתורה, במוסר ובחכמה, יעלו במעלות גדולות. אבל בכל אופן הנם אנשי יושר טובים והגונים. גורלם של אלה הוא להיות עסוקים במקצועות המעשים בפועל או בחכמות המעשיות. הצד המוסרי שלהם עומד הוא על עצמו, על עמדו ומנוחתו. יוכל להיות שלא יעלה למעלה רוממה, אבל גם לא ישפל למדרגה שפלה.

אבל סוג שני נמצא שאין בהם מנוחה, עומדים הם תמיד בשיקול, להיות עולים עד לרום שמים, או גם לרדת למעמקי תהומות. אלה צריכים הם לתקן את אישיותם הרוחנית מדי יום ביומו. אלה כשיסגלו לעצמם את אותה הדרך שהם צריכים לה, יעלו מעלה מעלה, אבל אם יעזבו אותה, עלולים הם לרדת מטה מטה. אלה הם שהם צריכים להיות עסוקים תמיד בתורה ועבודה, במוסר וברגשי קודש, וחלילה להם לפרש לדרך ארץ, ולחכמות מעשיות.

תכונת הנפש הראשונה היא ישרות טבעית שמאופיינת בהליכה בתלם. התכונה היציבה הזאת מאפשרת חיים טובים וישרים גם בלי עיסוק אינטנסיבי בלימוד תורה ומוסר. יש לאנשי תכונת הקביעות יכולת לעלות, אבל גם מבלי מאמץ גדול סלולה להם דרך הגונה. לעומתם, בעלי הנפש המתנודדת, המתחדשת והתזזיתית, זקוקים להזין את עצמם כל העת ממקור רוחני ומוסרי. בלא ההזנה הזאת תיווצר תלישות ואף התרסקות. אי אפשר להניח לעוצמה הזאת להתנהל בחלל ריק מתוכן רוחני מפני שיש בה פוטנציאל להרס עצום כמו גם לעלייה גדולה.

כל אדם מבוגר היה פעם ילד, וכל ילד בעצם טבעו הוא יצור מתחדש. הוא גדל בגופו ובנפשו ומשנה לשנה ולפעמים אפילו מיום ליום רואה את העולם אחרת. הוא מלא סקרנות כלפי העולם שסביבו, ער לכל התחדשות, והמון דברים בעולם הם עבורו חידוש גדול. כאשר אדם נעשה מבוגר הוא הרבה פעמים מאבד את חוויית ההתחדשות הזאת מפני שכבר התרגל. התרגל לעולם ואינו ער לחידושיו. התרגל לקבל את הדברים ואינו שואל שאלות. התרגל למסלול חיים שבחר

וחושש לאתגר את עצמו עם שינויים מרחיקי לכת. אבל הילד הזה שהיינו פעם חי בתוכנו כל הזמן, אפשר לעורר אותו ולהתחדש איתו, ולפעמים כשנולד לך ילד זה קורה. זה לא המפגש שלך עם הילד כמו המפגש של הילד החבוי בך עם הילד שנולד. וכך אפשר לעורר התחדשות לתחייה עם כל ילד, עם כל תחנה בחיים, עם כל אדם שפוגשים.

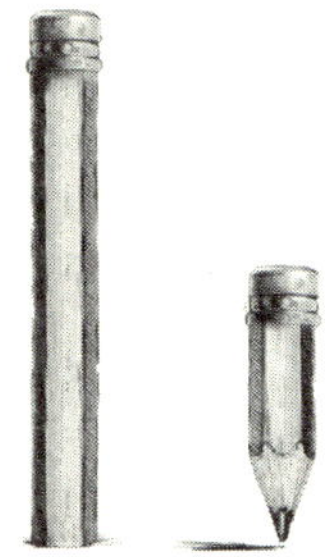

ענווה וגאווה

דומינו הקריסה של מידות הגאוותן

בדרך כלל לומדים את מידת הענווה וסכנות הגא־וה בתחילת הדרך, כמידות הראשונות שיש לעסוק בהן. בצדק, המידות הללו מצויות בראש פירמידת המידות, בהן מצוי השורש לכל המידות שממנו מסתעפות המידות האחרות. אף על פי כן בחרתי לעסוק בהן בסוף מסע הלימוד, כדי להבין טוב יותר את השפעתן על שאר המידות, לאחר שהעמקנו בהן. ואכן הקשר הדוק. בעל הגאווה דומה למי שמשחק בדומינו, די בהפלת מידת הענווה, לאחריה יקרסו כל המידות הטובות:

בתודעת חיים גאוותנית חווה אדם את העולם כביכול היה שמש שכל היקום חג סביבה. אף שהוא הוא השמש, הוא פטור מלהאיר לעולם, מפני שהעולם חסר ערך, וכל ערכו נובע ממה שהוא מעניק לגאוותן עצמו. בעמדת נפש כזאת אי אפשר להימלט מן **הכעס**, הרי שוב ושוב יתנפצו מאווייו האישיים של הגאוותן אל מול המציאות, אל מול רצונם של אחרים, והניסיון לשלוט ולנהל יסתיים באובדן שליטה אפילו על עצמו.

עמדת נפש גאוותנית לא תיתן מקום למודעות עצמית ביישנית ותחת זאת תתמלא **בעזות חצופה**. הרי ביישנות בריאה נובעת ממודעות

לפער בין המצופה מן האדם למה שהינו כעת, כמו גם לפער בינו לבין גדולים ממנו. אבל מי גדול מן השמש?!

הגאווה לא תאפשר לו להיות נדיב ואיש חסד ותשלח אותו אל מחוזות **הקמצנות או הפזרנות התאוותנית,** שהרי הדבר היחיד שחשוב לגאוותן הוא קיומו שלו וסיפוק תאוותיו. תחושת האדנות על הרכוש, וחוויית ה"כוחי ועוצם ידי עשה לי את החיל הזה"[1] תאמץ את ליבו ותקפוץ את ידיו.

הגאוותן לא ימצא מקום לצניעות בריאה מפני שהצורך שהכול יכירו בו, בערכו, ביופיו ובעושרו, לפעמים – כמה מוזר – אפילו בצדקתו ובחסידותו, תחייב אותו **לחשוף ולהחצין** את כל יתרונותיו.

הגאוותן עשוי להיות גיבור מן הסוג הפשוט שמתגבר על חברו ומנצח אותו, אבל יתקשה מאוד להיות גיבור הכובש את יצרו, מפני שמי ששקוע כל כך בסיפוק תאוותיו ומאווייו, יתקשה מאוד להתגבר עליהם. הגאווה מלאת פחדים, מפני שקיומה שלה הוא הדבר היחיד שעומד לנגד עיניה, והידיעה שהמוות בלתי נמנע מבלי יכולת להיות קשור אל מרחבים נצחיים יותר (חיי נצח של עם, רוח, אלוקות), מייצרת **פחד** מוות קיומי.

גם מן **הפרפקציוניזם** יתקשה הגאוותן להימלט, הרי הוא גדול כל כך בעיני עצמו, שלם כל כך, איך ייתכן שלא יצליח לעשות הכול בשלמות? זו הסיבה שב"מעשה מחכם ותם" תופר רבי נחמן את דמות החכם כמי שהוא פרפקציוניסט וגאוותן גם יחד. כשחז"ל טובעים את המונח, "הקנאה והתאווה והכבוד מוציאים את האדם מן העולם",[2] הם מתכוונים בדיוק לכבוד שנובע מגאוות האדם להשוות עצמו לאלוקים. בשם הכבוד הזה פנה אל עץ הדעת מתוך ציפייה להיות כאלוקים, כעצת הנחש, להיות מושלם. פרפקציוניסט. ככה איבד את גן עדן.

לגאוותן יהיה קשה מאוד להתמיד, מפני שהתמדה תובעת עשייה סיזיפית גם כשאין שכר רגשי מיידי בצידה, וגם אם יצליח להתמיד הוא יזדקק שוב ושוב למחיאות הכפיים של הסביבה. על כן הגאווה עשויה להתאפיין **בתזזיתיות הפכפכה.**

הגאוותן יתקשה מאוד לבנות את מידת האהבה, ולכל היותר

יצליח לבסס אהבה התלויה בדבר. הדבר הזה יהיה באופן טבעי הרווח שישיג הוא עצמו מהאהבה הזאת. אהבה שיש בה משום יציאה אל הזולת תהיה נמנעת בעולם גאוותני. הרי למדנו שאהבה היא התאחדות, השתייכות לכלל גדול יותר, ועבור הגאוותן האחד והיחיד הוא הוא עצמו, התאחדות עם אחר הרי מניחה שיש באוהב חיסרון, שהוא רק חלק מכלל ואינו כולל את כל המעלות בעצמו. **שנאה** מצויה הרבה יותר אצל הגאוותן, שהרי כל מי שחושב אחרת ממנו או גרוע ממנו מי שמעז לחלוק עליו בגלוי או לעשות מעשה שאינו נכון בעיניו, נתפש כאויב, הוא הרי מאיים על הדבר הכי חשוב בעולם – על רצונו של בעל הגאווה. משכך השנאה היא רק עניין של זמן.

כמובן, הגאוותן יצעד במחוזות **הקנאה**. אם אדם אחר יאפיל עליו, גאוותו לא תוכל לשאת זאת והוא יתבוסס בבוץ הקנאה, ואם הוא עצמו יזכה להיות בראש, הוא יקנא לכבודו וידאג שאיש לא יאיים על מקומו. מידת הרצון, היכולת לקבל את חלקו באהבה, תהיה בלתי אפשרית, שהרי מלוא כל הארץ רצונו שלו וזולתי אין מקום לאיש.

התאווה כמובן תהיה מנת חלקו, מפני שרצונו חייב יהיה להתממש, הרי זו תכלית הקיום לדידו.

ולבסוף, **העצבות** היא מנת חלקו של הגאוותן והשמחה ממנו והלאה, שהרי הנפש הגאוותנית שמצפה לאושר תמידי ועסוקה שוב ושוב בשאלה אם העולם עושה די כדי שתהיה מאושרת – תיתקל שוב ושוב באכזבה עצומה. מבט גאוותני הוא אשליה, הרי העולם לא באמת סובב סביב האדם, וכל אשליה סופה התפכחות, וכל התפכחות מדכדכת מאוד.

על האופציה שהגאוותן יהיה המעביר על מידותיו, כמובן אין מה לדבר. מי שהעז לפגוע באדם שלתפיסתו נמצא במרכז היקום, לא ראוי לסליחה ומחילה אלא **לקנאה ונקמה**.

למדנו שכל אחת ממידות הנפש נובעת גם מכשל אמוני כזה או אחר, לא מפתיע שהגאוותן מבחינה רוחנית מתואר כמי ש"דוחק רגלי השכינה".[3] כביכול יש כאן שאלת יסוד שעומדת על הפרק – אלוקים או אדם, נצחי או מוגבל, תורה או דעת אנושית, עץ החיים או עץ

הדעת – מי מהם מוביל את המסע הזה? הבחירה הגאוותנית מסלקת את הנוכחות האלוקית מהזירה. מכיוון שריבונו של אדם הוא כוח עצום במציאות, המפלט הפשוט ביותר של הגאווה הוא דחיקת רגלי השכינה, כלומר כפירה בקיומו, או בצורה המורכבת יותר – מרידה בו, כדרכו של נמרוד שמתואר כמי ש"יודע את בוראו ומתכוון למרוד בו".[4] לפעמים הגאווה מתוחכמת עוד יותר, היא יודעת את בוראה ואינה מורדת בו, אפילו עובדת אותו לכאורה, אלא שהיא משתמשת בו כנכס לטובת אוצרות הגאווה של האדם. זהו מי שעוסק בתורה כקרדום לחפור בה וכעטרה להתגדל בה.

שורש עץ המידות של הענוותן

הענוותן לעומת הגאוותן בונה בסיס לכל המידות הטובות שעסקנו בהן:

מכיוון שתודעת חייו ענוותנית, כלומר הוא חווה את העולם כביכול ישנה איזו שמש אלוקית גדולה שמאירה את כל היקום החג סביבה, אבל השמש הזאת איננה הוא, היא בורא עולם שמאיר מאורו על כל היקום. הוא עצמו מואר כמובן ומודע שהאור שזכה בו איננו משלו. הוא מחויב להאיר לעולם מהאור שנפל בחלקו. העולם בעל ערך עצום בעיניו מפני שאיננו מסתכם בו עצמו, אותה תחושה של משמעות וערך שהוא חש משותפת לאנושות כולה. התודעה הזאת הופכת את הענווה לשורש שממנו צומחות כל המידות הטובות.

בעמדת נפש כזאת אפשר להימלט מן הכעס ולטפח **סבלנות**, הרי מאווייו האישיים אינם חזות הכול, והם מתעדנים ומתאזנים אל מול המציאות, אל מול רצונו של בורא עולם שברא את הכול, ובשל כך גם רצונם של אחרים נעשה משמעותי בעיניו.

אין לו יומרה לשלוט ולנהל את הכול וממילא אין חשש שהכול יסתיים באובדן שליטה אפילו על עצמו, אדרבה, הוא מוגן מהכעס ומלא **בסבלנות**.

בעל עמדת נפש ענוותנית ייתן בהכרח מקום למודעות עצמית **ביישנית**, הרי הוא מכיר במגבלותיו ובחולשותיו, ומסוגל להביט **בעין**

טובה גם על אנשים שזכו למעלה גבוהה משלו, לכבד וללמוד מהם במקום להטיח חוצפה בעזות פנים. הביישנות הבריאה נובעת ממודעות לפער בין המצופה כהאדם לבין מה שהינו כעת, כמו גם לפער בינו לבין גדולים ממנו, והעניו מכיר בכך שאיננו שמש, ופניו פנים של ביישנות. פני ענווה.

הענווה תאפשר לו להיות **נדיב ואיש חסד** שהרי הוא רוצה בטובתן של כל הבריות, אל כולן הוא קשור בקשר הדוק. הענווה תרחיק אותו ממחוזות דקמצנות או הפזרנות התאוותנית, שהרי חשובה לו טובת כולם, הוא לא יחווה תחושת אדנות על רכושו. להבנתו ממונו הוא בסך הכול צינור להעביר דרכו שפע וברכה גם לסביבתו, וככל הניתן גם לסביבה הרחוקה.

הענוותן באופן טבעי ימצא מקום **לצניעות** בריאה מפני שאיננו מכור לצורך שהכול יכיר בו, בערכו, ביופיו ובעושרו, בוודאי שלא בצדקתו ובחסידותו. הוא עצמו יודע את ערכו כמו גם את חולשותיו ומסוגל לבנות מערכת נפשית פנימית שאיננה מכורה למחיאות הכפיים הבאות מבחוץ.

הענוותן עשוי להיות גם **הגיבור הזהיר** הכובש את יצרו, לא רק זה המתגבר על חברו, מפני שאינו חווה את מילוי תאוותיו ומאווייו כתכלית הקיום, אדרבה, הוא מכיר בכך שיש לו עוד כברת דרך ללכת, להיחלץ ממאסר היצרים הכובלים ולעשות בכוח היצרים הללו עצמם גדולות ונצורות לטובה. חיי הענוותן אינם מלאי פחדים, מפני שקיומו איננו הדבר היחיד שעומד לנגד עיניו, למרות הידיעה כי המוות בלתי נמנע לעת עתה הוא קשור אל מרחבים נצחיים יותר (חיי נצח של עם, רוח, אלוקות), והפחד איננו משתק אותו. בענווה הוא נושא את פיסת החיים שניתנה לו כמתנה שליחות שאותה הוא מבקש למלא באופן הטוב ביותר.

הענוותן **רחוק מן הפרפקציוניזם**, הרי מראש איננו חווה את עצמו כיצור מושלם או כמי שאמור להיות כזה. הוא מכיר בערכו, יודע שזכה לשאת בתוכו צלם אלוקים, אבל להיות האלוקים בעצמו איננו מתיימר כלל.

לענוותן תהיה יכולת **להתמיד**, אף שהתמדה תובעת עשייה סיזיפית גם כשאין שכר רגשי מיידי בצידה, שהרי ההנאות שלו או ההתפעלות הסביבתית מהצלחותיו אינן הדחף למעשיו.

הענוותן יבנה את מידת **האהבה** בנקל ואפילו אהבה שאיננה תלויה בדבר. אהבה שיש בה משום יציאה אל הזולת טבעית לעולם הענוותני. הרי למדנו שאהבה היא התאחדות, השתייכות לכלל גדול יותר, ועבור הענוותן האחד הוא ריבונו של עולם וכל העולם הוא שיקוף של האחדות הזאת. התאחדות עם אחר הרי מניחה שיש באוהב חיסרון, שהוא רק חלק מכלל ואינו כולל את כל המעלות בעצמו, וזו הרי תודעת חייו המדויקת של העניו. שנאה רחוקה מאוד מהענוותן, אפילו מי שחושב אחרת ממנו או מעז לחלוק עליו נתפש כאדם בעל ערך שיש למצוא את נקודת האחדות איתו. אפילו כלפיו האהבה אפשרית.

כמובן, הענוותן **יתרצה בחלקו** ולא יצעד במחוזות הקנאה, אם אדם אחר יאפיל עליו ואם הוא עצמו יהיה בראש, הרי לדידו הוא חלק ממארג אנושי שלם, שותף בהצלחת חבריו ואינו מתחרה בהם. הוא יאחז בפשטות במידת הרצון, ויוכל לקבל את חלקו באהבה, שהרי מלוא כל הארץ רצונו יתברך ויש מקום לו ולזולתו.

ולבסוף, **השמחה** היא מנת חלקו של הענוותן והעצבות ממנו והלאה, שהרי הנפש הענוותנית איננה מצפה לאושר תמידי ועסוקה באושרו של כל העולם כולו. יש ביכולת העניו לשאת מצבים מורכבים ומאכזבים מפני ההכרה שהוא נתון בידיו של מי שמנהל את כל העולם לטובה. לטובת כולם. זו לא תהיה אמונה פאסיבית, הענוותן ישתתף במאמץ להביא ברכה ושמחה לעולם, והמשמח כפי שלמדנו הוא השמח האמיתי. מבט ענוותני הוא מבט מפוכח, הרי העולם לא באמת סובב סביב האדם, אבל יש לכל אדם יכולת לפעול גדולות ונצורות מתוך תודעת ענווה ושליחות.

כמובן, אם למישהו יש סיכוי להיות **מעביר על מידותיו** זהו הענוותן שאינו מלא מעצמו וממילא אינו חווה את מי שחטא כלפיו כמי שאינו ראוי לעולם לסליחה. נהפוך הוא, מי כמוהו מכיר את

חולשותיהם של בני אדם, שלו עצמו ושל אחרים, וממילא ליבו פתוח לסליחה ומחילה.

מבחינה אמונית, כפי שהגאוותן מוצג כמי שדוחה את הרעיון האמוני על הסף ודוחק רגלי השכינה, כך העניו מצוי במקום הנפשי שמאפשר את הקשר הבריא ביותר בין אדם לאלוקיו: "עֵקֶב עֲנָוָה יִרְאַת ה'".[5] ענווה היא הביטוי הנפשי העמוק ביותר לירֿאת ה', והיא גם המצע המתאים ביותר ליראת שמיים טובה, כדברי הרמב"ן באיגרת: "וכאשר תנצל מן הכעס, תעלה על לבך מדת הענוה, שהיא מדה טובה מכל המדות הטובות... ובעבור הענוה, תעלה על לבך מדת היראה, כי תתן אל לבך תמיד מאין באת, ולאן אתה הולך".

ענווה, גאווה וגבולות

כפי שראינו כמה וכמה פעמים, מידות הנפש בנויות כך שפעמים רבות כשאדם מבקש להשיג את מבוקשו דרך מידה שאיננה טובה, מבוקשו מתהפך על פניו. כך מצאנו אצל הכעסן, המבקש שליטה באחרים ומאבד את השליטה אפילו בעצמו, כך מצאנו אצל הפחדן שאת אשר יגור – יבוא לו. כך מצאנו אצל מי שמבקש בכל כוחו שהעולם ישמח אותו ונעשה עצוב בשל כך, וכך גם גורלו של הגאוותן, על פי העיקרון המפורסם ש"כל המחזר על הגדולה – גדולה בורחת ממנו".[6] באשר לגאוותן מתארת הגמרא שלא יאבד רק גדולה ציבורית, אלא אפילו את אהדת משפחתו: "מאן דמיהר אפילו אאינשי ביתיה לא מיקבל",[7] כלומר מי שמתייהר אפילו על אנשי ביתו אינו מתקבל, אינו רצוי. הגמרא שם מתארת תהליך שבו נשים בדורות מסוימים נלהבות להינשא דווקא לאנשים יהירים, אלו דורות שמתלהבים מן ההופעה החיצונית של הדברים, וכלפי חוץ היהיר מרשים מאוד. לאחר מכן הגאווה מביאה לידי התרסקות ומאיסה של אותה אישה עצמה ושל בני ביתו של היהיר כלפיו. למען האמת, אין צורך במקורות, אנחנו רואים בעינינו כיצד בני אדם נמשכים תחילה אחרי גאוותנים ואחר כך מואסים בהם, ואיך בעלי ענווה אהובים על הבריות לאורך ימים ושנים.

אבל מדובר בעניין עמוק הרבה יותר מן השאלה אם יזכה רודף הכבוד למבוקשו. מדובר בהבנה עמוקה של עולם הגאווה אל מול עולם הענווה. על הענווה כותב המהר"ל:

> כי הענוה היא הגדולה על כל הגדולות. וזה כי בעל הענוה לא יוגדר ולא יוגבל כלל, ודבר זה מורה על הפשיטות הגמור שהוא פשוט והפשוט הגמור לא מוגבל. לפיכך אחר שזכר הכתוב גדולת השם יתברך, אמר כי הגדולה על כל הגדולות הוא ענוותנותו שהוא הפשיטות הגמור שהרי הוא עושה משפט יתום ואלמנה, וזהו מצד הפשיטות שבו שלא יוגדר להיות עושה משפט לגדול ולא לקטן אבל עושה משפט אל הכול בשווה, וזהו הפשיטות הגמור, ודבר זה הוא המעלה העליונה על הכול.[8]

ועל הגאווה הוא כותב: "...מדת הגאווה הוא הפך מדת הענוה. כל שנאמר במידת הענווה לשבח נאמר במידת הגאווה לגנאי... המידה המגונה הזאת היא מדת הגאווה, בעל המידה הזאת יוצא מן הסדר... וזה מפני שבעל המידה הזאת בגאותו אינו משותף לאחר, והוא נבדל מאחר, ולכך אף על אנשי ביתו לא מתקבל".[9]

הינה לנו ההגדרה: הענוותן לא יוגדר ולא יוגבל, הגאוותן יוגדר ויוגבל. הענוותן מופשט וקשור לכול בעוד הגאוותן אינו משותף ונבדל מן הכול. הגאוותן רואה את עצמו כחזות הכול, שקוע בעצמו, דואג לעצמו ומכבד את עצמו בלבד. עם שאר האנשים בעולם ייצור קשר חברי ככל שהקשר ייטיב עימו, עם מצבו וכבודו. אבל לתפישתו אין ערך בשאר העולם לבד ממנו, אדרבה הוא חווה את העולם כמתחרה בו. והינה חוזר במלוא יופיו העיקרון הקבוע במידות הנפש שלפיו תוכניתו של בעל מידה רעה מתהפכת על פניו: הגאוותן רואה עצמו מושלם, הוא הכול, וממילא הוא חותר להיות חסר גבולות, שליט בכול. למעשה הוא הופך להיות מוגדר ומוגבל, כלומר מצומצם לכוחותיו והישגיו בלבד, ולעולם מה שישיג יהיה פחות ממה שיישאר מחוץ

לתחומו. האיש שחושק להיות חסר גבולות ולשלוט בכול הופך להיות מי שחסום בתוך גבולות צרים שסוגרים בעדו.

לעומתו העניו, שאינו רואה בעצמו חזות הכול, מודע למגבלותיו ולחולשותיו, דווקא הוא מתואר כאן כמי שלא יוגדר ולא יוגבל, מפני שהעניו רואה עצמו קשור לכל הבריאה, ולתפיסתו נפל בחלקו חלק שנועד להתחבר ולהשלים את שאר החלקים. הוא מזהה את צלם אלוקים בכל אדם ונעשה קשור לכל אדם. זו הסיבה שהלל הזקן, מי שנאמר לגביו "לעולם יהא אדם ענוותן כהלל",[10] הוא זה שמסופר עליו כך: "תניא: אמרו עליו על הלל הזקן, כשהיה שמח בשמחת בית השואבה אמר כן: אם אני כאן – הכל כאן, ואם איני כאן – מי כאן".[11] זה נשמע כגאווה של ממש, אבל זוהי אמרתו של התנא שמהווה מגדלור של ענווה. לזה בדיוק התכוון המהר"ל, העניו אינו מצומצם בגבולות עצמו, הוא קשור לכול, אוהב הכול, ואחוז בכול. אם הוא כאן הכול כאן.[12] זה בדיוק הפוך מהגדרת ה"אני" של הגאוותן, שיכול בקלות לומר "אם אני כאן – רק אני כאן". שהרי הגאוותן מוקף בגדרות שמפרידות אותו מכל שאר העולם. אם אני כאן – דבר אינו כאן.

היחס לכבוד

התרגלנו לחשוב שהכבוד הוא גורם מסוכן בנפש האדם, הרי "הקנאה והתאוה והכבוד מוציאין את האדם מן העולם"[13] וכל הרודף אחרי הכבוד – הכבוד בורח ממנו.[14] אבל התבוננות במקורות מלמדת אותנו שיש חשיבות גדולה לכבוד האדם. ההדרכה היא "יהי כבוד חברך חביב עליך כשלך",[15] כלומר יש חשיבות רבה לכך שלאדם יהיה כבוד, אלא שעליו לנהוג כבוד גם בחברו באותה המידה. אולי העיקרון שמראה עד כמה כבוד האדם יקר בעיני התורה הוא זה: "גדול כבוד הבריות שדוחה את לא תעשה שבתורה".[16]

כבוד פירושו ערך ומשמעות. דבר כבד הוא דבר בעל משקל, יקר ערך. אשר על כן ודאי שכבוד האדם הוא דבר נצרך, הרי האדם

באמת בעל ערך, הוא נזר הבריאה ותקוות העולם. אדם ללא תחושת כבוד הוא אדם ללא תחושת ערך, וממילא אדם כזה לא ימלא את ייעודו בעולם. הבעיה היא בעיוות מושג הכבוד, כלומר ברדיפת כבוד שמשמעותה התנשאות על בריות אחרות, כביכול כבודך למעלה מכבודם, או שכבודם כלל איננו קיים. כבוד שכזה הוא הכרה בערך של אדם אחד, האדם עצמו, וביטול ערך של שאר הברואים. באופן עמוק יותר, הסיבה לכך שיש ערך לאדם ושהוא ראוי לכבוד היא העובדה שכל אדם נברא בצלם. הצלם האלוקי הוא כבודנו, וממילא הוא גם כבודן של הבריות האחרות. מי שרודף כבוד על חשבון כבודם של אחרים אינו מכבד את עצמו בשל צלם אלוקים אשר בו, שהרי אם היה מודע לצלמו, היה מכיר גם בצלמם של אחרים. אדם כזה מחובר לכבוד מדומה, עושר שזכה לו, יופי, חוכמה או כל הצלחה אחרת. שם הכבוד הופך להיות כוח תחרותי מפלג ולא ערך מחבר. לכך התכוון ירמיהו כשניבא: "כֹּה אָמַר ה': אַל יִתְהַלֵּל חָכָם בְּחָכְמָתוֹ וְאַל יִתְהַלֵּל הַגִּבּוֹר בִּגְבוּרָתוֹ, אַל יִתְהַלֵּל עָשִׁיר בְּעָשְׁרוֹ. כִּי אִם בְּזֹאת יִתְהַלֵּל הַמִּתְהַלֵּל: הַשְׂכֵּל וְיָדֹעַ אוֹתִי. כִּי אֲנִי ה' עֹשֶׂה חֶסֶד, מִשְׁפָּט וּצְדָקָה בָּאָרֶץ. כִּי בְאֵלֶּה חָפַצְתִּי נְאֻם ה'".[17]

ההתהללות בחוכמה, בגבורה ובעושר, היא רדיפת כבוד תחרותי וייחוס הערך לאדם לעומת חברו. ההתהללות בהשכלת ה' מחייבת חסד, משפט וצדקה, כלומר חיבור בין האנשים כולם, והכרה בכך שכולם ראויים לכבוד. זו הסיבה שהקב"ה מתואר כענוותן כשהוא עושה משפט יתום ואלמנה, הוא מראה בכך שבכל אדם מופיע כבודו, וכל אדם בעל משקל בעיניו.

הרב קוק מסביר[18] ברוח זו את אמרת חכמים, "הנעלבים ואינן עולבין, שומעין חרפתן ואינן משיבין... עליהן הכתוב אומר: 'ואוהביו כצאת השמש בגבורתו'".[19] הוא מדגיש שישנו חינוך מעוות שלשיטתו היהדות כביכול מעוניינת באדם שפל בעיני עצמו, חסר תחושת כבוד עצמי, אדם שאם מעליבים אותו אינו נעלב. הרב קוק יוצא בחריפות כנגד התפיסה הזאת מפני שהתורה היא תורת חיים ולא נועדה לכתוש את כוחות החיים או ליצור נפשות חלושות חסרות ערך עצמי. הוא

מדייק שחכמים כתבו "הנעלבים", כלומר מדובר במי שאכן נעלב, כלומר יש לו כבוד עצמי והוא נעלב כשכבודו נרמס. נאמר "שומעין חרפתן", כלומר מדובר באנשים רגישים וחריפים שמרגישים היטב את החירוף, כלומר את עוקץ העלבון. עם זאת, מכיוון שכבודם העצמי נובע מצלם אלוקים שבקרבם אין הם מתנחמים ברמיסת כבודו של האחר. תפיסתם המדויקת אינה רואה את האנושות נאבקת על משאב הכבוד, כל בני האדם בעלי ערך כמופיעי צלם אלוקים באדם, וממילא הנעלב לא יעליב.

מעתה נקל להשתחרר מקושי אנושי מוכר. בני אדם מתקשים להעניק כבוד לזולתם מפני שיש בענייני כבוד תחושת היררכיה, כביכול מי שמקבל כבוד נמצא מעל מי שחולק לו כבוד. נמצא שהכבוד שניתן פוגע בנותן. אבל אם נתינת כבוד היא הכרה בערך האדם בשל צלם אלוקים שבו, נתינת הכבוד מביאה כבוד הן לחולק הכבוד והן לזה שחולקים לו כבוד, שניהם נושאי צלם אלוקים ולשניהם שליחות וחשיבות בעולם, הוא שנאמר: "איזהו מכובד? המכבד את הבריות".[20]

לאור כל זאת, הצורך של אדם בכבוד מובן ורצוי, רדיפת כבוד, כלומר אי־איזון בצורך לקבל כבוד, היא בעייתית. כבוד שהולך בד בבד עם כבוד הבריות האחרות – רצוי, כבוד שמתנשא על האחרים הוא זה שמוציא את האדם מן העולם.

כבוד ה' וכבוד האדם

ממילא גם כבוד ה' מקבל הבנה חדשה. הקב"ה איננו מתגדל על חשבון כבודו של האדם, אדרבה, הוא חפץ באדם. ככל שאדם מכבד את ה' הוא נעשה עד יותר לצלם האלוקים שבקרבו וצומח יחד איתו. תפיסה דתית שלפיה כביכול האלוקות מכניעה ורומסת את האנושות איננה תפיסה יהודית, האלוקות מופיעה דרך האדם וחפצה בו ובערכו. הרב קוק כותב שלכן נאמר העיקרון של "גדול כבוד הבריות שדוחה את לא תעשה שבתורה", כדי להבהיר שאין עימות בין כבוד ה' לכבוד האדם, אדרבה, כבוד ה' מופיע דרך כבוד האדם.[21]

גם כל מצוות הכבוד כלפי אנשים מסוימים, כלפי הורים, תלמידי חכמים, מלך וכדומה, לא נועדו להאדיר את מקבלי הכבוד על חשבון זלזול באחרים, אלא להגדיל את כולם. לכן אחד מהסממנים של תלמיד חכם הוא מידת הענווה ומלך משתחווה כל משך התפילה[22] כדי לטעת גם בליבו ענווה. אין היררכיה, יש הופעות שונות של צלם אלוקים באנושות והזיהוי שלהן מעורר כבוד.

ענווה, כבוד עצמי ושליחות

העניו לפיכך איננו אדם חסר כבוד עצמי, אדרבה, הוא מכיר בכבודו אבל מכיר גם בכבודם של אחרים. הוא גם מכיר בכך שיש לחייו משמעות מפני שחיים על פני האדמה הם חיי שליחות. לכן כשמופיעה המילה "הנני" בעקדת יצחק, ממהר רש"י לכתוב: "הנני – כך היא ענייתם של חסידים, לשון ענוה הוא, ולשון זימון", וכשיוסף נענה לאביו במילת "הנני" מפרש רש"י: "הנני – לשון ענוה וזריזות".

דווקא בגלל שהעניו מכיר בערכו אבל הוא מוכן לקבל בענווה את הדרכת ה', הוא מופיע אל השליחות הזאת מוכן ומזומן במלוא כוח הזריזות שלו. הוא אומר "הנני", בתרגום פשוט: הינה אני. הינה כל כוחותיי נתונים לשליחות הזאת. העניו הזה רחוק מאוד מאדם חלול ללא חוט שדרה וביטחון עצמי, הוא יודע את ערכו אבל מסור בכל כוחותיו לשליחותו. זו הסיבה לאמירה מעוררת התמיהה בתחילה של רב יוסף, שלאחר מות רבי, כשהכריזה המשנה שעם מותו של רבי בטלה הענווה בעולם, אמר רב יוסף לשונה המשניות: "לא תיתני ענוה דאיכא אנא".[23] כלומר אל תִשנה "בטלה ענווה", שהרי אני קיים ואני ענוותן.[24] לכאורה לא היינו מצפים מאדם עניו לדבר כך בשבח עצמו, אבל עניו אמיתי מודע לעצמו ומודע לשליחותו, ובמקרה של רב יוסף – הענווה שלו היא עצמה שליחות מרכזית בחייו, וחלילה לחשוב שבטלה ענווה מן העולם. זו גם הסיבה שהלל הזקן מסוגל לומר לאותו אדם שניסה להקניטו בערב שבת: "כד(א)י הוא הלל שתאבד

על ידו ד׳ מאות זוז וד׳ מאות זוז והלל לא יקפיד״.[25] גם הלל מודע לשליחותו ומכיר בערכו ובערך השליחות.

אדם שרוחשים לו כבוד מופרז

ישנה תופעה שלאחרונה הדביקו לה את השם ״תסמונת המתחזה״. זוהי תחושה של אדם שמרעיפים עליו כבוד מוגזם, ואילו היו אנשים מכירים אותו באמת, כפי שהוא מכיר את עצמו, לא היו עושים כך. הפער בין המחשבות של אדם כזה על עצמו לבין הכבוד המופרז לטעמו שרוחשת לו הסביבה, גורם לו להרגיש כאדם צבוע ומזויף שנישא על כנפי אהדה שאינה ראויה לו. רוב בני אדם אינם מצויים בקצה תסמונת המתחזה, אבל עשויים לחוש מפעם לפעם שהם זוכים לכבוד מופרז. הרב קוק מתייחס לכך[26] ונותן עצה ששמעתי באופן ציורי יותר מהרב חיים סבתו. לכל מקום שאתה הולך, לך עם תיק על הגב. כאשר נותנים לך מחמאה מופרזת, אל תכניס ללב, אבל אל תדחה אותה. הכנס אותה לתיק. לפעמים החיים יזמנו לך עלבונות, גם הם מופרזים. מן הסתם תשלוט פחות בעלבונות והם ייכנסו היישר אל ליבך. זה הזמן להוציא את המחמאה מן התיק ולהכניס אותה אל הלב, לאזן.

ענווה ועין טובה

העין בעברית היא גם האות שהגימטרייה שלה היא שבעים, המספר שמציין את הריבוי הגדול: שבעים אומות, שבעים לשון, שבעים פנים לתורה, שבעים זקנים, שבעים שנות חיים ועוד, וגם איבר הראייה שקולט את כל השפע הזה. ההבדל בין עין טובה לעין רעה הוא אופן ההבטה על כל הריבוי הזה, האם מדובר בשפע סתמי וחסר משמעות או גרוע מזה – במציאות רעה ופסימית, או שאת כל השפע הזה מנהלת יד מכוונת לטובה, בכל הריבוי הזה יש איזה ניצוץ טוב, והמבט הוא מאמין ואופטימי.

בדרך כלל יש קשר ישיר בין מידות הענווה והגאווה לגישת העין הטובה או הרעה. האדם הגאוותן, שלתחושתו הכול סובב סביבו, יתקשה להביט על כל היש בעין טובה. הרי כל מה שיש לאחרים נשלל ממנו או מאיים עליו. לעומתו, האדם העניו שרואה את עצמו חלק ממכלול גדול וחשוב ושמח בחלקו, כלומר שמח להיות חלק, מביט בכול בעין טובה. הרי הכול פרי בריאה אלוקית שבחרה לברוא כך ודווקא כך. עין טובה איננה עיוורת וחסרת ביקורת, היא בהחלט יכולה לזהות חסרונות בעולם, אבל היא יודעת להגדיר שהכול בסופו של דבר לטובה.

לכן הלל העניו הוא גם האיש שיכול היה לזהות את שלושת הבאים אליו להתגייר, על פי המדרש המפורסם, כבעלי פוטנציאל שמאפשר גיור.[27] על פניו היה מדובר באנשים שמונעים מדחפים רחוקים מאוד מיהדות. האחד מבקש תורה מהירה ושטחית, את כל התורה כולה על רגל אחת, האחר מבקש להתגייר בלי מחויבות לתורה שבעל-פה, על מנת שיש תורה שבכתב בלבד, כלומר על מנת להיות "קראי". השלישי מבקש להתגייר לשם כבוד בלתי אפשרי, על מנת שיהיה כהן גדול. שמאי הקפדן, הדבק באמת, לא יכול להתכחש למציאות הבעייתית ודוחה אותם, אבל הלל מזהה בעינו הטובה שמבעד לסיבות החיצוניות יש סקרנות ודחף של אמת.[28]

במעשה המפורסם הנוסף שבו ניסה אדם להקניט את הלל בתמורה לארבע מאות זוז,[29] מתגלה הסוד לרכישת העין הטובה על פי הלל: המקניט שואל שאלות מטופשות לכאורה, מדוע הראש של הבבליים סגלגל, כלומר אליפטי, מדוע העיניים של התרמודיים (אנשי המזרח הרחוק?) טרוטות, כלומר צרות ומצומצמות, ומדוע רגלי האפריקאים רחבות. טקטית היו אלה שאלות מיותרות שבשלן הוציא המקניט את הלל מן המקלחת בשעת הלחץ של ערב שבת, כשהמטרה המרכזית הייתה מן הסתם לגרום להלל להתרגז וכך לגרוף את כספי ההתערבות. הלל מגיב לכל שאלה במשפט זהה: "שאלה גדולה שאלת בני". התגובה הזאת מפתיעה, וכי הלל באמת רואה בשאלות המיותרות הללו, שאין להן כל דחיפות בערב שבת, שאלות גדולות? אולי הלל כבר הבין את כוונת בן שיחו ונכנס למלחמת מוחות טקטית?

הרב קוק רואה בזה משהו עמוק יותר.[30] המכנה המשותף של שלוש השאלות הללו הוא התקוממות כנגד פגמים במציאות. בכל המקרים הללו ישנו מראה אנושי מכוער שחורג מהנורמה, אבל הם מהווים משל ודוגמה לכל התסכול האנושי שנובע מן המציאות שאיננה מובנת ונראית כעוול. הלל מזהה שאותו אדם שמוטרד מפגמי המציאות הוא גם האדם שאינו מאמין שייתכן לנהל חיים ללא כעס, הוא הרי מערער על סבלנותו של הלל ומשוכנע שהתנהגיתו של הלל אינה אלא מצג שווא חיצוני, שהרי אין אדם המסוגל לא לכעוס כאשר המציאות איננה מתנהלת כרצונו. הכעסים שלו נובעים מעין רעה, מהגדרת המציאות כרעה לאור פגמיה. הלל מעביר לו שיעור בעין טובה שהוא מבוא לשיעור בענווה: תחילה הוא מכיר בפגמיב ולא כופר בהם, אכן הרגליים רחבות, הראש אליפטי והעיניים טרוטות, מדובר במראה חריג, יש כאן פגם. אלא שעין רעה עוצרת כאן: יש פגם, משמע העולם רע ומתסכל, מכאן הדרך אל הכעס מהירה, והכעס והגאווה הולכים שלובי זרוע, כך כבר למדנו. בגאוותו משוכנע האדם שהעולם חייב להתנהל אחרת ובכעסו הוא מביע את האכזבה מהדרך שבה הוא מנוהל. הלל לעומת זאת מניח הנחת יסוד אחרת: הקב"ה טוב ודרכו להיטיב, ולכן כאשר יש משהו פגום גם הוא בוודאי נועד לטובה. הניתוח האופטימי הזה של המציאות גוזר גם את תשובותיו לשלוש השאלות. הוא מזהה את הראש הסגלגל של מי שנולד במקום של מיילדות חסרות הכשרה ככזה שמונע מות היילוד, את העיניים הטרוטות של מי שחי בין החולות ככאלה שמונעות עיוורון ואת הרגליים הרחבות של מי שגר באזור ביצות ככאלה שימנעו טביעה ומוות.

מתברר שהשאלות ששאל האיש המטריד אכן שאלות גדולות, מפני שהן סובבות סביב היחס לפגמי העולם, לחולשות ולקשיים, והיחס אליהם, בעין טובה או רעה, הוא שיבדיל בין עניו לגאוותן. הגאוותן ממהר לשפוט לרעה, הרי הוא יודע כיצד העולם אמור להיראות, ולדידו כל פגם הוא רע. והעניו נותן אמון בהנהגת ה׳. יש פגמים, אין להכחיש, אבל התמונה הגדולה היא לטובה. השאלות הללו הן גם שורש ההבדל בין כעסן לסבלן, הכעסן אינו יכול לשאת את

הפער בין תפיסתו כיצד ראוי היה להיות לבין המציאות הפגומה, והוא זועם עליה. הסבלן מבין שאיננו מבין הכול, הוא מאמין שמי שברא את העולם ודאי יודע כיצד להיטיב, ויש לו סבלנות לגלות את הטוב הזה.

אבל אין מדובר רק בעין טובה או רעה כלפי המציאות. גם את בני האדם ברא ריבונו של עולם, והעין הטובה של האדם העניו מאמינה שגם אם למראית עין ניצב לפניו אדם קשה, עדיין טוב כמוס בו מאחורי הקלעים. זאת הסיבה שאפילו כלפי אותו אדם שכל מטרתו להקניט, הצליח הלל להתבונן בעין טובה. הוא מכנה אותו שוב ושוב בתואר "בני", תואר של אהבה, ובסופו של דבר מנחה אותו "הווה זהיר ברוחך", במילים אחרות: הכר בערך עצמך, אתה הרבה יותר גדול ומכובד ממה שנדמה לך.

גם במערכת הזוגית, ואולי בה ביתר שאת, העין הטובה באה לידי ביטוי, וגם שם הלל העניו מביא את העין הטובה שלו לידי ביטוי:

> לעולם לא יהא אדם קפדן בתוך סעודתו. מעשה בהלל הזקן שעשה סעודה לאדם אחד ובא עני ועמד על פתחו ואמר: "אישה אני צריך להכניס היום ואין לי פרנסה כלום". נטלה אשתו כל הסעודה ונתנה לו. ואחר כך לשה עיסה אחרת ובישלה אלפס אחר ובאתה והניחה לפניהם. אמר לה: "בתי, מפני מה לא הבאת לנו מיד?" שחה לו כל המעשים. אמר לה: "בתי, אף אני לא דנתי אותך לכף חובה אלא לכף זכות. שכל המעשים שעשית לא עשית אלא לשם שמים".[31]

הלל המתין יחד עם האורח לאוכל שהכינה אשתו, מסופר שם על מאפים וקדרה, כלומר יש להניח שהבית התמלא בריחות טובים ובציפייה לאוכל. אחר כך נעלם הריח ושעות ארוכות עברו עד שהוגש האוכל. בדבריו של הלל לאשתו אנו שומעים את עמדת המוצא הזוגית שלו כלפיה: "אף אני לא דנתי אותך לכף חובה, אלא לכף זכות, שכל המעשים לא עשית אלא לשם שמיים". אפשר לדון אם אשתו נהגה כראוי, אולי הייתה צריכה להגיש מעט מן האוכל להלל ולאורח כבר

בהתחלה ואת רובו לתת לעני. אולי טוב שנתנה הכול לעני, אבל היה עליה לכל הפחות לומר להם שכך עשתה כדי שלא יצפו לאוכל לשווא. אבל היופי בעין הטובה של הלל במרחב הזוגי, שהלל כלל לא מכניס את עצמו לכל החשבון הזה. הלל מכריז שיש לו אמון מוחלט באשתו, הוא יודע שכל כוונותיה לטובה, זה העיקר, כל השאר כבר חסר משמעות. ודאי שבני זוג עשויים לטעות בשיקול הדעת, אבל משעה שהכוונה היסודית טובה, על כל הטעויות תכסה אהבה. אולי אותו מבט בעין טובה היה גם מנת חלקה של אשתו, והוא זה שאפשר לה להתבונן כיצד הלל מקדיש את כל יום השישי שלו ליחס סבלני ומייגע כלפי אדם בעל שאלות מיותרות. היא אינה מעירה ואינה מתלוננת. היא יודעת שכוונתו לשם שמיים, והעין הטובה ההדדית בבית הזה היא הזוגיות במיטבה.

הכישלון האנושי הגדול של חטא עץ הדעת התחיל בכפירה בכל הטוב שהקב"ה הרעיף על האנושות בגן עדן ובחמדת הדבר היחיד שנאסר. אבל חכמים הגדירו דווקא את הטלת האשמה של האיש כלפי האישה כרגע של כפיות טובה.[32] כפיות טובה היא היכולת לכפות את הטובה, כלומר לכסות עליה ולהתעלם ממנה ולהאיר באור גדול את הרע. אדם הראשון הכיר מהם חיים בלי אישה, זה היה הדבר היחיד שהוגדר בגן עדן כ"לא טוב", הבדידות. אבל הוא הצליח לכפות את הטובה, להתעלם ממנה ולהאשים בחטאו את האישה ואת הקב"ה שנתן לו אותה, "וַיֹּאמֶר הָאָדָם: הָאִשָּׁה אֲשֶׁר נָתַתָּה עִמָּדִי הִוא נָתְנָה לִּי מִן הָעֵץ וָאֹכֵל".[33] עין טובה לפיכך היא עין שמנכיחה את הטוב, אינה מכסה אותו ואיננה כופרת בו. היא גם לא מנכסת את הטוב לאדם ומכירה בו כמתנה מאת ה'. עין רעה מתעלמת מן הטוב, מקטינה אותו, מנכיחה את הרע ומעצימה אותו.

איך מפתחים ענווה ומשתחררים מן הגאווה?

נאמר דבר והיפוכו, יציאה מגאווה לענווה היא הפעולה המסובכת ביותר והפשוטה ביותר בעולם. היא המסובכת ביותר מפני שהמבנה הפיזי והנפשי בנוי כך שהאדם חווה באמת את העולם כסובב סביבו.

העיניים של כל אדם מצויות בפניו והוא רואה הכול רק ביחס אליו, קרוב או רחוק, קטן או גדול. גם המערכות הפיזיות של רעב ושובע, מערכת העצבים ושאר מבנה הגוף, בכל אלה יכול אדם להרגיש את עצמו ורק את עצמו. הוא יכול לכאוב את כאבו של אדם רעב, אבל הבטן שלו תהיה שבעה באותו רגע, היא לא תרגיש פיזית את הרעב. אשר על כן המסע של יציאה מאדם אל הזולת הוא המסע הקשה ביותר בעולם, ותחושת ה"אני" היא התחושה העוצמתית ביותר בעולם שקשה ביותר להשתחרר ממנה.

מאידך גיסא, ענווה היא התחושה הטבעית ביותר לאדם. מבט פשוט על האדם מראה עד כמה הוא תלוש, תלוי וזמני. מספיקות כמה שעות ללא שתייה ומזון כדי להוציא אותו משיווי משקל, הוא תלוי בדלק החומרי הזה. במחילה, המזון עצמו מופרש מן הגוף בצורה מביכה ומבזה. הוא אינו מסוגל להישאר ער ברצף מבלי להתעייף, והוא תלוי לקיומו בכל כך הרבה דברים שמחוצה לו. הזקנה בלתי נמנעת, המחלות מטלטלות אותנו והמוות ידוע מראש. ובמרחבי הנפש התמונה דומה. כמה אנחנו תלויים בכבוד ובהכרה, בזוגיות ובחברה, כמה הבדידות בלתי נסבלת, משמע איננו יכולים לבד. אנחנו מתקשים לשלוט במצב רוחנו והמצב הנפשי של כולנו עלול להשתנות ברגע לכדי מחלות נפש מעוררות בהלה. אנחנו לא מצליחים להיות אדונים לעצמנו ואיך נתיימר להתגאות ולהתנשא על אחרים? אפילו הספר הזה כולו תמונת מראה לעליבותו הנפשית של האדם, כמה קשה לנו לשנות לטובה ולו תכונת נפש אחת. הידע האנושי, גדול ככל שיהיה, מתגלה בחלוף דור או כמה דורות כמוגבל וחסר. אין מראה יותר מנותק מהמציאות והזוי ממראה אדם בעל גאווה.

לכאורה הפתרון הפשוט ביותר כדי להיחלץ מן הגאווה הוא להביט במראה, לראות את המציאות נכוחה, להתבונן בעין פקוחה בעצמנו. אפשר לבקר קצת בבתי חולים, במחלקות סיעודיות לקשישים, ולהבין כמה הגאווה מגוחכת. גם מי שאינו בוחר בדרך הזאת, החיים הם שיעור אחד ארוך ומתמשך בענווה, איך אפשר לאבד תהילת עולם ברגע, איך חיים על חוט השערה, איך אדם להבל דמה.[34]

אבל אף שכולנו יודעים כל מה שנכתב וחווינו זאת על בשרנו יותר מפעם אחת, הגאווה מכה שוב, מפני שהקב"ה רצה שנרגיש גדולים, שנכיר בכוחנו העצום לתקן עולם ולפעול גדולות ונצורות. מפני שהנשמה שנטע בנו אין־סופית, וכל מה שנדרש מאיתנו הוא להעביר את המבט מגודל הגאווה אל גודל הנשמה. נשמה גדולה משמעותה שליחות גדולה, משמעותה ענווה של כוח עצום לעשות.

למעשה ענווה נקנית כאשר מתרגלים לייחס את כל הטוב כלפי מעלה. לייחס את דחוכמה, העושר ויתר ההצלחות לריבונו של עולם, להכיר בערך עצמנו אבל לדעת שמאחורי הערך הזה מצוי דבר גדול יותר, "כִּי הוּא הַנֹּתֵן לְךָ כֹּחַ לַעֲשׂוֹת חָיִל".[35] רוכשים את זה בהקפדה על דיבור עדין והקשבה אמיתית, ובתנועות גוף שאינן מתנשאות,[36] בסעודות הודיה, בברכות הגומל, בהתרגלות לומר "בעזרת ה'" ו"תודה לאל" ובעמידה כנה לפני ה' בתפילה. הדברים הפשוטים הללו מייצרים תודעה מנצחת.

המעביר על מידותיו והנקמן

המידה שמשנה את הכול

את מידת הנפש הזאת, המעביר על מידותיו, השארנו לסוף, מפני שבמידה רבה מידת הנפש הזאת היא הנכונות ליותר על כל מידות הנפש הטבעיות כדי לסלוח. אין קשה ממנה, מפני שהיא מהווה התנגדות לכל תכונות האדם, ואין יקרה ממנה מפני שהיא ההידמות העמוקה ביותר לקב"ה. על כן נאמר: "כל המעביר על מידותיו – מעבירין לו על כל פשעיו, שנאמר 'מי אל כמוך נושא עוון ועובר על פשע', למי נושא עוון? למי שעובר על פשע".[1] תשומת לב לחיבור בין הפסוק למסקנה מעוררת השתאות של ממש. הפסוק שואל כביכול שאלה רטורית: מי כמוך יכול לשאת עוון ולעבור על פשע? הפסוק אפילו מצמיד את הכינוי "אל" למי שמסוגל לעשות כך, והתשובה המתבקשת היא שאין אל כזה, בוודאי לא אדם. אבל חכמים קובעים שיש, ואכן מדובר באדם נדיר שהצליח להתעלות על כל המידות האנושיות הטבעיות, "להעביר" על מידותיו האנושיות. אדם כזה דומה לאלקיו וכמעט ראוי לתואר "אל". ובשל כך נמחלים לו כל העוונות, מפני שכפי שהוא מעביר על מידותיו כך הקב"ה נוהג כלפיו. ואולי זה כך מפני שכל העוונות קשורים כך או

אחרת למידות פגומות, אבל זה שהתעלה מעל כל המידות כבר ניתק את הקשר בינו לבין החטאים שנבעו מהפגמים הללו.

שמא נאמר שמדובר רק באוטופיה, בדמות שאינה אלא משל. הגמרא מספרת על רבי עקיבא שנענה בשעת עצירת גשמים בשל העובדה שהיה מעביר על מידותיו,[2] ומספרת על רב הונא בנו של רב יהושע, שרב פפא בא לבקרו והבין שסופו למות. אף על פי כן החלים בזכות העובדה שהיה מהמעבירים על מידותיהם. אמת, עדיין מדובר באנשי ענק, אבל בכל המידות אנחנו שואבים השראה מענקים שאנחנו צועדים בעקבות פסיעותיהם. באותה גמרא ניתנת עצה כיצד מצליחים למחול ולהעביר על המידות:

> "נשא עון ועבר על פשע", למי נושא עוון? – לעובר פשע.
> "לשארית נחלתו" – אמר רבי אחא בר חנינא: אליה וקוץ בה.
> לשארית נחלתו – ולא לכל נחלתו, למי שמשים עצמו כשיריים.[3]

אדם סולח ביתר קלות לעצמו, מפני שהוא מבין את עצמו, יודע לסנגר על עצמו, ובעיקר מפני שבשורה התחתונה מדובר בו והוא איננו יכול לוותר על עצמו כל כך מהר. ככל שאדם עושה עצמו שיריים לכנסת ישראל, כלומר מרגיש עצמו כחלק מהעם הזה, הוא מצליח להכיל גם את החולשות של אחרים, מסוגל לסנגר עליהם, ואין לו עניין לבוא חשבון, מפני שבחוויה שלו הוא בא חשבון למעשה עם עצמו.

הביטוי "מעביר על מידותיו" מתפרש על ידי רש"י כביטוי ציורי: "שאינו מדקדק למדוד מדה למצערים אותו, ומניח מידותיו והולך לו".[4] רוב בני אדם הולכים כביכול לכל מקום עם סרט מדידה, כמה נתנו הם, כמה מגיע להם בתמורה, כמה פגעו בהם ומהו העונש הראוי למי שפגע בהם, עולם של מידת דין מחשבנת ומודדת. המעביר על מידותיו בוחר שלא לקחת חלק במשחק הזה, הוא אינו מודד ואינו מתחשבן, הוא מניח את מידותיו, כלומר את כלי המדידה, והולך לו.

אבל יש מי שפירשו, כמו בספר "יד המלך" על הרמב"ם, את המעביר על מידותיו כמי שגובר ומנצח את כל מידות נפשו הטבעיות:

> ולולי כי איני כדאי לדבר דבר נגד פירוש רש"י, הייתי אומר דכוונת תיבת "מידותיו" האמור כאן, הוא כאשר רגיל בלשון חז"ל בהרבה מקומות בש"ס, להניח תיבת "מידה" על מהות כל ענין ותכונתו... ולדעתי גם במימרא דרבא הוי הכוונה כן, דכל המעביר על מידותיו, דהיינו דהאדם עובר על תכונת נפשו הנטועה בו בכוחו, לפי דתכונת האדם שנטוע בו כח הקנאה והשנאה והנקמה והניצחון, וכדומה הרבה כוחות כאלה הנטועים בקרבו ואין ביכולתו להתגבר על כל אלה ולסלוח פשע וחטאת רעהו אשר חטא נגדו...[5]

אגב, בהמשך דבריו הוא כותב שאכן אין יכולת אנושית לסלוח כפי יכולתו של ה', שהרי סליחה היא "סילוק ושכחת העוון מלבו לגמרי". האדם איננו יכול למחוק מן התודעה את אשר נעשה לו, אבל הוא יכול לנהל את הדרך שבה הוא נוהג כלפי מי שעשה. הוא יכול "לשאת עוון", להיות מודע למה שנעשה לו ולשאת זאת מבלי לנקום. בכל התורה, לדבריו, לא מופיעה בקשת סליחה מאדם, רק בקשת מחילה ונשיאת עוון. כלומר אין ציפייה למחיקה ושכחה, רק להתנהלות של גבורה שאין בה נקמה. כך אחי יוסף מבקשים נשיאת עוון ולא סליחה: "אָנָּא שָׂא נָא פֶּשַׁע אַחֶיךָ וְחַטָּאתָם כִּי רָעָה גְמָלוּךָ, וְעַתָּה שָׂא נָא לְפֶשַׁע עַבְדֵי אֱלֹהֵי אָבִיךָ...".[6]

אבל גם בשביל זה צריך התגברות עצומה על כל מידות הנפש, ואולי המורה הגדול ביותר לתכונה הזאת הוא אכן יוסף עצמו. אין נשיאת עוון הרואית יותר מזו של יוסף כלפי אחיו. בנוהג שבעולם מי שמבקש את הסליחה הוא המחזר ומתחנן למחילה, ואצל יוסף מתרחש תהליך הפוך, הוא מדבר אל ליבם ומפייס אותם, הוא מפציר שלא יתקוטטו בדרך, הוא בוכה על צווארם ומשכך את כעסם על עצמם. בתוך דבריו הוא מעניק מתנה לכל מי שמבקש ללכת בדרך התובענית הזאת של המחילה: "וְעַתָּה אַל תֵּעָצְבוּ וְאַל יִחַר בְּעֵינֵיכֶם כִּי מְכַרְתֶּם אֹתִי הֵנָּה, כִּי לְמִחְיָה שְׁלָחַנִי אֱלֹהִים לִפְנֵיכֶם... וְעַתָּה לֹא אַתֶּם שְׁלַחְתֶּם אֹתִי הֵנָּה כִּי הָאֱלֹהִים...".[7] כמובן, יש בחירה חופשית. כמובן, יש אחריות

לאחי יוסף, אבל יוסף מצליח לשאת את עוונם מפני שהוא מתבונן על מעשיהם כתוכנית אלוקית, אלוקים מדבר אליו דרך מעשיהם, מנווט את הדברים דרך התנהגותם. במקום לבוא איתם חשבון, הוא מטה אוזן לקב"ה, לראות איזו טובה צומחת מכאן. זה מזכיר קצת את התייחסותו של דוד לקללותיו של שמעי בן גרא: "וַיֹּאמֶר אֲבִישַׁי בֶּן צְרוּיָה אֶל הַמֶּלֶךְ לָמָּה יְקַלֵּל הַכֶּלֶב הַמֵּת הַזֶּה אֶת אֲדֹנִי הַמֶּלֶךְ? אֶעְבְּרָה נָּא וְאָסִירָה אֶת רֹאשׁוֹ. וַיֹּאמֶר הַמֶּלֶךְ: מַה לִּי וְלָכֶם בְּנֵי צְרֻיָה כֹּה יְקַלֵּל, כִּי ה' אָמַר לוֹ קַלֵּל דָּוִד... הַנִּחוּ לוֹ וִיקַלֵּל כִּי אָמַר לוֹ ה'...".[8] המקלל הוא זרוע אלוקית ארוכה, דרכו מדבר ה' אל דוד, הוא לא עסוק בנקמנות מולו. אכן לפני מותו הוא יצווה את שלמה לפגוע בו כדי שלא יבולע לשלמה, אבל אין לו עניין בנקמה אישית.

אבל דוד נותן לנו מבט נוסף המראה כיצד מצליחים להעביר על הפשעים שפשעו כלפינו: "אוּלַי יִרְאֶה ה' בְּעֵינִי (בעוניי) וְהֵשִׁיב ה' לִי טוֹבָה תַּחַת קִלְלָתוֹ הַיּוֹם הַזֶּה".[9] דוד יודע שהכול נכנס בחשבון, שהצער על הקללות והפגיעה גם הוא סוג של מירוק עוונות, והוא בוחר לתת לזה משקל.

ככלל מי שמודע לעוונותיו ולחולשותיו שלו עצמו, יכול לשאת ביתר קלות פגיעה של אחרים בו. האדמו"ר הזקן כותב ששיטת החיים שסיפר עליה דוד המלך בתהילים, "כִּי פְשָׁעַי אֲנִי אֵדָע וְחַטָּאתִי נֶגְדִּי תָמִיד",[10] היא זו שמאפשרת לאדם גם להיות מעביר על מידותיו. אין הכוונה לזכור את החטאים של עצמך כדי להיכנס לדכדוך תמידי, הרי על אדם מוטל להיות בשמחה, אלא שהזיכרון הזה יאפשר לאדם להתמודד כראוי במצבים שבהם חטאו כלפיו:

> והמכוון רק לבלתי רום לבבו ולהיות שפל רוח בפני כל האדם כשיהיה לזיכרון בין עיניו שחטא נגד ה'. ואדרבה לעניין השמחה יועיל זיכרון החטא ביתר שאת בכדי לקבל בשמחה כל המאורעות המתרגשות ובאות, בין מן השמים בין ע"י הבריות בדיבור או במעשה, וזו עצה טובה להינצל מכעס וכל מיני קפידא... וכל המעביר על מידותיו מעבירים לו על כל פשעיו.[11]

גם עצת השל"ה להתמודד עם הקושי להעביר על המידות היא ראיית הסיטואציה כהזדמנות לעבודת מידות יוצאת דופן: "'ואמר רבא: כל המעביר על מידותיו מעבירין לו על כל פשעיו', על כן, לא זו (בלבד) שלא יצטער על דבר הנעשה לו, להחזיק במחלוקת, אדרבה ישיש וישמח שבא לידו דבר זה לקיים להעביר על מידותיו".[12] השל"ה מכוון אותנו לראות את הרגע הזה כהזדמנות מכוננת להעביר על המידות, לטרוף את כל הקלפים ולשנות את המציאות, כמעט כמו להיוולד מחדש.

לב רפוי

שלמה המלך כותב: "חַיֵּי בְשָׂרִים לֵב מַרְפֵּא וּרְקַב עֲצָמוֹת קִנְאָה".[13] כבר פגשנו בפסוק הזה בלימוד על מידת הקנאה, אבל לפי רוב הראשונים שלמה אינו מדבר כאן על הקנאה הקלאסית כי אם על קנאות של נקמנות, ומולה הוא מציב את הלב הרפוי לסלוח. כך על פי רש"י: "לב בשר שהוא רופא את הרעה ועובר על מידותיו הוא חיי בריותיו של הקב"ה שהן בשר ודם".[14] הוא מתאר את מי שמעביר על מידותיו כמי שמצליח לרפא את הרעה, ומגדיר את היכולת לסלוח ככוח החיים של בריותיו של הקב"ה. רש"י רומז גם שהסליחה נובעת מהיותנו בשר ודם, כלומר מלכתחילה לא צפויים להיות מושלמים. הינה לנו השלמת עולם המידות, פתחנו בהבנה שפרפקציוניזם הוא הקנאה באלוקים והדמיון שלפיו אדם אמור להיות מושלם הוא שמוטט יותר מכול את האנושות. עכשיו אנחנו פוגשים במידה שהיא פסגת האנושות. היכולת להעביר על המידות, והיא נובעת מההכרה שאיננו מושלמים, איננו כאלוקים, גם האנשים שחטאו כלפינו אינם מושלמים, הם רק בשר ודם שטועה ויכול לתקן.

גם במצודת דוד מופיע דבר דומה: "חיי בשרים – מי שיש לו לב רפוי ואינו מקשה לבו לנטור קנאה, הוא לו לחיי בשרים, כי לא ידאג איך ובמה ינקום נקם. אבל המקשה לבו ונוטר קנאה, הוא סיבה להביא ריקבון בעצמותיו להתמדת הדאגה".[15] אכן, הדגש כאן שונה ופותח לנו צוהר לעוד נדבך חשוב במידה הזאת. כשלמדנו על מידת הקנאה נוכחנו

לדעת שהקנאי מאבד את עצמו ואת כל אשר נפל בחלקו מרוב עיסוקו באדם שבו הוא מקנא. גם הקנאי לכבודו, שמבקש לנקום על אשר נעשה לו, עלול להיות באותו מצב ממש. מרוב עיסוק במי שפגע בו, הוא עלול לשעבד את חייו שלו למסע הנקמה. במקום לשקם את עצמו ולטפל בחייו, הוא יקדיש את חייו להרס זולתו. המקנא באחר והמקנא ונוקם לכבוד עצמו, דומים. שניהם מאבדים את עצמם, מרקיבים את עצמיותם מרוב עיסוק אובססיבי בזולת. יש משהו ביכולת להרפות את הלב, לשחרר ולהמשיך הלאה, שמחזיר את הנפגע לחיות שוב את חייו שלו מבלי לתת לפוגע מקום מופרז בחייו.

אזהרה חמורה למעביר על מידותיו

ישנו הבדל דק ועדין בין מי שמעביר על מידותיו, כלומר מוחל ואינו עסוק בנקמה, שעושה זאת מתוך גבורה ועוצמה נפשית, למי שעושה את אותו הדבר בדיוק מתוך חולשה ופחד מעימות. הפעולה לכאורה היא אותה פעולה, מחילה, אבל ההבדל בין שני האנשים הללו עצום. הראשון מוחל מתוך מלוא קומת אישיותו, הוא זקוף קומה מלא חיים וגבורה, הוא מעביר על מידותיו לא מתוך מחיקת מידות נפשו אלא בשל גבורה עילאית. ואילו השני עושה זאת על חשבון אישיותו, מתוך פחד וכפיפות קומה, הוא מוחק את מידות נפשו, אבל גם נפשו נמחקת ונפגעת. לא זו בלבד שפגעו בו אחרים, עכשיו מתוך פחד להתמודד, גם הוא פוגע בעצמו. כשחז"ל מתארים את "הנעלבים ואינם עולבים"[16] הם מצמידים להם את הפסוק "וְאֹהֲבָיו כְּצֵאת הַשֶּׁמֶשׁ בִּגְבֻרָתוֹ".[17] כלומר, מדובר על מי שמעביר על מידותיו מתוך גבורה, לא מתוך פחד ובוודאי לא מתוך מחיקת אישיותו. בשני המקרים שהובאו בתנ"ך, יוסף מול אחיו ודוד מול שמעי, מדובר באנשים שיש להם את מלוא הכוח לתבוע את עלבונם ולנקום. הם אינם עושים זאת מחוסר רצון, לא מחוסר יכולת, ומתוך עמדת נפש איתנה.

כמובן, לכל סוגיית ההעברה על המידות יש להוסיף שיקולים רבים, האם האדם שמנגד הכיר בחטאו וביקש מחילה? האם יש השלכה

חברתית מסוכנת למחילה? הרי במקרים מסוימים אנשים שזכו למחילה ימשיכו להכאיב לאנשים אחרים, לפעמים אפילו למוחל בעצמו. אבל כאן התמקדנו בעבודת הנפש של האדם, והדגש בהיבט הזה הוא מחילה מתוך גבורה ולא מתוך ויתור של חולשה. לפעמים אדם מוותר על עימות כדי לא להתבוסס בצער שנגרם לו, וגם זה ראוי לעיתים, ובלבד שיעשה כך מתוך החלטה ברורה והבנת מקומו.

היכולת להעביר על המידות משמעותית כל כך עד שבנוסח קריאת שמע על המיטה, כחותם של כל יום, אומר אדם כך: ״ריבונו של עולם, הריני מוחל וסולח לכל מי שהכעיס והקניט אותי או שחטא כנגדי, בין בגופי בין בממוני בין בכבודי בין בכל אשר לי, בין באונס בין ברצון בין בשוגג בין במזיד בין בדבור בין במעשה, בין בגלגול זה בין בגלגול אחר, לכל בר ישראל. ולא יענש שום אדם בסיבתי״. בזאת משלים אדם את יומו שהחל בעבודה על הכרת הטוב ויכולת ההודיה, ״מודה אני לפניך...״, ביכולת לקבל גם את מה שחסר, אפילו חסרונות שהכאיבו ופגעו עד מאוד, ולהצליח לסלוח.

איך משתחררים מנקמנות ולומדים לסלוח?

כמו בהרבה מידות, ילדים יונקים את מידות הנפש כבר בבית. אווירה נצחנית שבה כל אחד עומד על דעתו ונאחז בצדקתו היא אווירה שאין בה בקשת סליחה וממילא גם לא מצויה בה סליחת הנפגע. ולהפך, בית שמודים בו על טעות, בית שההורים בו נכונים לסלוח זה לזה, מקרין אווירה של ויתור על מידת הדין. ילד רואה גם כיצד נוהגים הוריו בחברים שאכזבו, אם הם שומרים טינה לנצח או נכונים להתפייס, והכול מחלחל.

בדרך כלל אנחנו מתקשים לסלוח לא מפני מה שנעשה לנו אלא מפני הפרשנות שאנחנו מעניקים למה שנעשה לנו. אנחנו יודעים להסביר היטב את הסיבות המרושעות שהובילו למעשה. כאשר אנחנו אלה שעשינו את המעשה הפוגע אנחנו יודעים לרוב שלא מדובר בכוונה רעה, אנחנו דנים את עצמנו לזכות. העבודה הזאת של לדון

לזכות היא פרקטיקה שצריך לתרגל. היא הפוכה מכל הלך הרוח התקשורתי, שתמיד מחפש כוונות סמויות מרושעות אפילו במעשים טובים, לא כל שכן במעשים פגומים. אבל אדם שמבקש להיות מעביר על מידותיו מבלי לוותר על עצמו ועל אישיותו מתאמן באחיזה בשני קצות החבל. מחד גיסא, אומץ להודות בכך שנפגעתי, נעלבתי ואני בצער גדול. מאידך גיסא, הבנה שאני לא באמת מבין את הצד השני ואימון בעיניים טובות שיודעות גם לזכות. זו דרך חשיבה מאתגרת אך נרכשת באימונים רבים. אחריה אדם זוכה לחיות בעולם טוב יותר, בעולם של זכויות במקום בעולם מרושע.

ומה באשר למקרים שבהם באמת מדובר ברשעות של האדם שמנגד? כאמור, במקרים מסוימים צריך לתבוע את הדין כדי להציל אנשים אחרים. אבל בכל מקרה נכון גם לזכור שיש מי שעושה צדק בעולם, בעולם הזה ולפעמים רק בעולם הבא, והנקמה לא מוטלת עלינו. אדרבה, השחרור ממנה מחזיר רוגע ורפיון לחיים.

הכרת הטוב

את כלל המידות אנחנו מבקשים לתקן לאורך כל ימות השנה, אבל יש מידה מיוחדת שאנחנו מנסים לאמץ דווקא בשבת: הכרת הטוב. השיר של יום השבת פותח ב"טוב להודות לה'", מתפילות השבת קוצצו כל הבקשות שמדגישות את החסר ונשארו רק התודות. ככלל, שבת מנסה להביא אותנו לחוויה מעין זו הצפויה לנו לעתיד לבוא, כשהכול כבר יהיה מתוקן. בינתיים, בעולם שאנחנו מנסים לתקן במשך ששת ימי השבוע, אנחנו מחליטים לראות את הטוב בפסגת השבוע, ביום השבת.

למען האמת, כל התרסקות העולם נבעה מחוסר הכרת הטוב. אילו היו אדם וחווה מכירים בטובה הגדולה המצויה בגן עדן, לא היו מאבדים את המקום הנשגב הזה. גם עונשם נועד לסייע בהכרת הטוב – במקום ילדים שיבואו לעולם כמובן מאליו, הם באים בקושי, במאמץ, ומוערכים הרבה יותר; כך גם פרנסתו של אדם שבאה בזיעת אפיים, זוכה להערכה רבה מזו שבאה במתנת חינם.

רגע אחרי האכילה מעץ הדעת ואחרי שנשאל האדם מדוע עשה זאת, הוא מטיל את האשמה על "האישה אשר נתת עמדי".[1] רש"י קובע את עמדת הנפש שעומדת מאחורי הטיעון: "כאן כפר בטובה", האדם רואה באלוקיו ובאשתו אחראים לכישלונותיו שלו, ואינו רואה כמה

ברכה הביאה אשתו לחייו. על פניו, כפירת הטובה הייתה עוד קודם לכן, באכילה מן העץ היחיד שנאסר ובהתעלמות מכל השפע המותר, אבל כאן הכפירה בטובה צורבת במיוחד, שהרי אל גן עדן הוא נברא ולא הכיר מציאות אחרת, ואילו הזוגיות הייתה חסרה לו ובכל זאת כפר בה.

אנחנו רגילים להגדיר כפירה כאי־הכרה במציאות ה׳, אבל כאן מופיע הביטוי ׳כפירה׳ בהקשר של כפירה בטוב. לעניות דעתי אלה מושגים זהים, כלומר, ההכרה בכך שיש ריבון לעולם ושהעולם שברא הוא רע, כמוה ככפירה בה׳.

חז״ל משתמשים באותו הקשר גם בביטוי דומה, ׳כפיית טובה׳: ״אין לך קשה לפני הקב״ה יתר מכפיית הטובה״.[2] כוונת הביטוי ׳לכפות׳ הוא לכסות. כלומר, לעיתים מדובר באדם שמזהה את הטוב אבל מתאמץ לכסות אותו. איך מכסים את הטוב? בדרך כלל בשמיכה של רע. מדגישים את כל החסר ואת כל הקשיים, ולאט־לאט עוטפים את כל נקודות הטוב והתקווה עד שאי אפשר לראות אותן. הדגשת הרע וכפיית הטוב הופכות לכפירה בטובה וממילא לכפירה בה׳.

כיוון שכפירת הטובה היא שאפיינה את אובדן גן עדן, אפשר לומר שהכרת הטוב היא כרטיס השיבה לגן עדן, אבל אולי עמוק מזה: הכרת הטוב מביאה את גן עדן לכאן.

השורות האחרונות הללו נכתבות בעיצומה של המלחמה שנפתחה בכאב עצום בשמחת תורה תשפ״ד, ומי יודע איזו טובה צפונה באחריתה. המלחמה הזאת מלמדת אותנו בין השאר לפקוח עיניים ולהכיר בטובה. המדינה נתפסה כמובנת מאליה וכבר התחילו מלחמות פנימיות שמניחות שדבר לא יפגע בקיומה. הקיום היהודי נתפס כמובן מאליו והעיניים התמקדו בכל מה שחסר. רעמי התותחים החזירו אותנו אל השמחה בדברים הכי פשוטים, אנחנו מתפללים בשביל החטופים שישובו אל הפשוט הזה, אל בית, משפחה וחיבוק – פתאום זוהי טובה עצומה. בפירושו לברכת הגומל מסביר הרב קוק,[3] שהברכה נועדה לפקוח מחדש את העיניים לראות את הטוב, שהיה כאן כל הזמן וחסר לנו כל כך רק בשעת הסכנה. פתאום כולנו יכולים לראות כמה טוב קיים בעם הזה, כמה הטוב בכל היבט איננו מובן מאליו.

תודה

מבקש בסיומו של המסע הזה להודות לה׳ על כל הטוב שגמל עמי ועם משפחתי בחיי, על מתנות ההתבוננות והכתיבה, הלוואי שאשתמש בהן לטובה.

תודה לאבי ולאמי, זכרם לברכה, על שפע הטוב והחסד שזכיתי לקבל מהם יחד עם אחיי ואחיותיי.

תודה לאשתי, עינת, ולילדינו: שני ועומר, עמית וטליה, עמיחי ושחר, שילה וחנה. תודה על חיים מלאי משמעות ואהבה.

תודה לרבותיי בעולם המידות שזכינו אני ומשפחתי לנסות ללמוד מהם את תורת המידות, תורה שלא לימדו במילים כי אם במעשים של ממש. איני יכול לפורטם כי רבים הם.

תודה לכל חבריי ללימוד המידות שהאירו את עיניי ואת ליבי.

מבקש להודות לאנשי הוצאת מגיד היקרים שלא חסכו מאמץ ותבונה על מנת להביא את הספר מעולם הרעיונות לממשותן של המילים הכתובות:

ליהושע מילר על האמון והקשר, לרב ראובן ציגלר העורך האחראי, לרבנית אוריה מבורך העורכת הראשית, על החוכמה, התבונה והמבט המעמיק, לאפרת גרוס על חכמת העריכה והירידה לפרטים, לשרה המר על הזהירות בלשון הקודש ובלשון בני אדם, לרב ינון חן על ההגהה, לרינה בן גל על העימוד ולידידי הרב שמואל לעסרי על עיצוב העטיפה, על עיצוב האיורים המבריקים ועל שותפות רבת שנים עם בית המדרש הקהילתי בכפר סבא בהבאת תורה מחזקת בשעות מאתגרות.

מתפלל שאצליח ליישם את המילים הכתובות בספר הזה ולהביאן לידי חיים ממשיים.

תודה לכם, הלומדים בספר, לכל הארה, שאלה ותובנה, מוזמנים בשמחה: liorangelman@gmail.com.

תודה שקראתם,
ליאור

הערות

הקדמה

1. נתיבות שלום פרקי אבות. הקדמה.
2. גטין סז, א.

השער לקראת עבודת המידות

הכנה לעבודת המידות

1. של"ה תולדות אדם בית דוד (קמא).
2. סוטה יד, א.
3. ויקרא ו, ג.
4. שמות לו, טו.
5. סוטה ה, א.
6. גטין נו, א.
7. ברכות כא, א.
8. יהושע א, ח.
9. שבת י, א.
10. שולחן ערוך אורח חיים א, א.
11. ויקרא רבה טו.
12. רש"י ברכות כח, ב: "ולא אכשל – וישמחו חברי על כשלוני". בהרחבה בהקדמת מהר"ל ל'תפארת ישראל'.
13. במדבר יב, ג: "וְהָאִישׁ מֹשֶׁה עָנָו מְאֹד מִכֹּל הָאָדָם אֲשֶׁר עַל פְּנֵי הָאֲדָמָה".
14. אבות ו, ו.

15. ברכות יז, א.
16. רמב"ם הלכות תפילה פרק ד הלכה ח: "לא יתפלל במקום הטינופת ולא במרחץ ולא בבית הכיסא ולא באשפה ולא במקום שאינו בחזקת טהרה עד שיבדקנו...".
17. ברכות סב, א.
18. נגעים ב, ה.
19. ברכות נה, א.
20. סוטה מט, ב.
21. עירובין ק, ב.
22. יומא עב, ב: "אמר רבי יהושע בן לוי מאי דכתיב 'וזאת התורה אשר **שם** משה'? זכה נעשית לו **סם** חיים לא זכה נעשית לו סם מיתה".
23. ברכות כח, א: "שהיה רבן גמליאל מכריז ואומר: כל תלמיד שאין תוכו כברו, לא ייכנס לבית המדרש".
24. הלכות תלמוד תורה לרמב"ם ד, א: "אין מלמדין דברי תורה אלא לתלמיד הגון נאה במעשיו, או לתם. אבל אם היה הולך בדרך לא טובה, מחזירין אותו למוטב, ומנהיגין אותו בדרך ישרה, ובודקין אותו; ואחר כך מכניסין אותו לבית המדרש, ומלמדין אותו".
25. רמב"ן דברים כב, ו, שם הסביר את מצוות שילוח הקן ואיסור שחיטת "אותו ואת בנו ביום אחד": "כי הטעם בשניהם לבלתי היות לנו לב אכזרי ולא נרחם", ובהמשך דבריו ביאר שמצוות רבות נועדו לתיקון מידות הנפש.
26. שבת ל, ב.
27. על פי שבת קה, ב.
28. רמב"ם הלכות דעות ב, ג.
29. נדרים כ, א.
30. סוטה ד, ב.
31. הלכות דעות ב, ד: "ועל קו זה יעשה בשאר כל הדעות: אם היה רחוק לקצה האחד, ירחיק עצמו לקצה השני, וינהוג בו זמן מרובה עד שיחזור לדרך הטובה, והיא מידה בינונית שבכל דעה ודעה". וכן בשמונה פרקים לרמב"ם פרק רביעי בהרחבה.
32. עין אי"ה שבת ו, כט. במקור מופיע המשפט בלשון נקבה.
33. הלכות דעות א, יג.
34. נצח ישראל פרק נה.
35. שבת פח, א: "דרש ההוא גלילאה עליה דרב חסדא בריך רחמנא דיהב אוריאן תליתאי, לעם תליתאי, על ידי תליתאי, ביום תליתאי, בירחא תליתאי".
36. ברייתא דר' ישמעאל בתחילת הספרא.

מידות הנפש

פרפקציוניזם

1. בראשית ג, ו.
2. אורות הקודש ב, שצז.
3. קהלת ז, כ.
4. בראשית ג, א.
5. שם, פס׳ ב, ג.
6. שם פס׳ ד, ה.
7. אסתר ה, יג.
8. חולין קלט, ב.
9. איוב לא, ב.
10. תהילים ח, ו.
11. בראשית ב, יח.
12. שם.
13. שם, ד״ה ״לא טוב היות״.
14. תנא דבי אליהו כה.
15. אבות ב, טז.
16. עבודה זרה ג, א.
17. קידושין לד, א.
18. אבות ב, ה.
19. בראשית ג, כא.
20. שם ב, ז.
21. אבן שלמה להגר״א ועוד.
22. אבות ב, טז.

קנאה ורצון

1. שמונה קבצים א, קכט.
2. רש״י בראשית א, טז ד״ה המאורות הגדולים.
3. בראשית ג, א.
4. מדרש הגדול פרק ג פסוק יד.
5. אורחות צדיקים שער הקנאה.
6. בראשית ג, ד-ה.
7. בראשית ל, א.
8. שם לז, יא.

9. ישעיהו יא, יג.
10. שמות כ, יג: "לֹא תַחְמֹד בֵּית רֵעֶךָ לֹא תַחְמֹד אֵשֶׁת רֵעֶךָ וְעַבְדּוֹ וַאֲמָתוֹ וְשׁוֹרוֹ וַחֲמֹרוֹ וְכֹל אֲשֶׁר לְרֵעֶךָ".
11. אורחות צדיקים שער הקנאה.
12. משלי יד, ל.
13. סוטה ט, א.
14. מסילת ישרים יא, בפרטי מידת הנקיות.
15. פלא יועץ, קנאה.
16. מסילת ישרים יא, בפרטי מידת הנקיות.
17. פלא יועץ "קנאה".
18. משנה, סנהדרין ד, ה.
19. משלי יד, ל.
20. קהלת ד, ד.
21. שם ד"ה "וראיתי".
22. אבות ד, כא.
23. ילקוט שמעוני תהילים תשכח.
24. שם.
25. בראשית ל, א.
26. רש"י שם.
27. בבא בתרא כא, א. ההקשר שם הוא התקנה שמאפשרת תחרות בין מלמדי תורה כדי לשבח את הלימוד.
28. מסילת ישרים יא, בפרטי מידת הנקיות.
29. בראשית רבה סח, ד.
30. סוטה ב, א.
31. מועד קטן כח, א.
32. שערי אורה שער ג-ד ד"ה וזהו שאמרו חז"ל חיי בני ומזוני.
33. סנהדרין קה, ב.
34. בראשית מב, יא.
35. מתוך שבע ברכות.
36. סוטה מ, א.
37. שמונה קבצים ג, כד. אורות הקודש ג.
38. רש"י ויקרא יג, מו ד"ה "בדד ישב".
39. אורחות צדיקים שער הרצון.
40. ראש השנה יא, א: "בר"ה נפקדה שרה רחל וחנה בר"ה יצא יוסף מבית האסורין".

בושה ועזות

1. אבות ה, כ.
2. שם ב, ה.
3. יבמות עט, א.
4. שם.
5. נדרים כ, א.
6. ביצה כה, ב.
7. בראשית ב, כה.
8. שמות לב, א.
9. שופטים ה, כח.
10. פירושו לתורה בראשית כ, כה.
11. בראשית ג, ז.
12. רש"י שם.
13. ברכות יב, ב.
14. עין אי"ה ברכות א, קסט.
15. צדקת הצדיק נז.
16. שמות כ, יד.
17. שם, ד"ה "ויעמדו מרחוק".
18. סדר וידוי.
19. סדר סליחות.
20. אבות ב, ה.
21. אבות ו, ו.
22. במדבר יב, ג: "וְהָאִישׁ מֹשֶׁה עָנָו מְאֹד, מִכֹּל הָאָדָם אֲשֶׁר עַל פְּנֵי הָאֲדָמָה".
23. סוטה ה, א: "אמר ר' יוסף: לעולם ילמד אדם מדעת קונו, שהרי הקב"ה הניח כל הרים וגבעות והשרה שכינתו על הר סיני" (אגב, מעניין לציין שכינויו של רב יוסף, שהעיד על עצמו שמידתו ענווה, הוא 'סיני').
24. רש"י אבות ו, ו. כפי שמופיע בספר 'דרך חיים', פירוש המהר"ל לאבות.
25. ברכות ה, ב.
26. אבות ב, א.
27. גבורות ה' לד: "ועוד יש העדר בעולם, וזה כי הבריאה שנבראה דבק החסרון בה, כי אין מציאות בשלימות הגמור, וזהו הגיהנם שהוא העדר בריאה", ובמקומות רבים נוספים בספריו.
28. עולת ראיה, ברכות השחר, תפילת רבי.
29. עי' שמונה קבצים ח, קנז, שם מבוארת כל פרשת בהעלותך על פי העיקרון הזה.

לעשות את עצמך

30. דניאל ז, ו: "כִּנְמַר וְלַהּ גַּפִּין אַרְבַּע דִּי עוֹף". כחיה הדומה לנמר שלה ארבע כנפיים כעוף.
31. נר מצווה עמוד יא.
32. שמונה קבצים ח, קנז: "ומשיח ממואב קאתי, דחציפה ואמרה מאב, ולא די שלא פגמה בנשמתו, אלא שהיא מרחצתו, מואב סיר רחצי, ובעקבתא דמשיחא חוצפא יסגא, ולא תוכל כלל להמעיט את השפעת קדושתו. התעוררות קדושת משיח בנבואה בא ע"י אלדד ומידד, שנבאו על עסקי גוג ומגוג, ובזה נכללים כל עניני הארת משיח וכל המסיבות הסובבות אותו. ותורה שבע"פ, שבדורות האחרונים מתהפכת לתורה שבכתב, היא באה מצדם, והמה בכתובים".
33. תנא דבי אליהו כה, א.
34. משנה סנהדרין ד, ה. ומשמע שם שההדרכה הזאת נאמרה לכל בני האדם.
35. הפרק הזה מצריך כתיבת ספר בפני עצמו, אולי אזכה לזה ביום מן הימים, ואקצר כאן במקום שראוי להאריך.
36. סוטה ט, טו.
37. בראשית ב, כג.
38. על פי תורות הרב קוק ממקורות רבים, בהם מאמר הדור, זרעונים, פרק ג, הנשמות של עולם התוהו. פסקאות רבות באורות. שמונה קבצים א, סג ועוד ועוד.
39. חגיגה יג, ב.
40. זרעונים, שם.

אהבה ושנאה

1. ליקוטי מאמרים, עמ' מה.
2. ספרא קדושים, ב, ד.
3. ברכות סא, ב: "אמרו לו תלמידיו לר' עקיבא: רבינו, עד כאן? אמר להם: כל ימי הייתי מצטער על פסוק זה, 'בכל נפשך', אמרתי מתי יבוא לידי ואקיימנו, ועכשיו שבא לידי לא אקיימנו?".
4. שבת לא, א.
5. בראשית ב, ט: "וְעֵץ הַחַיִּים בְּתוֹךְ הַגָּן". רש"י: "'בְּתוֹךְ הַגָּן' – באמצע הגן".
6. שיר השירים ח, ו-ז.
7. שם פס' יח.
8. שם.
9. שם פס' כג.
10. שם פס' כד.
11. שם א, כז.
12. זוהר בראשית, לך לך, צא, ב.

13. עולת ראיה חלק ב, הקדמה לשיר השירים.
14. תפילת עמידה לימים הנוראים על פי מנחות כז, על אגודת ארבעת המינים.
15. הרב חרל"פ בפירושו לפרקי אבות, מי מרום ב', כותב שההבדל בין עץ הדעת לעץ החיים הוא בדיוק בנקודה הזאת: בעץ הדעת, ומאז בכל צריכת מזון בעולם, האחד נהנה על חשבון חברו, כלומר האדם האוכל מכלה את המזון הנאכל, וחי כביכול על חשבונו. עץ החיים היה בנוי כך שאינו נעלם מן העולם, כלומר מייד עם קטיפתו נוצר פרי חדש, כך שאין המאכל נפגם בשביל חייו של הניזון ממנו. נדמה לי שהדבר הקרוב ביותר לכך בעולם הוא חלב אם, שם יצירת החלב מתחדשת על פי כמות הצריכה.
16. סנהדרין נח, א.
17. רש"י שם ד"ה "ודבק ולא בזכר".
18. שמואל ב א, כו.
19. מלבי"ם שם, ד"ה "צר".
20. בראשית לד, ז.
21. שם, פס' ג.
22. שם.
23. דברים כב, כו.
24. קהלת ד, יג.
25. קהלת רבה ד, יג.
26. אבות ג, יד.
27. שם ו, ו.
28. פנקסי ראי"ה א, רמח.
29. אבות ה, י.

צניעות והחצנה

1. רש"ר הירש בראשית ב, כה: "בושה" קרובה ל"ענווה" יל"צניעות".
2. בראשית ב, כה.
3. שם פס' ט.
4. רש"ר הירש בראשית ב, כה.
5. מגילה יג, ב.
6. שמואל א י, כב.
7. מגילה יג, ב.
8. אסתר ב, יב-יג.
9. שם, פס' טו.
10. מגילה יב, ב.

לעשות את עצמך

11. בראשית רבה עח, ה.
12. בראשית ל, טו.
13. נדרים סב, א.
14. יומא עה, א.
15. גטין צ, א.
16. עי׳ בהרחבה בספר כתנות אור במאמרו של הרב אוריאל עיטם.
17. מכות כד, א.
18. ויקרא כא.
19. ברכות סב, א.
20. בראשית ב, יז. ד״ה ״ביום אכלך ממנו מות תמות״.
21. פנקסי ראי״ה ג, אחרון בבויסק, ב. פנקס ד, ראשון ליפו, כה.
22. אורות הקודש ב, מ – חזיון המוות.
23. שם.
24. כלומר הנכבד לעומת הגוף, אף שגם הנפש היא לבוש לרוח המהווה לבוש לנשמה שמהווה לבוש לשורש הנשמה, חיה ויחידה.
25. מועד קטן טז, א.
26. בבא בתרא ב, ב.
27. שם, ד״ה ״אסור לאדם שיעמוד״.
28. בראשית מט, כב.
29. ברכות נה, ב.
30. עין אי״ה ברכות פרק ט, סב.
31. משלי לא, יח.
32. שם יא, ב.

כעס וסבלנות

1. רמב״ם, הל׳ דעות ב, ג, על בסיס הגמרא שבת קה, ב.
2. נדרים כב, א.
3. תפארת ישראל יח.
4. אבן שלמה.
5. אבות ד, כא: ״רבי אלעזר הקפר אומר: הקנאה והתאווה והכבוד מוציאין את האדם מן העולם״.
6. ילקוט שמעוני תהילים תשכח.
7. ישעיהו מה, ז.
8. אומנם הקב״ה מתואר גם כמי שכועס, אבל כפי שנלמד הכעס האנושי מאופיין

באובדן שליטה ואילו הכעס האלוקי הוא בשליטה מוחלטת. במובן זה הוא דומה ל"כעס הפנים" שמובא ברמב"ם, ואין זה הכעס האנושי המצוי.

9. רמב"ם, הל' דעות ב, ג, על בסיס הגמרא שבת קה, ב.
10. נדרים כב, ב.
11. אסתר א, יב.
12. אסתר ג, ה.
13. אסתר ה, י.
14. נדרים כב, א.
15. נתיבות עולם למהר"ל, נתיב הכעס, א: "וזה מפני כי הכעס הוא התפעלות האדם, וכל התפעלות היא לגשם (לעולם החומרי) שהוא מתפעל".
16. עירובין יג, ב: "ללמדך שכל המשפיל עצמו הקב"ה מגביהו וכל המגביה עצמו הקב"ה משפילו כל המחזר על הגדולה גדולה בורחת ממנו וכל הבורח מן הגדולה גדולה מחזרת אחריו" (במקור לא נאמר "כבוד" כי אם "גדולה", אבל במשמעות זהה).
17. שבת קה, ב.
18. זוהר כרך ב (שמות) פרשת תצוה דף קפב עמוד א.
19. התרגום משלי ומן הסתם אינו מדויק לגמרי.
20. מכות כד, ב: "שוב פעם אחת היו עולין לירושלים, כיון שהגיעו להר הצופים **קרעו בגדיהם**. כיון שהגיעו להר הבית ראו שועל שיצא מבית קדשי הקדשים התחילו הן בוכין ור' עקיבא מצחק...".
21. ברכות ס, ב: "כי הא דרבי עקיבא דהוה קאזיל באורחא. מטא לההיא מתא, בעא אושפיזא לא יהבי ליה. אמר: **'כל דעביד רחמנא – לטב'**. אזל ובת בדברא, והוה בהדיה תרנגולא וחמרא ושרגא. אתא זיקא כבייה לשרגא. אתא שונרא אכליה לתרנגולא. אתא אריה אכליה לחמרא. אמר: **'כל דעביד רחמנא – לטב'**. ביה בליליא אתא גייסא, שבייה למתא. אמר להו: לאו אמרי לכו **כל מה שעושה הקדוש ברוך הוא הכל לטובה**".
תרגום: כדוגמת המקרה של ר' עקיבא, שהיה הולך בדרך, בשהגיע לאותו מקום, ביקש להתארח ולא ניתן לו. אמר: 'כל מה שעושה הקב"ה - לטובה'. הלך וישן בשדה. היו איתו תרנגול, חמור ונר. באה רוח כיבתה את הנר, בא חתול ואכל את התרנגול. בא אריה ואכל את החמור. אמר: כל מה שעושה הקב"ה – לטובה". בלילה הגיע גייס, שבה את העיר. אמר להם (לאנשים שהיו איתו): לא אמרתי לכם?! – כל מה שעושה הקב"ה – הכל לטובה.
22. שער שנים עשר: שער הכעס.
23. פסחים קיג, ב.
24. זכיתי להרחיב בספר "נשמה יתרה" על הקשר בין יום שישי, שעליו נאמר בספרי

הסוד שהגיהינום עובד בו בכפליים, לכעסן שכל מיני גיהינום שולטים בו, קשר שמשפיע על מידת הכעס הגדולה דווקא בימי שישי.

25. הרב קוק, שמונה קבצים ח, רנא.
26. המשנה הראשונה בבבא קמא מונה ארבעה אבות נזיקין. אחד מהם, 'קרן', מאופיין בכך שכוונתו להזיק ואין הנאה להיזקו. לנזק מן הסוג הזה מרמז כאן הרב קוק.
27. כך מצאנו בימי המבול. על הפסוק: "כִּי הִשְׁחִית כָּל בָּשָׂר אֶת דַּרְכּוֹ עַל הָאָרֶץ" (בראשית ו, יב) כתב רש"י: "אפילו בהמה חיה ועוף נזקקין לשאינן מינן", וכוונתו כמובן לכך שהשחתתם נובעת מזו של האדם.
28. ישעיהו יא, ו.
29. שבת ב, ז.
30. שבת לד, א: "צריך למימרינהו בניחותא, כי היכי דליקבלינהו מיניה" (יש לאומרם בנחת כדי שיקבלו ממנו).
31. "לֹא טוֹב הֱיוֹת – שלא יאמרו שתי רשויות הן: הקדוש ברוך הוא בעליונים יחיד ואין לו זוג, וזה בתחתונים יחיד ואין לו זוג".

שמחה ועצבות

1. ליקוטי מוהר"ן תנינא, כד.
2. דברים כח, מז.
3. שם טז, יד-טו.
4. רש"ר הירש שם, ד"ה "והיית אך שמח".
5. שם.
6. ברכות לא, א.
7. ברוח דברי הרב קוק בעין אי"ה ברכות ה, טז: "השחוק מורה, כשהוא במילואו, שכבר הושגה התכלית כולה. והאדם ראוי שישכיל כי אין שלימותו נגמרת כי אם כאשר תשתלם האנושיות כולה ע"י ישראל בגדולתן, כשתמלא הארץ דעת את ד'. וצריך שתהיה המטרה הגדולה הזאת מושרשת עמוק עמוק בלב כל אחד מישראל עד שירגיש שכל זמן שלא השתלמה האנושית כולה אין שמחתו שלימה, ובזה יהיה אדם המעלה שכל מעשיו יהיו לכוונה האמתית שהיא דעת ה'".
8. נחמיה ח, י.
9. אבן עזרא שם, ד"ה "כי חדות ה' היא מעזכם".
10. פסחים קט, א.
11. קהלת רבה א: "אמר רבי יודן בשם רבי איבו אין אדם יוצא מן העולם וחצי תאותו בידו, אלא אן אית ליה מאה בעי למעבד יתהון תרתין מאוון, ואן אית ליה תרתי מאוון בעי למעבד יתהון ארבעה מאה".

תרגום: אמר רבי יודן בשם רבי איבו: "אין אדם יוצא מן העולם וחצי תאוותו

בידו, אלא אם יש לו מאה, מבקש לעשות אותם מאתיים, ואם יש לו מאתיים מבקש לעשות אותם ארבע מאות".

12. אוצר המדרשים פסיקתא.
13. פסחים קט, א.
14. צרור המור דברים פרק ד.
15. נדרים מט, ב.
16. לפי התלמוד הירושלמי פסחים פרק י משמע שאת כל הניחושים באשר למקור שמחתו ניחשה אותה גבירה: "רבי יודה בי רבי אלעי שתי ארבעתי כסוי דלילי פיסחא וחזיק רישיה עד חגא חמתי' חדא מטרונה אפוי נהירין, אמר' לי' סבא סבא חדא מן תלת מלין אית בך או שתיי חמר את או מלוה בריבית או את מגדל חזירים את, אמר לה תיפח רוחה דהיא איתתא הדא מן אילין תלתי מילייא לית בי אלא אולפני שביח לי דכתיב, 'חכמת אדם תאיר פניו'".
תרגום: רבי יהודה בן רבי אלעי שתה ארבע כוסות של ליל פסח (ליל הסדר) והחזיק ראשו (מכאבים) עד החג. ראתה אותו גבירה שפניו מאירים. אמרה לו: סבא, אחד משלושה דברים יש בך: או שתוי יין אתה, או מלווה ברבית, או מגדל חזירים. אמר לה: תיפח רוחה של אותה אישה, אין בי אף אחד מן השלושה, אלא תורה שאני לומד מציה לי, ככתוב: 'חכמת אדם תאיר פניו'.
17. אני מניח שמדובר שם ברבי יהודה בר אילעי מפני שאחר כך אומר רבי יהודה בן בתירא שבזמן המקדש דייתה שמחה ביין בלבד, משמע שקודם לכן הדובר לא היה הוא כי אם רבי יהודה בר אילעי, כמו בדרך כלל בסתם רבי יהודה.
18. פסחים קט, א.
19. משלי לא, כב.

פחד וגבורה

1. שמונה פרקים לרמב"ם פרק ד.
2. איוב ג, כה.
3. שמונה פרקים לרמב"ם פרק ד.
4. תענית ח, א.
5. עולת ראיה, תפילת שמונה־עשרה.
6. יומא סט, ב: "אדרבה זו היא גבורתו... שנותן ארך אפיים לרשעים".
7. אבות ד, א.
8. שם ה, כא.
9. תהילים צ, י.
10. אבות דרבי נתן כג.
11. מלבי"ם, איוב ג, כה ד"ה "כי פחד פחדתי".

לעשות את עצמך

12. מידות הראי"ה, פחדנות, ד.
13. הרב קוק מחבר באופן מסוים בין המזיקים לגילוי החיידקים: "כפי החקירות האחרונות הוסכם שסיבת החלאים הם בעלי חיים, הבאצילים (חיידקים ונגיפים). אפשר שזהו שער שיפתח שגם החלאים הרוחניים באים ע"י בעלי חיים רוחניים, שהם המזיקין, כדעת חז"ל" (פנקסי ראי"ה, פנקס ב, ד).
14. ברכות ו, א.
15. עין אי"ה, ברכות א, מג.
16. בראשית לב, ח.
17. חזקוני שם, ד"ה "ויחץ את העם אשר אתו".
18. על פי יומא כט, א.
19. ברכות ד, א.
20. דברים כ, ח.
21. סוטה מד, א.
22. ברכות ס, א.
23. מידות הראיה, יראה ג.
24. שם.
25. שם.
26. שם.
27. שם.
28. קידושין לט, ב.
29. ברכות ס, ב.

נדיבות, קמצנות ופזרנות

1. תהילים פט, ג.
2. סוטה יד, א.
3. שם.
4. בראשית רבה ח, ה: "אמר ר' סימון: בשעה שבא הקב"ה לבראת את אדם הראשון, נעשו מלאכי השרת כיתים כיתים וחבורות חבורות, מהם אומרים אל יברא, ומהם אומרים יברא... חסד אומר: יברא שהוא גומל חסדים, ואמת אומר: אל יברא שכולו שקרים. צדק אומר: יברא שהוא עושה צדקות, שלום אומר: אל יברא דכוליה קטטה...".
5. שבת קד, א.
6. עין אי"ה, שבת יב, יג.
7. רות רבה ה, ט.
8. סוכה מט, ב.

9. דברים יג, יח.
10. למשל גטין נה, ב: "דההוא גברא, דרחמיה קמצא ובעל דבביה בר קמצא".
"רחמיה" = אוהבו.
11. משנה בבא מציעא ב, יא.
12. בבא מציעא לג, א.
13. שם.
14. רש"י, שם ד"ה "כל המקיים בעצמו כך".
15. תענית ח, ב.
16. דברים טו, ז.
17. נדרים פא, א.
18. חולין צא, א.
19. זוהר א, קכג, ב.
20. בבא מציעא סב, א.
21. כתובות נ, א.
22. מסילת ישרים א.
23. פלא יועץ 'עשירות': "עשירות היא ניסיון חזק מן העניות, כי הוא מתעתד לכמה איסורים ורעות, וצריך זהירות יתרה ושמירה רבה'.
24. דברים ח, יב-יד.
25. תהילים קכח, ב.
26. קידושין מא, א.
27. פנקסי הראי"ה, פנקס אחרון בבויסק כז.
28. כתובות סז, ב.

התמדה והתחדשות

1. אסתר ב, יא.
2. שפת אמת תרלז.
3 אסתר ג, ד.
4. ברכות סג, א.
5. דברים ז, יב.
6. רש"י שם, ד"ה "וְהָיָה עֵקֶב תִּשְׁמְעוּן". על פי תנחומא עקב א.
7. רש"י דברים כו, טז, ד"ה "בְּכָל יוֹם יִהְיוּ בְעֵינֶיךָ חֲדָשִׁים". תנחומא כי תבא א.
8. חגיגה ג, א.
9. שם י, א.
10. אגרות הראי"ה א, עמ' ריד.
11. רש"י במדבר ח, ב, ד"ה "בהעלתך".

ענווה וגאווה

1. דברים ח, יז.
2. אבות ד, כא.
3. ברכות מג, ב: "ואל יהלך בקומה זקופה, דאמר מר: המהלך בקומה זקופה, אפילו ארבע אמות, כאילו דוחק רגלי שכינה".
4. תורת כוהנים בחוקותי ב, ב.
5. משלי כב, ד.
6. עירובין יג, ב.
7. סוטה מז, ב.
8. נתיבות עולם, נתיב הענווה א.
9. שם ד.
10. שבת ל, ב.
11. סוכה נג, א.
12. רש"י שם מבאר שהלל דיבר כביכול בשמו של הקב"ה, אם "אני", כלומר ה' כאן הכול כאן. ועדיין רק עניו כמו הלל יכול לדבר בגוף ראשון כביכול בשם ה' בשל הענווה העצומה שלו שאינה חוצצת בינו לבין בוראו.
13. אבות ד, כא.
14. כאמור אין זה ציטוט מדויק, ובמקור מדובר על הרודף אחר הגדולה.
15. אבות ב, י.
16. ברכות יט, ב; שבת פא, א ועוד.
17. ירמיהו ט, כב-כג.
18. עין אי"ה שבת ט, פג.
19. שבת פח, ב.
20. אבות ד, א.
21. מידות הראי"ה, כבוד, א.
22. ברכות לד, ב: "המלך כיון שכרע שוב אינו זוקף".
23. סוטה מט, ב.
24. רש"י שם: "דאיכא אנא – שאני ענוותן".
25. שבת לא, א.
26. מידות הראי"ה, כבוד, ה: "כשהאדם מתכבד בעולם, ולבו דואב בקרבו על מה שהעולם מוטעים בו, יגנוז אותו הדאבון וישתמש בו לשמוח בעת אשר יזדמן שיקבל איזה עלבון".
27. שבת לא, א.
28. בשולי הדברים נאמר ששמאי, מי שדחה את הגרים, לא עשה כן מפני גאווה